DATA-DRIVEN AND AI-EMPOWERED RISK MANAGEMENT
Business Insight and Practical Solution

大数据
智能风控

业务解析、核心算法与前沿技术

黄志翔　杨恺　郑邦祺　周凡吟　李可　田国刚　黄婉棉
马德亮　王森　李娴　李怡欣　臧天程　汪冬冬　雷鹏　李思静
刘多星　徐武兴　李彦瑾　张科　刘中伟　范昊　夏一楠
著

机械工业出版社
CHINA MACHINE PRESS

图书在版编目（CIP）数据

大数据智能风控：业务解析、核心算法与前沿技术 / 黄志翔等著 . —北京：机械工业出版社，2024.8

（金融科技）

ISBN 978-7-111-75939-3

Ⅰ.①大… Ⅱ.①黄… Ⅲ.①金融 – 科学技术 – 数据处理 – 风险管理 – 研究 Ⅳ.① F830

中国国家版本馆 CIP 数据核字（2024）第 111964 号

机械工业出版社（北京市百万庄大街 22 号 邮政编码 100037）
策划编辑：杨福川 责任编辑：杨福川 董惠芝
责任校对：马荣华 张雨霏 景 飞 责任印制：单爱军
保定市中画美凯印刷有限公司印刷
2024 年 12 月第 1 版第 1 次印刷
186mm×240mm·16 印张·246 千字
标准书号：ISBN 978-7-111-75939-3
定价：99.00 元

电话服务 网络服务
客服电话：010-88361066 机 工 官 网：www.cmpbook.com
　　　　　010-88379833 机 工 官 博：weibo.com/cmp1952
　　　　　010-68326294 金 书 网：www.golden-book.com
封底无防伪标均为盗版 机工教育服务网：www.cmpedu.com

Foreword 推荐序

2023年10月，中央金融工作会议在北京举行。会议强调，坚持把防控风险作为金融工作的永恒主题。同时，会议提出，要做好科技金融、绿色金融、普惠金融、养老金融、数字金融五篇大文章。毫无疑问，大数据风控既是防控风险的有效手段，也是做好"金融五篇大文章"的安全保障。基于数据科学、人工智能和网络技术的现代化风控体系，已经在各类金融场景、信贷产品和风险客群中发挥巨大作用，很大程度上替代了原来金融风险管理部门主要依靠专家经验、人为判断和抵押担保的传统风控模式。

在过去十年，商业银行不断进行数字化转型和改造，逐渐形成了获客、贷前、贷中、贷后的全流程信贷管理。在获客阶段，银行根据客户画像标签和典型客群行为，将目标产品推送给目标客户，不仅实现了精准营销，还形成了差异化的定额定价，真正做到了"千人千面"。在贷前阶段，授信审批已是大数据风控最娴熟的打靶场。高风险客户难逃数万个特征编织的大罗地网。银行通过多源异构混频数据融合学习，对客户的风险水平进行了详细刻画。在贷中阶段，额度提升、循环借贷、账单分期、交叉销售等事件也成为银行新的收入来源，客户被更精细化地管理。贷中管理也成为银行比拼零售业务水平的试验田。在贷后阶段，如何更加人性化地催收和如何更好地降低不良损失成为新的难题。特别是在经济受到冲击、消费预期不强、坏账不断累积的大背景下，大数据催收不仅要考虑对个人和家庭的影响，还要考虑对经济和社会的影响。

除此之外，防控金融风险还有合规管理的要求。传统金融监管中的"老三反"（反洗钱、反恐怖融资、反逃税)在互联网时代呈现出新特征,"新三反"(反洗钱、反欺诈、反电诈)成为必不可少的环节。了解你的客户是其中的关键任务。客户身份识别包含一系列关于信息共享、隐私计算、关系网络等技术。相对于信用风险防控中面对的相对善良而遭遇不幸的客户,"新三反"面对的往往是恶意虚假客户,与他们的对抗长期处于复杂、多变、动态的高水平较量当中。此时,大数据智能风控成为技术担当,为金融机构筑牢了风险防火墙。

在过去十年,我国的金融科技和金融智能大力发展,快速实现了技术迭代和科技创新。新模型、新系统、新产品层出不穷。特别是在互联网公司庞大的用户基础和数据积累加持下,我国的大数据智能风控为世界金融风险管理贡献了力量。

加快建设金融强国是发展的必然选择。金融强国需要有强大的金融人才队伍。高层次的金融人才需要兼具金融理解、数据思维和技术基础,这也恰好是本书的特点。本书从全流程风控展开,兼具业务背景和前沿技术,对最新金融风险防控经验进行系统总结,成为金融领域实践的重要参考。

让我们一起为数字经济和数字金融发展做出贡献!

李志勇

西南财经大学金融学院教授

《消费信用模型》《信用评分工具》《信用评分应用》译者

Preface 前　　言

为什么要写这本书

　　金融是一个既传统又极具创新性的领域。金融风控作为信贷产品的核心竞争力，逐渐被如火如荼的大数据和人工智能技术所影响、改变、重塑。然而，在神秘的行业面纱下，目前只有较少头部企业在不同场景下探索和挖掘大数据风控技术的潜力，学界也少有学者在了解和开展相关研究工作。

　　大数据技术使更多用户能够享受到与之匹配的信贷服务。在相对落后的工具下，信贷产品若无法精准识别客户逾期风险、偿债能力，往往会陷入两种极端。一种是采用偏保守型策略，对于优质客户，给予过度的授信，而对于潜力客户，则拒之门外；另一种是采用激进型策略，对于识别不准的客户也进行准入，但是又缺乏匹配的风控能力，只能通过继续授信来掩盖风险指标，助长了部分客户过度消费的不良习惯，甚至给整个市场带来不可控的风险。优秀的信贷服务应该是给予不同偿债能力的客户与之匹配的额度上限，并给予不同逾期风险的客户与之匹配的定价，帮助客户对资金进行合理的重分配。

　　大数据技术能够更准确地识别出客户的资金需求，匹配对应的信贷服务。金融行业常用"晴天送伞"来形容不佳的信贷服务，即对不需要资金的客户提供高额度，反而把缺乏资金的客户拒之门外。这就是典型的客户需求识别不准问题，而基于大数据风控技术可以有效地匹配客户真正需要的信用额度，避免无效地扩大敞口额度，徒增系统性风险。

大数据技术能够降低信贷服务所产生的运营成本，从而提高社会化资金分配的效率。基于大数据技术更精准和更加自动化的需求识别、风险识别、偿债能力识别，风控体系决策高效、规模效应强，可有效降低信贷机构作为服务提供方的运营成本，有利于更多地让利于客户，实现普惠金融。这对于小微企业客户尤为有用。融资难一直是小微企业的核心痛点之一，满足小微企业的经营需求可以激发更大的市场活力。

我们希望本书可以为更多的大数据技术从业者、在校学生揭开智能风控领域的面纱，让其能够结合所学的先进大数据技术设计出更具变革性的风控体系和风控方法论，乃至投身大数据风控这一极具前景的领域，加速行业变革。我们希望通过展示我们在大数据风控领域的实践和思考（包括业务、数据、算法方面），为更多的金融从业者提供一些灵感，或者规避一些风险。我们希望本书能够抛砖引玉，吸引更多有兴趣的人加入大数据风控的讨论和研究当中，为我国经济的繁荣昌盛添砖加瓦。

读者对象

本书适合对大数据技术、风控领域有浓厚兴趣的读者阅读，包括但不限于：
- 金融领域从业者；
- 企事业单位的数字化技术领导或专家；
- 数理相关专业的在校学生，如统计学、计算机、人工智能、金融等专业的学生；
- 从事人工智能、大数据相关领域研究工作的学者。

本书特色

过去，人们关于智能风控领域的讨论往往偏向于对某种风险类型进行技术介绍与实战展示，例如用 Python 代码讲如何构建风控评分卡，如何构建反欺诈模型。本书从更高的视野、更全面的维度、更深入的业务场景、更前沿的风控技术等方面，讲述全链路大数据风控体系的构成和核心关注点，有利于读者更清晰地认识和理解风控。

- **更高的视野**：从信贷产品的全链路出发，讲述大数据风控体系下各个环节的核心关注问题和有效的解决思路。

- 更全面的维度：包含信贷产品的信用风险、额度定价、欺诈风险、洗钱风险等全方位的决策视角。
- 更深入的业务场景：深入剖析贷前准入、贷中管理、贷后运营等多个核心环节所面临的难题，以及业界可行的切入方式。
- 更前沿的风控技术：介绍因果推断、关系网络、联邦学习等与风控能力息息相关的新技术。

如何阅读本书

本书分为 7 篇。

第一篇　开篇（第 1 章）：从风控的起源出发，概述了大数据带来的变化和未来的发展方向。

第二篇　获客（第 2 和 3 章）：讲述了获客中的客群划分和广告获客模型。

第三篇　授信（第 4～6 章）：讲述了信贷评分卡工具，如何构建申请评分体系，如何做额度与定价管理。

第四篇　贷中管理（第 7 章）：讲述了贷中风险管理、额度管理等精细化管理模型。

第五篇　贷后管理（第 8～10 章）：讲述了贷后评分体系、贷后运营体系、不良资产定价。

第六篇　其他典型风险的防控（第 11～14 章）：讲述了反欺诈、反洗钱、特殊名单管理、多头借贷风险的防控。

第七篇　风控新技术（第 15 和 16 章）：讲述了基于联邦学习解决数据孤岛问题的思路，以及基于关系网络的风险建模。

勘误和支持

由于作者水平有限，书中难免会出现一些错误或者表述不准确的地方，恳请读者批评指正。联系邮箱：yangkai188@jd.com。

目录 Contents

推荐序
前言

第一篇 开篇

第1章 信贷风控概述 ······ 3
1.1 信贷风控的起源与发展 ······ 3
1.2 大数据带来的变化 ······ 7
1.3 智能信贷的发展方向 ······ 10

第二篇 获客

第2章 客群划分 ······ 15
2.1 客群划分简介 ······ 15
   2.1.1 客群划分的含义及意义 ······ 15
   2.1.2 传统客群划分方法 ······ 16
   2.1.3 信贷客群划分的挑战 ······ 17
2.2 基于大数据的客群划分 ······ 18
   2.2.1 画像标签体系 ······ 18
   2.2.2 构建画像的关键步骤 ······ 19
2.3 客群划分案例 ······ 21
   2.3.1 "新中产"客群划分 ······ 21
   2.3.2 母婴客群划分及潜在客群识别 ······ 24

第3章 信贷产品获客 ······ 28
3.1 获客与广告 ······ 28
   3.1.1 在线广告 ······ 29
   3.1.2 在线广告的博弈关系和协调机制 ······ 31
   3.1.3 在线广告的实时竞价机制 ······ 34
3.2 金融信贷产品获客 ······ 35
3.3 基于联邦学习和多任务学习的建模方法 ······ 37
   3.3.1 联邦学习模型打破数据壁垒 ······ 37

3.3.2　多任务学习模型充分利用

　　　　　全链路信息·················38

第三篇　授信

第4章　信贷评分卡工具················43

4.1　信贷风控决策链路··············43

　　4.1.1　风控决策链路与数字化

　　　　　工具···················43

　　4.1.2　信贷评分卡及其关注点·····45

4.2　信贷评分卡的开发和应用········45

　　4.2.1　模型设计···············46

　　4.2.2　模型训练···············54

　　4.2.3　分数校准···············60

　　4.2.4　模型评估···············61

　　4.2.5　模型监控···············65

第5章　申请评分体系················67

5.1　贷前风控与申请评分卡··········67

　　5.1.1　贷前风控场景···········67

　　5.1.2　申请评分卡·············68

5.2　智能申请评分卡体系············69

　　5.2.1　整合客户全域信息·······69

　　5.2.2　增强实时信息利用·······70

　　5.2.3　挖掘多模态数据·········71

　　5.2.4　申请评分体系的监控·····71

　　5.2.5　模型稳定性问题和应对

　　　　　措施···················72

5.3　特殊场景：面向小微企业

　　信贷的申请评分卡··············75

　　5.3.1　小微企业的定义·········76

　　5.3.2　小微企业风险评估的难点···77

　　5.3.3　解决思路：基于多源数据的

　　　　　小微企业评分卡开发·····78

第6章　定价与定额················81

6.1　信贷产品的定价与定额··········81

　　6.1.1　信贷产品风险定价简介···81

　　6.1.2　信贷产品风险定价具体

　　　　　模式···················83

　　6.1.3　信贷产品风险定额简介···85

6.2　基于最优决策的定价与定额····86

　　6.2.1　最优决策模型···········86

　　6.2.2　模型的数学表达·········87

　　6.2.3　模型训练与预测·········90

　　6.2.4　样本偏差问题···········92

　　6.2.5　有条件约束时的最优决策···93

6.3　最优决策模型的效果评估······96

　　6.3.1　评估的难点·············96

　　6.3.2　离线评估方法···········98

　　6.3.3　线上实验设计···········99

第四篇　贷中管理

第7章　贷中评分体系················105

7.1　贷中管理简介··················105

7.1.1　贷中场景与业务……………105
　　　7.1.2　贷中精细化管理…………107
　7.2　贷中管理模型体系………………108
　　　7.2.1　风险管理模型……………108
　　　7.2.2　额度管理模型……………111
　　　7.2.3　特殊场景模型……………112
　　　7.2.4　模型评估体系……………112
　7.3　分客群贷中管理…………………114

第五篇　贷后管理

第8章　贷后评分体系……………119

　8.1　贷后管理简介……………………119
　　　8.1.1　贷后场景与业务…………119
　　　8.1.2　贷后分期和协商…………121
　　　8.1.3　贷后评分卡体系…………122
　8.2　滚动预测评分卡…………………123
　　　8.2.1　传统滚动预测评分卡……123
　　　8.2.2　跨期滚动预测评分卡……125
　　　8.2.3　跨期滚动预测评分卡
　　　　　　运营……………………129
　8.3　多模态数据融合技术赋能贷后
　　　评分………………………………130
　　　8.3.1　贷后语音文本数据的记录
　　　　　　和挖掘…………………131
　　　8.3.2　语音文本多模态数据的
　　　　　　应用……………………132
　　　8.3.3　语音文本多模态模型应用
　　　　　　场景……………………134

第9章　贷后运营体系……………136

　9.1　贷后运营业务场景………………136
　　　9.1.1　贷后运营的主要目标……136
　　　9.1.2　贷后运营的业务流程……137
　　　9.1.3　贷后运营的重要指标……138
　　　9.1.4　贷后运营的主要挑战……139
　9.2　贷后智能化运营体系……………139
　　　9.2.1　贷后智能化运营体系
　　　　　　简介……………………140
　　　9.2.2　智能分案…………………141
　　　9.2.3　智能作业…………………143
　9.3　贷后智能化运营的工程
　　　实现………………………………145
　　　9.3.1　贷后运营调度系统简介…145
　　　9.3.2　贷后运营调度系统设计…146

第10章　不良资产定价……………149

　10.1　不良资产发行与交易……………149
　　　10.1.1　不良资产市场现状……149
　　　10.1.2　不良资产证券化发行…151
　　　10.1.3　不良资产转让与收购…151
　　　10.1.4　不良资产定价…………152
　10.2　数据驱动的不良资产定价
　　　　方法………………………………153

10.2.1 静态池与资产池的数据准备 ······ 153
10.2.2 基于客户分群的不良资产定价方法 ······ 155
10.2.3 基于债项的不良资产定价方法 ······ 156

第六篇 其他典型风险的防控

第11章 反欺诈 ······ 161

11.1 欺诈与反欺诈 ······ 161
 11.1.1 互联网欺诈的特性 ······ 161
 11.1.2 黑色产业链 ······ 162
 11.1.3 常见欺诈场景 ······ 165

11.2 反欺诈体系 ······ 165
 11.2.1 在线反欺诈体系的构成 ······ 166
 11.2.2 风险行为的全面感知 ······ 168
 11.2.3 风险交易的准确识别 ······ 169
 11.2.4 反欺诈体系的常用算法 ······ 170

11.3 营销场景反欺诈案例 ······ 174
 11.3.1 事前风险感知 ······ 174
 11.3.2 事中交易止损 ······ 175
 11.3.3 事后案件分析 ······ 175

第12章 反洗钱 ······ 177

12.1 洗钱与反洗钱 ······ 177
 12.1.1 国内外反洗钱形势 ······ 178
 12.1.2 互联网金融反洗钱 ······ 179

12.2 反洗钱风险防控体系 ······ 180
 12.2.1 反洗钱风险防控体系简介 ······ 180
 12.2.2 洗钱风险监控方法 ······ 183

12.3 基于交易网络的洗钱风险识别 ······ 188
 12.3.1 同构图下的洗钱关键节点发现 ······ 188
 12.3.2 同构图下的洗钱风险社群发现 ······ 189
 12.3.3 异构图下的洗钱风险社群发现 ······ 190

第13章 特殊名单 ······ 193

13.1 特殊名单简介 ······ 193
13.2 特殊名单管理 ······ 196
13.3 基于特殊名单的标签扩散建模 ······ 196

第14章 多头借贷防控 ······ 199

14.1 多头借贷风险 ······ 199
14.2 多头借贷防控基础 ······ 201
 14.2.1 联防联控与数据共享 ······ 201
 14.2.2 个人征信系统 ······ 202
 14.2.3 其他数据渠道 ······ 202

14.3 基于大数据的多头借贷全流程防控·········203
 14.3.1 防控措施·········203
 14.3.2 多头借贷防控的规则和模型·········206

第七篇　风控新技术

第15章　联邦学习·········213

15.1 联邦学习简介·········213
 15.1.1 联合建模的数据困境·····213
 15.1.2 破局之钥：联邦学习·····215
 15.1.3 多方安全计算、分布式机器学习与联邦学习的比较·········217
 15.1.4 隐私安全技术·········218
15.2 纵向联邦学习·········219
 15.2.1 纵向联邦学习基本内容·········220
 15.2.2 纵向联邦学习模型······222
 15.2.3 案例：个人小额贷款风险建模·········226
15.3 横向联邦学习·········227
 15.3.1 横向联邦学习基本内容·········227
 15.3.2 横向联邦学习算法·········229
 15.3.3 案例：反欺诈建模·········230
15.4 联邦迁移学习·········231

第16章　关系网络·········233

16.1 关系网络简介·········233
16.2 图存储和图计算·········235
 16.2.1 图的存储方式·········235
 16.2.2 图的切分方式·········237
 16.2.3 图计算系统·········238
16.3 图算法·········239
 16.3.1 图传播算法·········239
 16.3.2 图嵌入算法·········240
 16.3.3 图神经网络算法·········241
16.4 基于关系网络的风险建模·····243
 16.4.1 基于关系网络的用户信用风险评估模型构建·······243
 16.4.2 基于关系网络的反欺诈模型构建·········244

第一篇 Part 1

开 篇

- 第1章 信贷风控概述

在漫长的金融史中，风险管理一直是商业银行和相关金融机构的核心议题。从古代的原始借贷业务到现代的复杂信贷产品，风险管理保护着金融市场的稳定与繁荣。本书第一章简要回顾了信贷风控的起源与发展，探讨了大数据技术如何重塑这一领域，进而关注智能技术崛起所带来的金融科技新机遇。接下来，让我们开始这段令人着迷的信贷全景之旅。

第 1 章　Chapter 1

信贷风控概述

本章对信贷风控的发展脉络进行介绍，展示大数据、人工智能技术给风控领域带来的变化与持续深化的影响。1.1 节介绍了信贷风控的起源与发展历程，1.2 节讲述了大数据技术已经带来的变化，1.3 节介绍了智能信贷的发展方向。

1.1　信贷风控的起源与发展

信用贷款（以下简称"信贷"）是支撑社会运转、推动经济发展的重要金融工具，为缺乏有效抵押或担保背书的企业或个人提供一定时间范围内的流动性资金支持。面向经营的信贷可以帮助企业在经营和投资活动中获得及时有效的资金；面向消费的信贷可以帮助消费者在日常生活中提前一段时间获得需求的满足。信用贷款通常不要求借款人提供相应的抵押物或担保背书，而仅凭贷款人（或机构）对借款人偿还意愿和能力的判断来推动借贷决策和后续还款。信息不对称和结果滞后等因素的存在，使贷款人（或机构）在信贷活动中面临显而易见的不确定性和资金损失风险，因此对借款人开展有效的风险评估和配套控制措施（以下简称"风控"）是信贷活动有效开展并持续发展的必由之路。风控的关键任务是采集有效信息，以评估借款人的还款意愿和还款能力。其中，评估还款意愿的依据包括借款人的社会角色和声誉、与信用有关的历史行为等，对还款意愿的评估也可以部分解读为对违约（不还款）的潜在成本的估算。评估还款能力的依据包括借款人静态和动态的财务状况，如资产水平和稳定性、收入水平和稳定性、经营状况等。

人类社会早期的信贷行为是熟人社会为基础，以较低的沟通成本和交易成本来严格地控制风险，信贷规模因此受到限制。随着近现代商业银行的出现，围绕金融机构开展的具有极强专业性的信贷业务逐渐发展壮大，更多陌生借款人的信贷需求得以满足。银行信贷需要相对熟人社会更高的沟通成本和交易成本。例如，现代商业银行人员在现场办理信贷业务时，通常要求借款人提供身份证明、家庭关系证明、工作证明、收入证明、营业执照、行业资质等纸质材料，由客户经理一一核实并形成尽调报告，同时后台部门结合自有数据和征信机构提供的征信数据进一步分析和评估风险，最终由审贷会决策给出结论，这样的审贷流程通常需要 15～30 天。

随着信贷业务的不断发展和成熟，信贷风控技术通过集中化、规范化、自动化、规模化、实时化等方式持续节约成本和提升效率。1841 年开始，美国商业代理机构 Mercantile Agency 招募了大量信息员从多渠道收集企业信息并整理成报告，为贷款机构提供订阅制信息服务。1869 年，第一家消费者信用报告机构 Retail Commercial Agency 在美国布鲁克林成立。此后，各类征信机构不断发展，它们掌握的信用信息也覆盖了越来越多的企业和个人。第二次世界大战后，美国消费信贷市场高速发展，而有经验的信贷员的短缺导致风控低效，信贷机构组织经验丰富的信贷员总结简明可行的风控准则，逐步形成了标准化的信贷审批表供风控部门使用。与此同时，统计学等领域的数理方法快速发展，也推动了信贷风控技术的进步。1936 年 Fisher 基于鸢尾花数据提出了一种分类方法；1941 年 David Durand 发现该方法可用于识别违约贷款；1956 年 Bill Fair 和 Earl Isaac 创立 FICO 公司，推动了风控评分技术的商业化，并在数十年的发展中逐步实现了征信体系和风控技术的集中化与规范化。后来，随着计算机技术的快速发展和普及，信用评分、反欺诈评分等风控技术在更大量数据、更高维变量、更先进模型和算法的支撑下进一步发展完善，并实现了自动化、规模化和实时化。经过多年的发展，信贷风控已经逐步从费时费力变得高效准确。

21世纪以来，数据的爆发式增长和大数据分析技术的迅速发展，为信贷业务和风控技术带来了新的机遇与挑战。美国Gartner公司将大数据分析归纳为描述性分析、诊断分析、预测分析、规范性分析等。表1-1按分析类型呈现了大数据分析技术的发展。

表1-1 大数据分析技术的发展

	描述性分析	诊断分析	预测分析	规范性分析
时间	2004	2007	2010	2016
IT基础	GFS、MapReduce、Bigtable、Hadoop	Pig、Hive	Mahout、Spark	TensorFlow、Torch
业务应用	Google流感趋势分析	Google Analytics运营分析	Amazon推荐系统	Netflix的《纸牌屋》
机构	Google	Yahoo!、Facebook	Amazon、加州大学伯克利分校	Netflix等公司

1）描述性分析主要是指通过数据了解发生了什么。2004年，Google公开发布了3个重要成果：GFS（Google File System，谷歌文件系统）、大数据分布式计算框架MapReduce和NoSQL数据库系统Bigtable。受相关论文启发，当时正在开发搜索引擎的Doug Cutting开发出了开源Hadoop项目，帮助更多企业利用Hadoop实现了大数据存储和分析。这时的Hadoop主要用于实现一些简单的统计计算，例如Google通过用户搜索温度计、胸闷、感冒药等关键词的频率统计来推断某时某地的流感疫情状况。

2）诊断分析主要是指通过数据了解为什么发生某事。早期，Hadoop数据分析依赖于Java编程，一定程度上限制了分析人员的作用。2007年Yahoo!开发人员开源了Pig项目，通过类SQL（Structured Query Language，结构化查询语言）方式实现分布式计算；2009年Facebook贡献了支持SQL查询的Hive，让大数据开发和分析变得更加简便。随着Google Analytics等数据可视化分析工具的出现，越来越多基于互联网基础设施开展业务的企业得以在大量点击、转化等数据中开展商业分析，洞察各种市场现象和商业行为背后的潜在原因。

3）预测分析主要是指通过数据来预测未来的趋势和可能性。2010年，Apache Software Foundation开源了Mahout，实现了基于大数据的经典机器学习算法；同年，加州大学伯克利分校开源了Spark项目，其分布式计算效率远超Hadoop框架的

Spark 项目，支持需要多轮计算的分布式机器学习，并支持 Scala、Java、R、Python 等语言。在 Amazon、Google 等互联网机构运营的核心产品中，大量基于大数据和机器学习的应用如雨后春笋般出现，各类基于预测分析的推荐系统在零售、旅游、新闻、广告等领域遍地开花。

4）规范性分析主要是指基于历史数据和预测数据来指导行动。随着大数据技术的进一步发展，数据和算力都得到了极大的扩充，复杂模型和综合性解决方案的价值在多个领域得到了证明。一个经典案例是 Netflix 围绕影视作品《纸牌屋》做出的数据驱动的系列决策：Netflix 通过历史观影数据和机器学习算法来辅助决策该剧的主题、剧本、演员等关键内容，最终大获成功。

大数据分析技术在互联网领域流行之际，对信贷风控的影响也逐步显现。美国 CapitalOne 银行是充分利用数据来驱动信贷风控的经典案例。它通过构建大数据采集分析系统来实现千人千面的客户服务并推动产品快速迭代，很快从地方小银行发展为美国头部银行之一。CapitalOne 具备突出的数据整合能力，除了使用征信局数据，还引入了行内数据和其他平台借贷数据。其中，行内数据记录了银行与客户的每一次重要交互，包括广告投放、申请记录、咨询记录、事务历史记录等。CapitalOne 招聘了大量优秀的数据分析师来建立高效的数据分析系统，综合运用描述性分析、诊断分析、预测分析、规范性分析等方式，分析不同客群在不同产品上的喜好、风险和收益，并在广告投放、审批授信、账户管理等环节进行优化。CapitalOne 运用"测试和学习"（test-and-learn）方法开发了数千种不同的信用卡产品，通过快速测试、迭代来挖掘和发现针对不同客群的最优产品方案，在提升客户满意度的同时实现了信贷业务的多样性。

美国的先行经验也为我国信贷业务和风控技术的发展提供了宝贵经验。随着 2010 年以后我国移动互联网基础设施突飞猛进的发展，基于互联网的普惠金融业务也如火如荼地开展起来。面对大量缺乏历史信用信息、无法通过传统方法评估信贷风险的个人和企业，基于电商数据等替代数据的新型解决方案逐步浮出水面，帮助金融机构建立起支撑大规模信贷业务的大数据风控体系。

1.2　大数据带来的变化

大数据技术不仅改变了各个业务环节的模型范式，也影响到了信贷业务部门与人员的组织模式等。大数据驱动的模型与传统模型的主要构建流程相似，都包含数据清洗、特征加工、特征筛选、模型训练、模型验证、开发与上线等环节。在信贷领域推行数字化决策的早期，由于数据体量小、计算机性能有限等，从业者倾向于只在核心业务环节选择关键特征来建立相对简单的传统模型，并与业务专家的经验进行充分比对，以确保数字化决策准确。随着与信贷业务相关的大数据资源被不断挖掘和利用，大数据驱动的模型逐步在营销、风控等场景中得到开发和应用，从业者开始在更多业务环节实现数字化决策，通过引入更多的特征维度、建立更复杂的模型、打破业务专家经验局限等方式，逐渐形成了由大数据驱动的各类模型。然而，大数据驱动的模型并未完全取代传统模型，在部分细分场景中数据量仍然较少，且相比模型的预测精度，符合业务逻辑的模型可解释性更重要。这里从3种视角出发，简单审视两类模型的差异。

1）区域划分和环节拆分：区域划分模式（又名"IPC模式"）和环节拆分模式（又名"工厂模式"）是两种信贷产品运营和管理模式。其中，IPC模式由德国国际项目咨询公司（International Project Consult）提出，考虑到传统信贷审批中的风控决策高度依赖信贷员的业务经验，所以将开展信贷业务的金融机构按区域进行划分。工厂模式则指将信贷业务按照不同环节进行拆分，对每个环节设立相应的部门和人员，分别进行标准化管理。不依赖大数据的传统模型（如线性回归、逻辑回归等）的构建过程并不复杂，但是在变量构造、变量筛选、变量编码（如WOE编码）等环节需要大量的业务经验，要保证变量对风险的影响符合业务认知，有时还需对客群进行切分，以建立分群模型。不同业务场景和环节的建模人员需要具备较为丰富的相应业务经验，并按类似区域（或细分业务）划分的IPC模式进行分工和管理。大数据驱动的构建型（如GBDT、深度学习等）的构建过程相对复杂，一般由具备较强工程能力的开发团队设计和实现，再交由其他建模人员和业务人员进行微调甚至直接使用。有时，入行不久的建模人员也可以基于团队搭建的成熟特征库和算法框架，来构建符合业务要求的简单模型。这样的分工和管理模式类似于按环节拆分的工厂模式。

2）关注流程和关注结果：传统模型较为关注构建全流程的合理性，通常会在数据处理、变量选择、特征工程和构建等环节逐步开展。特征初筛时剔除识别能力较低（例如与预测目标相关性较小）的特征，同时剔除识别能力异常高的特征（也可能作为分群指标）。构建时要求入模变量没有显著共线性，通常采用逐步回归、VIF（Variance Inflation Factor，方差膨胀因子）校验等方式剔除共线性特征。构建过程的合理性一定程度上保证了模型的效果和稳定性。大数据驱动的模型较为关注结果的有效性，较多采用端到端构建方式。传统模型由于特征少且相关性弱，通常不易过拟合，而大数据驱动的模型的入模特征较多，较易出现过拟合。因此在建立大数据驱动的模型时，我们常通过正则化等方式来约束训练过程，通过参照验证集等方式来调整和设置合理的超参数，最终得到预测精度较高的模型。

3）核心环节建模和全链路建模：传统模型的构建需要各个业务环节的专家参与，可能需要组建庞大且复杂的团队，且各环节专家团队的方法论存在较大差异，整体管理成本较高。因此，传统模型多用于项目融资、大额授信等核心业务环节。大数据驱动的模型的通用性较强、预测效果较好、对业务经验的需求较低，可以统一建立覆盖营销、授信、贷中管理等各个环节的特征库，进而快速构建不同环节所需的营销模型体系、风控模型体系等。因此，大数据驱动的模型可以用于建立贯穿产品运营全链路的模型应用体系。

大数据技术大幅提升了信贷产品的决策效率和准确性。对大数据资源的有效利用，让信贷机构能够在运营信贷产品的各个环节充分了解客户，并提供及时、有效的差异化决策和服务。这种全链路信贷产品运营涉及广告投放与获客、申请和审批、额度与利率管理、逾期催收、不良资产处置等多个环节，贯穿了信贷产品的整个生命周期。

1）获客环节：该环节的核心决策点在于针对不同客户制定相应的营销策略。在互联网逐渐成为主要流量渠道和获客来源的背景下，我们可以基于大数据分析对潜在客户进行客群划分，然后针对不同客群的需求和特点进行精细化的营销策略制定，例如对潜在的优质客群发放吸引力更大的营销信息，同时对次级客群降低营销成本投入。随着在线广告技术的发展和成熟，差异化营销决策可以进一步精准到用户级，根据用户转化率和转化价值开展自动化广告竞价，实现千人千面的实时广告推送。在实际业务中，大数据驱动的分客群模型和千人千面模型通常结合起来运用，共同提升获客环节的营销精准度和投放效率。本书第二篇将详细介绍获客环节的相关智能技术。

2）申请环节：该环节的核心决策点包括是否准入以及确定准入客户的额度和利率。在信贷申请环节，风控的关键目标是识别出申请用户里的潜在高风险客户。达成这一目的的主要手段是搭建和使用申请评分模型（又称申请评分卡或 A 卡），它通过拒绝被模型识别出来的高风险人群的贷款申请来降低整体违约风险。申请环节还需要确定贷款的额度和利率。通常，优质客户可以获批更高的额度和更低的利率，而资质相对较差的客户则需要承担更高的利率来覆盖相应客群中可能因违约造成的损失。本书第三篇将详细介绍申请环节的相关智能技术。

3）贷中管理：贷款申请获批、客户开始使用产品后，进入贷中管理环节。在贷中管理环节，我们需要持续跟进客户状态和产品使用情况，监测客户信用水平变化，及时推动正向（如提额）或负向（如冻结账户）管理动作来提升收益或减少损失。在贷中管理环节，用于评估客户风险水平的模型通常被称作"行为评分模型"（又称"行为评分卡"或"B 卡"），它可以基于客户还款行为等增量数据，预测客户在未来一段时间出现严重逾期行为的概率。本书第四篇将详细介绍贷中管理环节的相关智能技术。

4）贷后管理：如果客户贷款出现逾期，我们就需要通过贷后管理来控制和降低损失。在贷后管理环节，我们需要针对不同逾期原因的客户采用精细化的管理手段，例如：对忘记还款的客户，适当选择短信、电话等提醒方式；对短期流动资金紧张的客户，沟通合理的展期方案；对有偿还能力而恶意拒还的客户，告知其法律责任甚至提起诉讼。大数据驱动的贷后模型可以对客户类型进行较为精准的识别，提升贷后管理的精度和效率。贷后管理环节的核心模型通常包括催收评分模型（又称"催收评分卡"或"C 卡"），它可以基于客户信息、还款行为等数据，预测客户在未来一段时间内、不同条件下的还款概率。本书第五篇将详细介绍贷后环节的相关智能

5）其他风险防控和运营管理：并非所有潜在客户都是为了满足正常短期资金需求而使用信贷产品，其出发点也可能基于不当目的，如恶意欺诈、刷单、套现、洗钱、多头借贷等。相应的反欺诈、反洗钱、多头防控等工作需要利用基于大数据资源建立的相应模型来驱动。信贷产品运营的特定阶段还可能涉及特殊名单管理、多头风险防控等工作，可以利用基于大数据资源建立的黑白灰名单及其关联模型来完成。本书第六篇将详细介绍其中涉及的智能技术。

智能风控技术在众多研究者和从业者的探索中不断迭代发展。本书最后一篇将对近年来受到越来越多关注且已经在一些重要场景实现落地应用的两项新技术——联邦学习和关系网络进行介绍。

1.3 智能信贷的发展方向

围绕大数据资源的充分利用，信贷产品运营中的营销、风控等环节都发生了巨大变化，但这还只是智能信贷运营的一个开端，更多变化正在发生。

大数据驱动的模型常被视为可解释性不足的"黑箱"，难以从中解读和验证相应的业务逻辑。近年来，各类提升模型可解释性的方法接踵而至，包括但不限于基于模型输出入模特征重要性、特征方向性等信息。例如，对于 XGBoost 模型，我们可以用 SHAP（SHapley Additive exPlanations）值评估特征贡献度和方向性。SHAP 值为正，表示特征对目标变量有正向影响；反之，则有负向影响。SHAP 的绝对值越大，影响越大。图 1-1 展示了一个 XGBoost 模型的 SHAP 值分布。正确利用模型的可解释性可以提升建模人员对模型的掌控力，例如通过合理设置和调整模型（如控制参数、使用约束函数等）来使特征方向性与业务逻辑保持一致，以避免模型陷入明显的错误。

随着智能化模型和技术持续不断地推陈出新，从结构化数据驱动到多模态数据驱动的各类判别模型、生成模型等在更多金融业务场景中得以运用，人脸识别、设备指纹、活体检测、智能客服、数字货币等技术共同提升了金融机构的运营效率、服务质量和监管合规性。随着联邦学习、多方安全计算等技术的逐步成熟，保护隐私、数据安全等要素的解决方案将进一步完善，更多跨场景、跨机构的协同建模和应用将会越来越多，包括信贷产品在内的各类金融产品和服务，甚至超越单一金融业务范畴的跨域产品和服务都将受益于更多、更新的智能技术，获得持续的发展，推动社会的进步。

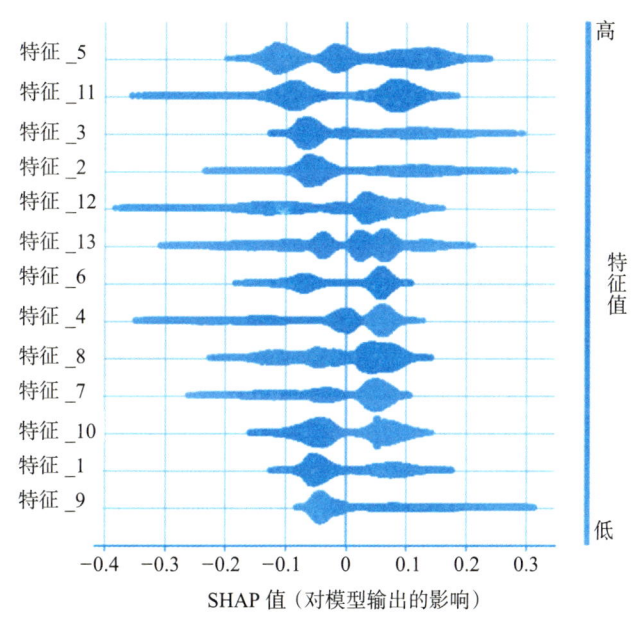

图 1-1 一个 XGBoost 模型的 SHAP 值分布示意

第二篇 *Part 2*

获 客

- 第2章 客群划分
- 第3章 信贷产品获客

在基于互联网推广金融产品时，我们首先面临的是如何获客的问题。在实际工作中，按照客户来源，一般有两种获客渠道，即内部获客和外部获客。内部获客是基于内部已有产品的用户对其他新产品进行客户拓展，外部获客是借助外部平台进行新客获取。本篇将分别从大数据处理和算法这两个角度阐述金融产品的内外部获客。第2章基于内部已知的用户属性和行为数据，使用不同类型的算法对客群进行划分，并结合信贷产品及其风控要求，识别多种多样的目标客群，以便推广产品。第3章以外部广告投放为基础，结合信贷产品较高的数据安全要求和复杂的转化流程，深入浅出地阐述投放中所用的新型获客方法。通过阅读本篇，读者能够了解信贷产品的常见获客途径。

第 2 章 客群划分

客群，通常指具有一定共性的（客户）群体。设计一款产品并开展业务，首先要考虑谁是对该产品有真实需求的匹配客户（即可能购买或使用该产品的人），这些匹配客户构成的群体即目标客群。随着人口红利减弱、经济增速放缓，同业竞争更加激烈，粗放扩张的经营模式难以为继。包括金融机构在内的各类主体，必须提高客户信息整合能力和客群有效划分能力，才能在营销、风控等环节实现对客户关系的精细化管理。具体到信贷业务，根据客户群体特征，金融机构合理地划分客群和选定目标客群，这对获客、准入、授信等一系列工作的开展带来积极影响。本章介绍客群划分的价值、方法及实际案例。2.1 节简要阐述客群划分的含义及意义、传统客群划分方法，并介绍了信贷客群划分的难点。2.2 节介绍基于大数据客群划分的技术体系。2.3 节介绍客群划分的实际案例。

2.1 客群划分简介

2.1.1 客群划分的含义及意义

在不同的业务场景和产品形态中，客群划分的含义不尽相同，但一般需要遵循相同客群具有一定相似性、不同客群具有一定差异性的原则。通常，我们可以基于客户基础特征和行为变量对客户进行归类分群，使得同一客群内部具有最大的相似性、不同客群之间具有最大的差异性。

在电商行业，客群划分的目标是区分客户对特定产品和服务的需求差异，以不断地对客户需求进行挖掘分析。在传统金融行业，客群划分主要考虑客户的商业价值，将相同价值的客户划分成一个群组，以便开展客户管理工作。例如，商业银行可能按客户资产总额，将客户划分成私行客户、高净值客户和普通客户，并针对不同客群提供差异化服务。

在同一行业，面向不同的业务目标，客群划分方式也存在差异。对市场营销部门而言，客群划分主要用于评估市场潜力客户，明确在需求、消费等方面具有一定相似性的客户群体，以便提高营销文案的识别度，并优化市场和销售渠道的运营方案。对风险管理部门而言，考虑的因素是客群的风险及价值，即根据客户的风险等级与资产级别进行分群——不同风险等级的客户适用不同的准入策略，不同资产等级的客户适用不同的额度与定价策略。

2.1.2 传统客群划分方法

传统客群划分方法通常遵循区分性、稳定性等基本原则。区分性是指划分后的客群之间要具有明显的异质性。稳定性是指基于同质性划分出的客群不会轻易发生大的变化。传统客群划分方法大致分为两类。

第一类方法通常是将客群固有属性作为客户分群依据，包括与客户身份特质相关、含义明确且短期内不会发生较大变化的属性，如地域、年龄、性别、职业、客户来源渠道等。以上班族客群、母婴客群为例，二者的职业、年龄等具有显著的区分性和稳定性：上班族客群在固定时间上班，母婴客群存在连续的母婴用品购买行为等。来源渠道也是客群的固有属性：客户可能来自外部广告投放或内部运营活动（如老客拉新），不同来源的客群在忠诚度、转化价值等方面存在显著差异。根据固有属性划分的客群通常具有一定的区分性和稳定性，进而开展的营销设计和推广也具有较好的连贯性。

第二类方法通常是基于客户行为差异进行客群划分，例如客户的活跃情况、消费习惯等行为特征。此类方法具有更高的灵活性和时效性，可以较好地捕捉与业务直接关联的客群状态和变化趋势。此类方法包括 RFM（Recency-Frequency-Monetary）方法、CLV（Customer-Life-Value）方法（客户生命周期价值模型）等。RFM 方法通过考虑客户下单行为相关信息来划分客群，其中 R 表示客户最近下单距今时长，F 表示客户近期下单频次，M 表示客户近期下单金额。每个指标都被划分为高、低两个等级，据此将客户划分为 8 个群体，具体客群类型见表 2-1。CLV 方法是根据客户终身价值来划分客群，其中客户终身价值通常是指客户作为产品客户（或企业客户），在一定周期内的产品（或企业）收入减去获客成本及运营成本之后的总贡献。

表 2-1　RFM 模型客户细分

R 值	F 值	M 值	客户类型
高	高	高	重要价值客户
高	高	低	一般价值客户
高	低	高	重要发展客户
高	低	低	一般发展客户
低	高	高	重要保持客户
低	高	低	一般保持客户
低	低	高	重要挽留客户
低	低	低	一般挽留客户

2.1.3　信贷客群划分的挑战

首先，客群划分面临着数据多元化和复杂性的挑战。移动互联网的快速发展导致信贷产品和业务的数字化，客户来源渠道和行为特征变得多元和复杂。这使得信贷客群划分更加困难，需要更高维、更多的数据来支撑传统指标的评估。

其次，信贷领域需要有效的客群划分评估指标，传统指标难以满足需求。金融信贷产品的长周期性和场景定制化特性使得传统方法中的 CLV 等指标难以得到及时有效的评估。因此，我们需要建立一个可以更及时、更有效地刻画客户需求和特性的新型指标体系。

最后，如何动态地反映获取客户的需求和特性的变化，尚且没有有效的方法论。在信贷业务中，客户的需求和特性是不断变化的，因此我们需要一个可以及时有效地刻画客户需求和特性的方法。这需要依赖新型指标体系和大数据技术，以便更好地理解和满足客户的需求。

2.2 基于大数据的客群划分

在大数据时代，我们能够借助更多客户数据和新型挖掘技术来构建具有多元性、及时性等特点的客户标签体系——客户画像，进而依据标签体系和业务逻辑对客群进行有效划分。

2.2.1 画像标签体系

简单来说，客户画像就是客户信息的标签化，是围绕业务目标、利用数据技术挖掘的一系列表征客户基本属性、行为特点、观点倾向的标签（见图2-1）。该定义的核心在于标签化，而设计好标签的关键在于业务目标、业务数据、挖掘技术三者的有机融合。

图 2-1 画像定义

对于风控业务来说，业务目标主要围绕风险与价值展开，在保证风险控制的情况下，最大化获取价值收益。其中，如何识别风险、如何防范风险、如何在控制风险的情况下获取价值尤为重要。风险从来都不是单一的，而是多元的。大数据风控正是一种面对复杂性和多元性的价值与风险的平衡艺术。图2-2给出了一个依托大数据的风控场景中客户画像体系示例。

从基础类型角度看，画像可以根据自然人描述的各个维度板块（基本信息、资产、消费、风险等）进行划分设计。从业务应用角度看，我们可以将业务目标划分为获客、授信、运营等各个环节进行设计，不同的业务环节可能需要不同的标签体系，例如在获客环节的高潜客户活跃度、授信环节的优质客户稳定性等。从标签开发角度看，我们也可以按标签的加工类型，把标签分为事实类标签、规则类标签和模型类标签。

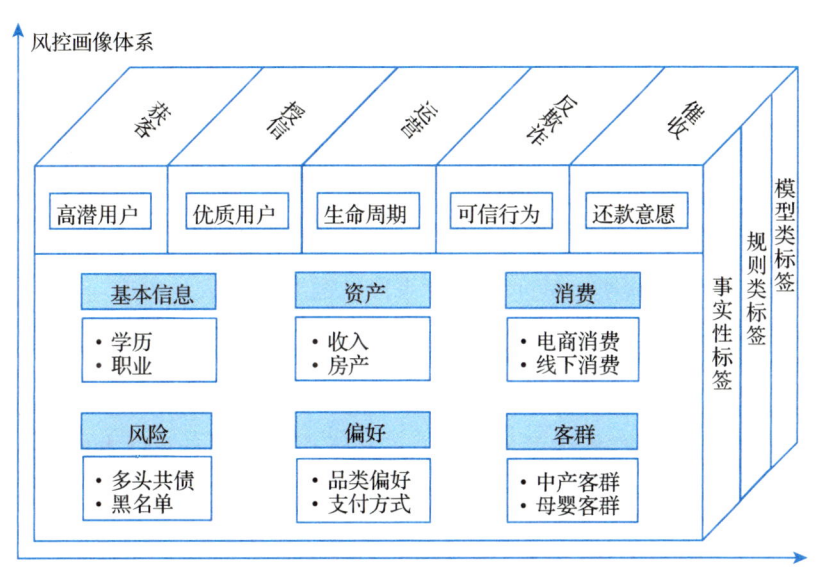

图 2-2　依托大数据的风控场景中客户画像体系示例

2.2.2　构建画像的关键步骤

（1）数据采集

对数据的深入理解和有效利用是有效构建客户画像的基础，其中数据采集是第一个关键步骤。数据采集主要有3方面关注点：一是数据来源，二是信息强弱，三是数据"厚薄"。

1）数据来源。稳定可靠的数据来源是决定风控业务能否顺利进行的关键。数据按照产生来分，有业务内部数据、公开数据等，按照类别来分，有金融数据、消费类数据等。只有对数据来源认识清楚，才能对数据进行有效评估。

2）信息强弱。根据与风险的相关关系，我们可以将数据分为强数据和弱数据。强弱主要针对风险的区分性。例如，信贷逾期、多头共债、特殊名单这种数据对信用或欺诈风险指向性较强，资产类数据可以反映客户还款能力，此类数据被称为"强数据"。而与风险相关性不大的数据，比如消费、活跃行为等数据被称为"弱数据"。

3）数据厚薄。数据厚薄通常针对某一特定客户来定义。例如，如果能获取一个客户较多数据，足以进行数据特征之间的交叉验证，则可以称该客户数据较厚。如果缺乏关键信息及行为信息来刻画客户，则可以称该客户数据较薄。

（2）数据处理

在获取数据后，第二个关键步骤是数据处理。选择合适的处理方式是保障数据质量的重要前提，这里给出少量数据处理环节的示例。

1）异构数据规整。不同类型的数据需要运用不同的技术进行处理，这其中可能涉及自然语言处理、聚类、表示学习等手段，需要相关人员具有丰富的技术储备，如对于地址类数据，需要分词、兴趣点抽取等步骤；对于客户经纬度轨迹数据，需要进行聚类、网格化处理。

2）缺失标签处理。在画像开发中，我们经常会遇到仅有正样本但缺少负样本的情况。例如，当预测客户职业时，企业内部只有部分客户提供的职业信息，如教育行业，但可能无法确认未填写客户是否真的不属于教育行业。针对此种情况，我们可以考虑采用结合业务经验的负采样方式或半监督学习方法来处理。

（3）构建客户的最终标签

在恰当处理数据的基础上，构建客户的最终标签。

1）事实类标签：事实类标签主要是指从数据源中直接提取、不需额外加工的标签，比如性别、年龄、地域等。

2）规则类标签：规则类标签是指需要基于业务或现实经验通过标签定义、规则定义和规则加工步骤生产的标签，如基于消费数据的母婴客群标签，需结合对母婴人群的常识性理解，收集母婴相关消费数据，定义母婴的阶段（孕期、哺乳、学龄前等），最终加工产出标签。

3）模型类标签：模型类标签是指难以借助现有数据通过规则定义得到的标签。对于借助数据挖掘、机器学习模型对标签进行预测的情形，如信贷客户的息费敏感度标签，需要通过定义目标标签、加工特征变量、使用机器学习算法构建分类或回归模型来得到。

2.3 客群划分案例

本节以"新中产"客群划分、母婴客群划分为例,呈现两个客群划分的实际案例。

2.3.1 "新中产"客群划分

2015年,财经作家吴晓波首次提出"新中产"概念,引起了社会各界的探讨。"新中产"一般指"新中产阶级",其身份的界定较为多元化,除收入、财富、职业、教育等传统标准外,积极向上的生活态度、健康精致的生活方式、追求个性化的消费理念等也纳入了标准之中。2023年6月,国家统计局发布最新数据显示,目前中国中等收入群体庞大,家庭年收入在10万元以上的规模已经达到4亿,占全国总人口约三分之一。从特征上看,中等收入群体有相对稳定的工作和收入,同时也注重生活品质和消费品质。他们不仅是经济发展的中坚力量,也是社会稳定的重要支撑。

有着强劲消费意愿、良好还款能力、规模增长趋势的"新中产"群体,正是面向消费者的信贷业务的重要目标客群。对该群体的有效识别和划分有着重要意义。"新中产"客群识别有助于筛选优质人群,有效控制信贷风险。瞄准"新中产"客群消费喜好,结合数字化运营手段,为"新中产"客群匹配理财、保险、旅游出行等个性化服务,搭配丰富的营销权益,也可以激发"新中产"客群的体验热情,提高其平台忠诚度。

"新中产"客群的特征主要包括:年龄结构相对年轻,80后、90后是主力军,大部分人有高等教育背景,有较稳定的工作,收入水平较高,多生活在一、二线城市,在追求健康精致生活的同时也注重个人素质的提升,更追求精神层面的悦己,消费更理性化,投资理财更追求财产增值,房产、车产覆盖率相对较高,对子女的教育重视程度较高。显然,"新中产"客群的收入、消费、理财等相关数据包含了能反映该客群关键特征的有效信息。梳理相关数据形成指标体系,有助于实现对该客群的识别。具体而言,我们可以从以下几方面出发来梳理基础数据指标,建立与客群特征之间的映射关系。

1)消费水平:商品消费档次较高、购买力较高。

2）资产水平：收入水平、房产/车产价值档次较高，相关品类消费可近似表征客户资产水平。

3）金融理财能力：客户在各个理财产品（如基金等）的持仓收益情况较好。

4）生活娱乐需求：有机票、酒店、演出、旅游度假需求。

5）高端会员状态：信用卡消费良好客户、付费会员，更注重平台（产品）服务质量。

6）图书购买行为：注重个人素质提升及子女教育。

基于梳理出的基础数据指标，我们可以借鉴RFM理论衍生出可解释、可度量的统计指标，示例见表2-2。进而，我们可以应用层次分析法，充分考虑主客观因素，设计合理的权重指标，利用各个基础指标和对应权值，加权合成"新中产"客户的置信度指标。最终，根据置信度指标来判别给定客户是否属于"新中产"客户。整体流程见图2-3。

表2-2 RFM指标衍生示例

描述条件	RFM指标衍生示例
消费水平	客户高端商品消费比例
资产水平	客户汽车用品、家装建材消费比例
金融理财能力	客户持仓金额
生活娱乐需求	客户机票、酒店、演出、旅游度假等消费比例
高端会员状态	会员消费比例
图书购买行为	客户图书文娱消费比例

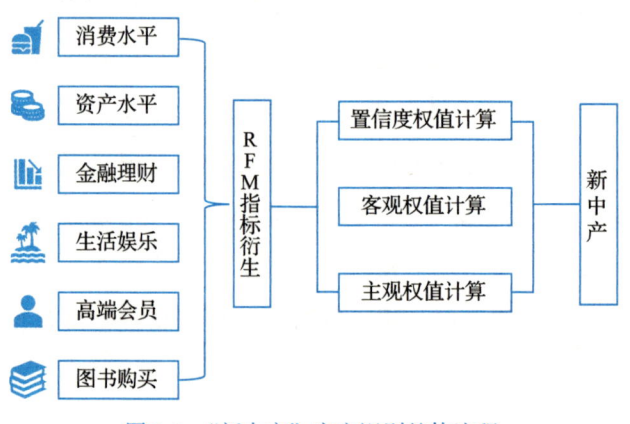

图2-3 "新中产"客户识别整体流程

为了确定计算置信度指标所需的各个特征的权值，我们需要从主观权值和客观权值两个方面着手。

（1）运用层次分析法，计算主观权值

层次分析法是一种决策分析的定量方法，可以实现对当前方案或状态进行定量评估。一般需要对决策问题进行层次分解，可以分解为目标层、规则层、方案决策层。首先确定目标层，然后基于目标确定影响因子，并计算影响因子的权重系数，最后获得决策目标的综合权重。该方法的基本步骤如图2-4所示。

权重系数的计算可以通过构造判断矩阵来实现。考虑到矩阵设计可能出现逻辑问题，该方法需要通过一致性检验。检验统计指标一般为随机一致性比值，认为该指标值小于0.1时可以通过检验。表2-3给出了一个判断矩阵及检验样例，其中后两列为矩阵的汇总值。

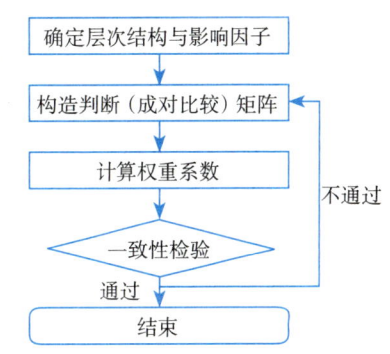

图 2-4　层次分析法的基本步骤

表 2-3　判断矩阵及检验样例

判断矩阵	资产水平	消费水平	金融理财	高端会员	图书购买	生活娱乐	n次方根	W_i（权重）	一致性检验汇总	数值汇总
消费水平	1	2.00	3.00	5.00	7.00	9.00	3.52	0.44	CI	-0.497
资产水平	1/2	1.00	1.50	2.50	3.50	4.50	1.76	0.22	RI	1.240
金融理财	1/3	0.67	1.00	1.67	2.33	3.00	1.17	0.15		
高端会员	1/5	0.40	0.60	1.00	1.40	1.80	0.70	0.09		
图书购买	1/7	0.29	0.43	0.71	1.00	1.29	0.50	0.06	CR	-0.401
生活娱乐	1/9	0.22	0.33	0.56	0.78	1.00	0.39	0.05	通过的标准 CR	CR<0.1

（2）基于数据覆盖度和信息熵，确定客观权值

覆盖度可以定义为 $\mathrm{acd}(X_j) = \dfrac{变量覆盖客户数}{客户总数}$，为保证指标稳定性，可以选取指定时间窗的覆盖度平均值作为数据覆盖度。

信息熵可用于衡量随机变量包含的信息量，信息熵较大的变量对客户有较好的区分性。RFM指标衍生变量信息熵的计算公式如下：

$$h(X_j) = \int p(x)\ln(p(x))\mathrm{d}x$$
$$= -\int \frac{1}{\sqrt{2\pi\sigma_j^2}}e^{-\frac{(x_j-\bar{x}_j)^2}{2\sigma^2}} \ln\left\{\frac{1}{\sqrt{2\pi\sigma_j^2}}e^{-\frac{(x_j-\bar{x}_j)^2}{2\sigma^2}}\right\}\mathrm{d}x \quad (2.1)$$
$$= \sqrt{\ln(2\pi e\sigma_j^2)}$$

式中，e 为自然数，$\bar{x}_j$ 为特征 j 的均值，σ_j 为特征 j 的方差。

$$\bar{x}_j = \frac{1}{n}\sum_{i=1}^{n}x_{ij} \quad (2.2)$$

$$\sigma_j^2 = \frac{\sum_{i=1}^{n}(x_{ij}-\bar{x}_j)}{n} \quad (2.3)$$

最终，基于覆盖度和信息熵，我们可以计算客观权重：

$$X_{\mathrm{sub}_j} = \log(\mathrm{acd}(X_j)h(X_j))$$

对于每个客户，将其主观权值和客观权值加权求和，得到最终权值 $w = \alpha X_{\mathrm{sub}_j} + (1-\alpha)X_{\mathrm{obj}_j}$，其中 α 可根据实际需求选定。以最终置信度权值为权重，加权汇总各个维度下该客户的特征值，得到标准化前该客户的"新中产"置信度指标。最后，根据所有客户的置信度指标进行指定区间缩放（标准化），即可得到标准化后该客户的模型打分，代表了标准化后"新中产"置信度。

2.3.2 母婴客群划分及潜在客群识别

（1）母婴客群划分

在零售体系中，母婴产品属于一级销售品类，在线上商城购买母婴品类的客群与消费金额占比相对较高。对于母婴类商品，客户会非常注重质量、安全、健康等问题。很多商品都是婴幼儿的刚需，而且婴幼儿不同成长阶段对不同商品有持续性需求。母婴客群的主要特征：主要为女性；年龄一般在 25～35 岁之间；家庭有稳定收入。类似于"新中产"客群，母婴客群也是信贷业务开展的优质目标客群之一。该类客群的有效识别和挖掘对营销和风控都有重大意义。在信贷准入环节有效识别母婴客群，可以在额度、定价等方面进行差异化处理，促进客户转化；在贷中环节有效识别母婴客群，便于客户的精细化管理，制定个性化的运营方案，对客户进行合理的提额或降额，在控制风险的同时，提升商品收益。

从数据维度来看，客户的线上行为表现，如消费、浏览等行为数据，可以表现出对特定商品的偏好行为；客户的自身属性，如年龄、性别等，可以刻画客群自身的特征。从算法角度来看，对存量母婴客群的挖掘不仅可以采用有监督模型，也可以从无监督模型和专家规则出发，基于客户丰富的数据刻画母婴特点，筛选出真实且优质的母婴客群。这种方法简单且行之有效，既避免了复杂的特征加工和算法建模，且对于存量母婴客群也不会有遗漏。由此设计的母婴存量客群识别方案如图2-5所示。

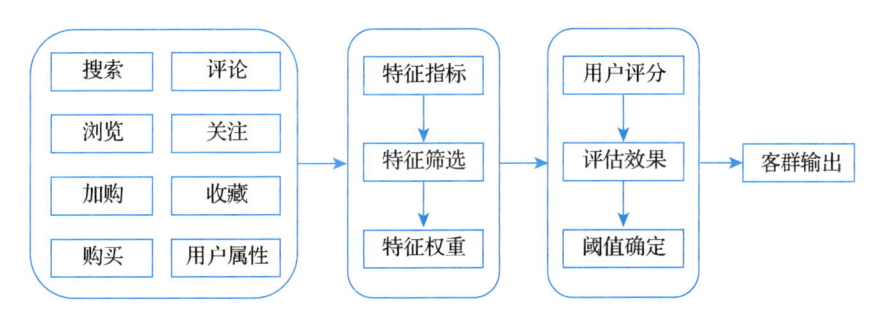

图2-5 母婴存量客群识别方案

具体而言，基于客户的基本属性和客户在母婴品类的表现行为加工特征，并进行特征筛选，将其中稳定性好、覆盖度高、解释性强的特征保留，基于层次分析法进行权重设计（参考"新中产"客群识别）后对客户进行打分评估，并将打分结果映射到同一分数区间，最后对打分结果的稳定性、风险排序性进行评估，并确定阈值，输出客群识别结果。

在构建特征时，基于RFM方法重点构建在一定表现期内的特征，如近1年的行为特征。随着时间的变化，新增的母婴客户随着行为表现越来越多，特征越来越丰富，打分将逐步增高代表预测的属于母婴客群的概率在增加；存量母婴客户随着孩子越来越大，母婴需求越来越少，其打分将逐渐衰减，代表预测的属于母婴客群的概率在降低。基于分数，我们可以观察潜在母婴客户、真实母婴客户和后期母婴客户，由此可以实现存量母婴客群的生命周期自动迭代。

（2）潜在母婴客群识别

对于存量母婴客群的识别，我们可以主要依靠规则和策略。但在有前置性需求的场景中,存量客群的识别方法往往是不够的。例如,对奶粉品类进行新客户拓展(营销),除了包含未购买过奶粉的母婴存量客群进行拓展,还应包含将要成为母婴的客群或未表现充分的母婴客群进行拓展。对于这样的潜在客群,我们需要进行预判识别,而潜在客群因为其处于将表现而又未表现、表现不够充分的时期,仅凭专家经验难以识别,需要更复杂的算法模型和更广泛的数据挖掘来捕捉。在数据方面,我们不必局限于客户在母婴品类的表现,而应该尽可能地挖掘客户更多的相关行为数据,例如购买育儿图书、安装育儿 App 等。由此设计的母婴潜在客群预测方案如图 2-6 所示。

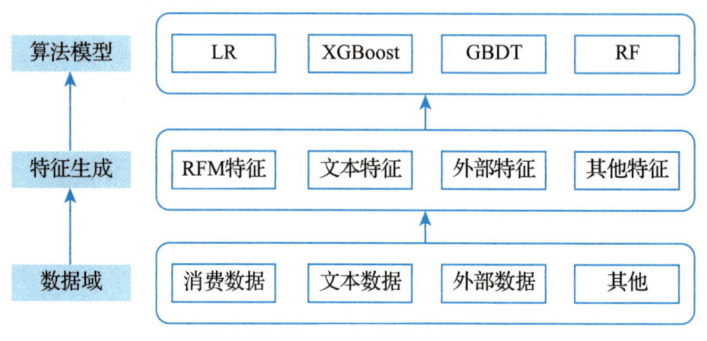

算法模型	LR	XGBoost	GBDT	RF
特征生成	RFM特征	文本特征	外部特征	其他特征
数据域	消费数据	文本数据	外部数据	其他

图 2-6 母婴潜在客群预测方案

具体而言,在数据采集方面,可以尽可能多地整合客户的行为信息,包含客户在线上商城的消费、浏览等行为数据,客户的地址等文本信息,可以覆盖的客户外部数据和其他可用信息。在特征生成阶段,对于结构化数据,可以通过 RFM 方法衍生特征;对于地址文本类数据,可以采用词袋模型、深度神经网络等技术生成嵌入特征。最终整合所有可用特征,采用机器学习方法学习潜在客群的数据特征分布,建立识别潜在母婴客群的预测模型。

值得注意的是,预测模型的建立需要合理的特征定义和标签定义。潜在母婴客户通常会在一段时间(例如 6 个月)的表现期内成为存量的真实母婴客户(见图 2-7)。我们可以从存量客群的历史数据中,总结归纳出潜在客群转化前的合理观察时间,从而确定观察期并在观察期末定义特征。另外,我们可以借助账龄分析法(用于分析账户成长变化规律,又称 Vintage 分析),分别画出不同月份成熟的存量客群在近一年中真实母婴客户的比率，观察该比率在什么时间趋于平稳并逐步下降，由此定义出具体的表现期，进而完成标签定义。

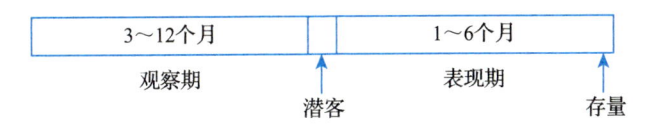

```
|←—— 3～12个月 ——→|←—— 1～6个月 ——→|
     观察期          ↑      表现期        ↑
                    潜客                  存量
```

图 2-7　潜在客群观察期与表现期

上述综合性的解决方案贯穿了从客户即将加入母婴客群，到成为存量母婴客户，再到逐渐退出母婴客群的整个生命周期。其中，采用专家经验定义可靠的规则策略逻辑，可以实现对存量母婴客群的有效识别；合理定义潜在客群的标签和特征，并采用机器学习算法建立预测模型，可以实现对潜在母婴客群的有效识别。

第 3 章

信贷产品获客

获客即获取客户，是信贷产品运营的第一步，获客的数量和质量对成本与利润具有重要影响。本章介绍信贷产品获客的主要方法——在线广告。3.1 节介绍了获客与广告的途径和类型，包括在线广告的基本概念、博弈关系和协调机制，以及实时竞价机制；3.2 节阐述了信贷产品获客与广告的特点和难点；3.3 节介绍了基于大数据和相关挖掘技术的信贷产品获客方案。

3.1 获客与广告

常见信贷产品获客途径包含 3 类。第一类，主动联系，即通过电话、短信、邮件等方式联系客户。第二类，在潜在客户可能接触的媒体端投放广告。第三类，对已有客户给予激励，推动他们向自身社交圈的潜在客户推荐产品。其中，媒体端广告投放是在各行各业中适用范围最广的途径。

按照投放目的的不同，广告通常又分为两类：一类是品牌广告，目的是使产品被更多客户和潜在客户熟悉，提升品牌口碑和影响力，达成长期吸引客户的目的，例如视频网站上的品牌宣传片；另一类是效果广告，旨在引导客户立即获取（如下载安装、下单购买等）和使用广告产品，在短期内引导和实现从潜在客户到客户的转化，例如自媒体平台上的跳转链接、App Store 中的推荐下载安装。

随着移动互联网的发展，通过互联网媒体发布的在线广告逐渐显现出相对传统广告的优势。首先，人们在线上媒体（如公众号、微博、抖音、B 站等）花费的时间已远超传统媒体（如电视、杂志、报纸），这使得线上媒体成为极具优势的客户触达渠道。其次，线上业务具有全流程数据可追踪的特点，广告主可以"按效果与转化付费"，使得投入与收益的相关性可以有效量化。此外，得益于大数据技术的发展，在线广告借助数据与算法的优势，能够做到广告展示的"千人千面"，通过个性化的投放进一步提升广告的产出效率。

本节将着重介绍在线广告这一主流获客方式，包括在线广告的基本概念、博弈关系和协调机制，以及实时竞价机制。

3.1.1 在线广告

在线广告服务的需求方为广告主，供给方通常为线上媒体。广告主也叫出资人，指想通过广告宣传或推销自己的品牌与产品（如汽车、家电、化妆品、游戏等品牌与产品）的一方。线上媒体是提供广告位的载体，其中包括以平台为主的中心化载体，如百度、淘宝、抖音、小红书、微信公众号、微博、B 站等平台本身，以及以个体行为为主的去中心化载体，如在抖音、小红书、微信公众号、微博、B 站上承接广告的大 V。线上媒体首先以较小的边际成本，为客户提供了具有一定价值的免费服务，以积累足够的流量和曝光度；然后在全部或部分客户群体中投放出资人的广告，通过帮出资人将媒体流量转化为声誉或销售收入，来换取出资人支付的广告费用。如果线上媒体能有效运用大数据来实现流量的高效转化，就能帮助广告主和线上媒体本身获得丰硕的收益。

经过多年的发展，在线广告已经形成了相对成熟的运用客户数据的解决方案，并在实践中取得了显著成效。基于运用客户数据的不同方式和层次，在线广告通常分为大众广告、搜索广告和推荐广告等类型。

1）大众广告：在线广告中的大众广告与传统媒体并没有太大不同，都是在具有一定流量的媒体界面展示广告，如报纸杂志上的静态广告、乘客电梯内的灯箱广告、电视直播中的插入广告、网站首页上的各类广告等。这类在线广告通过在线媒介向较大规模的客户群体投放，具有曝光度高等优点，但缺乏满足客户个性化需求的设计。

2）搜索广告：当客户使用泛用性搜索引擎（如Google、百度等）或特定域搜索引擎（如Amazon、京东内置搜索）服务时，服务提供方可以从查询内容中明确得知客户的意图，并返回针对性信息，而伴随搜索结果出现的广告（见图3-1）就是在线广告中的搜索广告。由于知道客户的特定意图，搜索广告可根据客户的个性化需求进行有针对性的投放，转化能力往往高于一般广告。

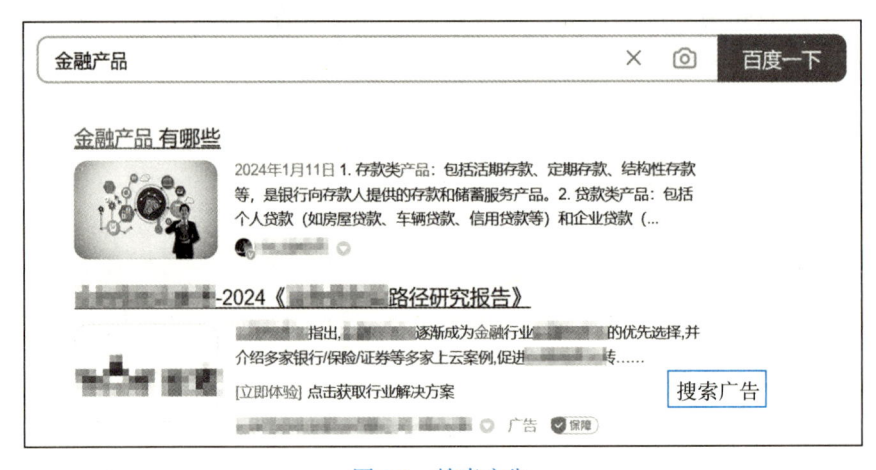

图3-1 搜索广告

3）推荐广告：相比搜索广告依赖客户带着目的输入的"被动性"，在不清楚客户的明确需求或者客户不能准确地给出需求时，基于客户日常（或历史）行为来实现客户画像并据此进行主动推送的推荐广告就具有更强的"主动性"。这类广告能够更充分地利用客户数据来实现精准广告推送，客户体验和转化能力相比搜索广告更高。

从技术实现视角看，基于搜索引擎和推荐系统的在线广告系统在技术架构上包含召回和排序两大模块。召回模块的作用是生成候选集，排序模块的作用是为候选集按一定的分数（或指标）进行排序。其中，搜索引擎的召回模块通常根据客户查询来构建倒排索引，进而产生与查询相关性高的文档、页面、图片等；推荐系统则根据客户历史行为来训练推荐算法，进而运用算法为客户在海量项目中筛选出部分匹配项目构成候选集。在排序模块方面，搜索引擎的排序主要考虑与客户查询内容的相关性，推荐系统主要基于历史数据考虑该客户与其他客户和项目的相关性来排序。搜索引擎和推荐系统在排序指标的选择上也有一定的共通性，例如在 CPC（Cost Per Click）计费广告模式下，搜索广告和推荐广告的排序都会用到千次展示期望收入（Expected Cost Per Mille，ECPM），其中 ECPM 的计算涉及对点击概率的预测和各候选广告的出价情况。

除根据运用客户数据的不同层次划分类型外，在线广告也可根据呈现情景和形式来划分类型，如横幅广告、开屏广告、贴片广告、信息流广告等。其中，开屏广告通常在打开 App 时以全屏形式展示，贴片广告通常以图片或视频的形式在主视频中出现，信息流广告通常插入好友动态列表或新闻列表中。

3.1.2 在线广告的博弈关系和协调机制

在线广告的供给方和需求方不仅是合作关系，还由于信息不对称和竞价机制的存在，而存在一定的博弈关系。理解供求双方在广告投放和竞价过程中的博弈关系，有助于在获客中明确业务逻辑，找到各项工作的目标和各种策略的影响。（注：本节在阐述在线广告投放中供求双方决策和交易的过程时，沿用了竞价点、计费点、出价点、考核点等术语。）

一个完整的在线广告投放和转化链路通常包含曝光、点击、转化等多个环节。例如，当在线广告曝光在客户面前时，客户可能会对其进行点击，从而进入广告主通过网站、微信小程序、App 页面等形式提供的落地页。客户可以在落地页进行下载、下单、付费等一系列操作。这些操作统称为"转化"。不同产品的转化链路中存在不完全一致的多个环节。对于金融信贷产品而言，这条链路通常相对其他互联网产品更长，在曝光和点击之后，还包含了注册、申请、授信、借贷、还款等环节。

沿着在线广告的投放和转化链路，供给方会向需求方收取费用，其计费模式较为多样化，例如 CPM（Cost Per Mille，按每千次曝光收取费用）、CPC（Cost Per Click，按每次点击收取费用）等。对于金融信贷产品而言，客户点击广告后，将全部或部分完成注册、申请、授信、借贷等后续操作。广告主可能选择其中一个环节作为付费标准，例如愿意为每个成功授信客户支付一定的广告费。广告主的收益则是在授信并借贷的客户完成最终还款时产生。

对供给方（媒体）而言，决策节点是每次推送广告时，从多个候选需求方（参与广告位竞争的广告主）中，选择哪一方的广告进行推送和曝光，主要依据是各个广告主在对后续转化链路的可能收益进行预估后、愿意付出的期望曝光费用的排序。图 3-2 描述了金融信贷产品中期望曝光费用、真实费用、出价和广告主收益的关系。在这个例子里，授信出价 = 广告主预估还款收益 × 借贷率 ×（1 − 逾期率），真实费用 = 授信出价 × 注册率 × 申请率 × 授信率，期望曝光费用 = 授信出价 × 点击率 × 注册率 × 申请率 × 授信率。

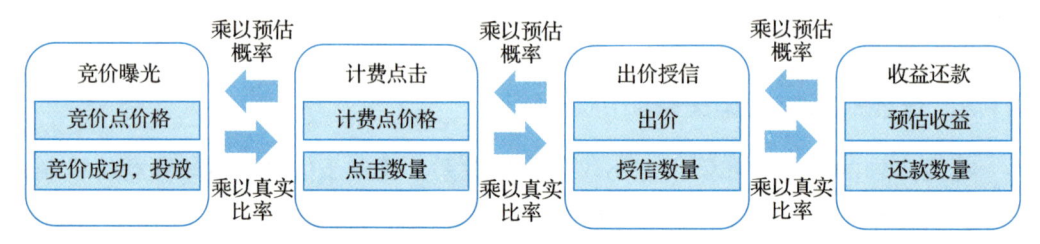

图 3-2 实时竞价的交易方式

此处涉及的各个预估（概）率是通过基于历史数据的建模等方式得到的。图 3-3 展示了各个概率由谁预估，以及分别有什么影响。点击数据由媒体持有，注册、申请、授信、借贷、还款数据由广告主持有，广告目标客户特征由媒体持有（广告主可能也有一部分，但覆盖率极低）。在预估时，点击率由媒体预估，注册率、申请率、授信率、借贷率、还款率由广告主与媒体采用联合建模（共享数据）或联邦学习（不共享数据）的方式预估。如果点击率预估偏高，容易使该广告在竞价中胜出，但如果给媒体带来的收益比其他广告低，这种竞价成功的广告就会损害媒体利益。如果注册率、申请率或授信率的预估偏高，则会增加广告费用，符合媒体的利益。如果借贷率预估偏高，或逾期率预估偏低，则会使广告主出价偏高，损害广告主的利益。

围绕这种信息不对称的现状，媒体有动机提高注册率、申请率、授信率的预估值，广告主有动机降低相关预估值，广告主和媒体方作为供需双方为了保障自身利益就形成了博弈关系。为了保障双方利益，供需双方形成了一些缓解各自倾向的协调机制，例如超成本赔付机制、足量数据回传机制、预算控制机制等。在超成本赔付机制中，媒体会给予广告主在单个广告出价点上的费用保障，如果费用超过一定高限，媒体将进行赔付。足量数据回传机制是指广告主每当积累到足够数量的授信时就必须将数据回传给媒体，一方面保证广告主必须为一定数量的客户支付广告费用，另一方面也帮助媒体有足够数据来提升预估模型的精确度。预算控制机制是为了防止广告主的有限预算因竞价流程不可控而在短时间内过度消耗。在此机制下，广告主可以在媒体端设定一定时间段内的预算上限，当广告主预算在一定时间内消耗过快或过多时，媒体会自动为广告主降低出价，相反则提高出价。OCPM（Optimized Cost Per Mille，优化千次展现成本）和 OCPC（Optimized Cost Per Click，优化每次点击成本）是两种常见的基于预算控制机制的计费模式，实现了计费点和出价点的分离，使广告主可以根据客户的计费环节到出价环节的转化概率做出差异化出价，为其利益提供了一定保障。一种 OCPC 广告计费模式中保障双方利益的机制如图 3-4 所示。

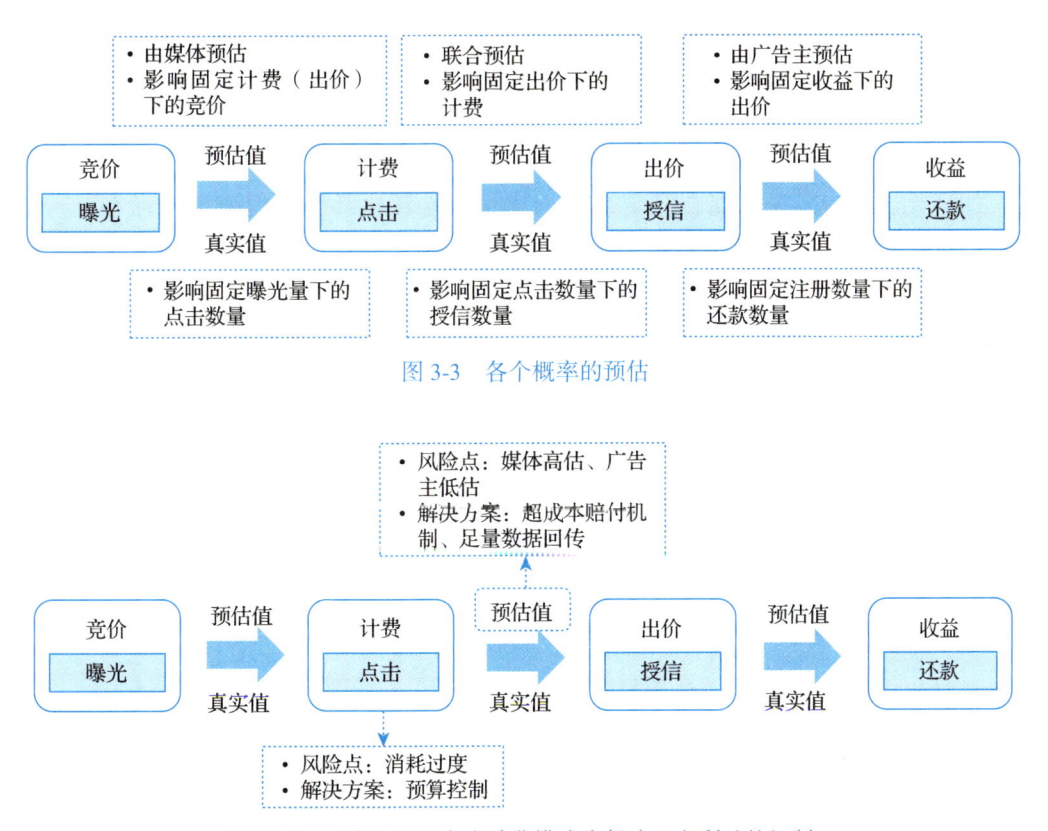

图 3-3　各个概率的预估

图 3-4　一种 OCPC 广告计费模式中保障双方利益的机制

3.1.3 在线广告的实时竞价机制

在广告市场中，同一媒体往往面对多个广告主，且媒体所掌握的不同类型流量有不同价值，因此广告位通常以广告主竞价方式进行交易。

RTB（Real Time Bidding，实时竞价）机制支持询价、出价和竞价都在广告展示前进行，媒体将广告位分配给收益期望最大（也是付费意愿最大）的广告主，其中对流量变现能力（曝光该广告时媒体的期望收益 E_1）的有效预估能最大化媒体的收益，然而该过程未考虑广告主后续链路上的转化情况。对于广告主而言，更理想的投放方式是在 ROI（Return On Investment，投资回报率）约束条件下，通过对客户 CVR（Conversion Rate，点击转化率）、LTV（Life Time Value，客户生命周期价值）的有效预估来判断收益，进而支撑客户群体层面的出价（成本），以实现 ROI 约束下的获客和收益最大化。（注：CVR 表示点击客户在广告主侧产生价值的概率，在金融场景中一般为点击客户产生首贷的概率。）如果媒体具有一定的数据分析和建模能力，且广告主愿意回传部分转化数据，会出现计费点和出价点分离的 OCPX 模式（如 OCPC、OCPA 等），即平台依托广告主回传的后端转化数据在 ECPM 计算的过程中考虑 CVR 因素的影响。OCPX 模式能在一定程度上优化后端转化环节，但依然会存在一些问题。一是广告主的后端转化数据非常敏感，可能因为监管合规要求、隐私保护、数据安全、商业秘密等因素而无法回传。二是媒体端的数据不一定匹配广告主的获客场景，如信贷产品获客中媒体端往往缺乏客户风险属性、资产等级等数据。（注：广告主有当前客户数据意味着该客户已经是广告主旗下某产品的客户，因此 RTB 不适用于全新客户，而适用于转投广告主旗下其他产品的客户。）

为解决贯穿转化链路预估需要数据出库和隐私安全造成的数据难出库之间的矛盾，数据和技术积累较深厚的广告主可以自行构建广告投放系统，通过实时接收媒体所发送的客户数据决定是否投放并出价，形成 RTA 广告，如图 3-5 所示。RTA 可以理解为升级版 RTB，即广告主不再进行统一出价，而是基于预估转化率进行差异化出价，并实时将客户价值分

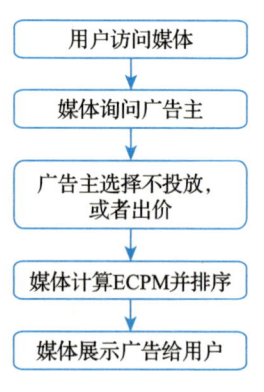

图 3-5 RTA 的具体流程

层、分等级地返回给媒体的广告系统。

RTA 的具体流程为：客户到达广告位，平台向广告主发起竞价请求，广告主根据标识 ID 和自有数据与算法判断是否竞价并返回出价数，媒体接收出价数并判断是否展示广告给客户。RTA 系统通常同时采用两类策略：名单类 RTA 策略和价格扰动类 RTA 策略。名单类 RTA 策略即构建业务相关排除名单（如老户、黑名单、低潜客群等），命中排除名单的客户不参与竞价；价格扰动类 RTA 策略则是对目标客户进行价格扰动。

3.2 金融信贷产品获客

基于对在线广告竞价机制和博弈关系的理解，不难看出相比一般产品，金融信贷产品获客需要面对自身业务特点带来的挑战。一方面，信贷产品"曝光—点击—注册—申请—授信—借贷—还款"的超长业务链路，带来了优化目标选择困难、预估概率多元复杂、靠后环节样本稀疏等挑战。另一方面，信息不对称和供需博弈关系的存在，使得信贷产品广告主必须同时理解媒体和自身的复杂业务逻辑，一定程度上掌握双方信息或数据，才能制定恰当的策略来优化自身收益。图 3-6 展示了信贷产品广告转化链路上的一些特性和难点。（注：这里选择以"需求方为一个广告主、供给方为一个媒体"的基本类型为例，更复杂的情形可以在该逻辑下衍生推广。）

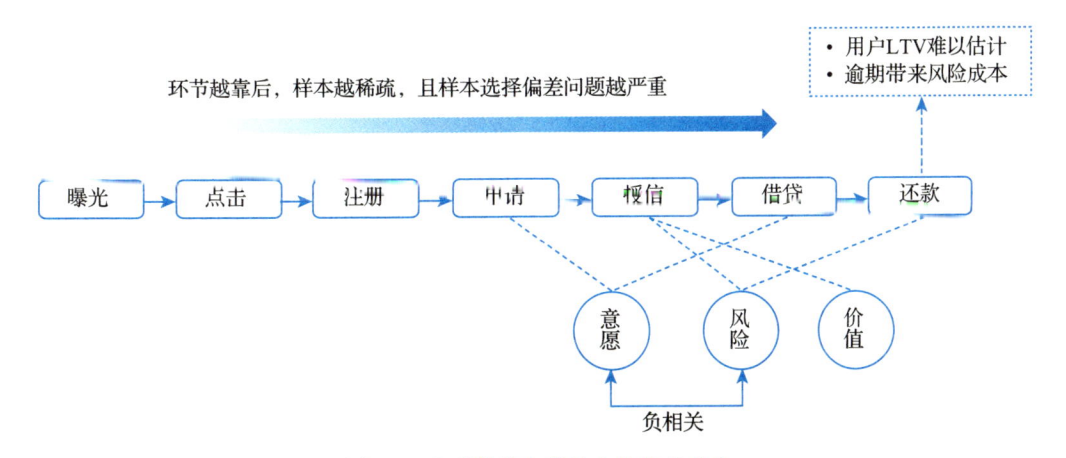

图 3-6　金融信贷产品特有的获客难点

如前文所述，如果通过在线竞价广告来获客，广告主需要依赖对 LTV 和 CVR 的预估来实现 ROI 约束下的个性化出价。

从业务视角看，广告主通过估算客户 LTV 和 CVR 来判断预期收益，进而得出能接受的获客成本。在信贷产品中，客户 LTV 和 CVR 取决于客户意愿、风险、价值等多个维度，其中可能涉及逾期风险、授信额度、贷款利率等多种指标，其计算贯穿整个业务链路。如果要在广告投放时就估算客户的 LTV 和 CVR，需要广告主同时前置对该客户的授信评估、支用评估、额度评估、利率评估、逾期风险评估等所有工作。这使得信贷产品客户 LTV 和 CVR 的预估较为复杂和困难。

从技术视角看，金融信贷产品广告主可以运用统计和机器学习方法来对涉及客户意愿、风险和价值的多种指标进行预测建模，但模型的构建和使用存在相应难点。首先，模型所需的输入项——客户的数据和特征——通常掌握在媒体端，而模型的输出项（标签）则在广告主端，由于合规性、商业秘密等因素，双方数据难以直接互通。其次，广告主所掌握的客户群体是信贷产品的历史注册客户，与媒体端的潜在曝光客户的交集概率通常较低，同时具备输入数据和输出标签、可以支撑有监督学习建模的客户数量较少。然后，信贷产品转化链路越靠后端的环节，客户量越少，数据越稀疏，针对这些环节预测目标的建模更加困难。此外，多个预测目标对最终收益的影响较为复杂，可能存在相互干扰，例如借贷意愿高的客户转化概率高，但逾期风险可能也高，而预期收益会因此降低。这些技术难点进一步增加了信贷产品客户 LTV 和 CVR 预估的挑战度。

具体而言，在信贷场景中预估 CVR 的简单思路是整合所有点击样本，令观察期内有借贷客户为正样本，无借贷客户为负样本，然后建立二分类模型。这种方式存在以下问题：一是过拟合于前端转化环节。在整个转化链路上，靠前端（曝光等）的环节数据较丰富，靠后端（借贷等）的环节逐渐稀疏，如果整合所有样本直接建立从点击到借贷的端到端二分类模型，实际拟合结果更多取决于客户在前端任务的转化率。二是忽略了中间过程包含的信息增益。未借贷客户有的未注册，有的注册了未申请，有的申请后在授信环节被拦截；端到端建模方式无法区分不同情况的客户，丢失了可能产生增益的信息。

3.3 基于联邦学习和多任务学习的建模方法

近年来,更多大数据技术的出现,给金融信贷产品获客带来了可以应对自身难点的解决方案。对 LTV 预估而言,公式(3.1)提供了一种简化的计算方式。其中,净资产收益率与逾期率受宏观环境因素及业务结构影响,而额度使用率是难以评估的长期随机因素,因此一种简化方式是将 LTV 预估近似为对客户额度的预估(对客户额度的预估可以参考 7.2 节)。

$$\text{LTV} = 额度 \times 额度使用率 \times (净资产收益率 - 逾期率) \quad (3.1)$$

对 CVR 预估来说,一方面联邦学习技术可以在保障数据安全的前提下,实现跨媒体端和广告主端数据的联合建模;另一方面可以利用多任务学习技术来构建联立多个环节转化率的预测模型,实现各转化环节的信息共享。

3.3.1 联邦学习模型打破数据壁垒

联邦学习能够在多方共同完成模型训练和推理的同时,使得所交换的中间运算结果不包含隐私信息,更加详细的技术介绍见第 15 章,这里我们以双方联合训练一个风险模型为例,模型分数的高低代表了客户的逾期风险高低,具体风险模型的建模方式和原理可通过阅读第 4~5 章内容进一步了解。一般可由媒体提供联邦学习平台和客户特征数据,由广告主提供是否逾期的好坏标签来构建二分类模型。广告主与媒体以设备号(MD5 密文)为主键,通过 PSI(Private Set Intersection,隐私保护集合交集计算)技术来匹配样本,并在联邦学习平台上完成建模。在模型训练完成后,广告主获得所有样本的模型评分(预测或评估结果),评分反映了基于媒体侧信息对客户的信用情况判断。结合所有样本的分数和标签,广告主对模型效果进行评估。

广告主可以通过模型的表现情况制定相应的 RTA 策略。第一种策略是尾部排除法:通常风险模型底部 10% 的客户的逾期率较高、授信率较低,很难为广告主带来盈利,故可以在 RTA 策略中直接排除模型分低于相应阈值的客户。第二种策略是分层出价法:相对高收入客户通常能为广告主带来更大收益,如果收入模型不同分数段的客户平均收入差异明显，可对不同分数段客户给出不同出价。

值得注意的是，以上基于联邦学习模型的 RTA 策略在现实应用时也面对两方面挑战。第一，数据分布的跨时间变动可能影响模型稳定性，进而影响策略有效性。对于特征 X 和标签 Y，模型拟合的是条件分布 $P(Y|X)$，因此从本质上讲模型表现的衰减源于 $P(Y|X)$ 随着时间的变动；但条件分布的变动难以通过简单的统计直观表现出来，因此通常以 X 和 Y 的分布的变动来说明问题，具体通过特征的 PSI 和正样本占比来体现。第二，不同市场状况下的多方竞价博弈可能影响获得客户的质量。在分层出价法中，虽然策略对高分数客户出高价、对低分数客户出低价，但能否竞得优质客户还取决于其他广告主的竞价策略。要在博弈关系下保障客户质量，广告主需要根据市场状况对策略进行动态调整。

3.3.2 多任务学习模型充分利用全链路信息

多任务学习是一种基于共享表示，把多个相关的任务放在一起学习的机器学习方法。多任务学习将各个转化节点作为辅助任务协同训练，使得深度学习模型能通过提取低阶通用特征，在增强模型泛化性能的同时又能利用特征与各个子任务标签的相关信息。硬参数共享和软参数共享是多任务学习的两种简单类型，分别对应硬连接和软连接两种连接方式。如图 3-7 所示，硬连接是通过部分参数共享来进行多任务协同训练。如图 3-8 所示，软连接是通过对不同任务间的参数差异加以约束（如参数差异的二范数）来表达各任务间的相似性。针对不同的数据状况和建模需求，不同的多任务学习模型各有优势，例如：ESMM（Entire Space Multi-task Model，全空间多任务模型）可以应对样本选择偏差和数据稀疏问题；MMoE（Multi-gate Mixture of Expert，多门混合专家）网络模型可以解决模型鲁棒性及子任务间权重自适应问题。

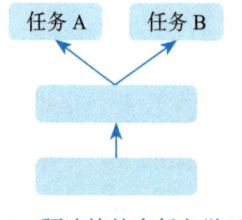

图 3-7　硬连接的多任务学习　　　　图 3-8　软连接的多任务学习

针对信贷获客场景，一种解决方案是构建 ES-MMoE（Entire Space Multi-gate Mixture of Expert，全空间多门混合专家）网络模型，通过多任务协同训练来预估客户的"点击—借贷"转化率。我们可以从样本、模型、损失函数 3 个方面着手构建该模型。

1. 样本构建

每个点击样本有注册、申请、授信、借贷、还款（即不逾期）5 个标签，对应 5 个具有一定相关性的二分类任务。

1）主任务：点击—还款转化率预估。

2）辅助任务 1：点击—注册转化率预估。

3）辅助任务 2：点击—申请转化率预估。

4）辅助任务 3：点击—授信转化率预估。

5）辅助任务 4：点击—借贷转化率预估。

2. 模型构建

图 3-9 展示了以两个任务为例的 ES-MMoE 模型结构，其中包括共享层、专家、门、塔 4 个部分。共享层通过多层全连接进行各个任务的参数共享，提取低阶通用特征。每一个专家都以共享层的输出作为输入，并通过全连接学习局部特征。每一个门以原始特征作为输入，通过一层全连接映射为 n_{expert} 维度的向量，作为各个专家的权重；每个任务对应一个门，通过专家—门结构使得各个子任务可以提取通用特征基础上的特征细节并输入各任务的塔。在该转化场景中，相邻任务间是有依赖关系的，即每个节点的转化率是上一个节点的转化率与相邻两个节点间转化率的乘积，通过公式（3.2）设计使各任务的前馈网络能够捕捉这

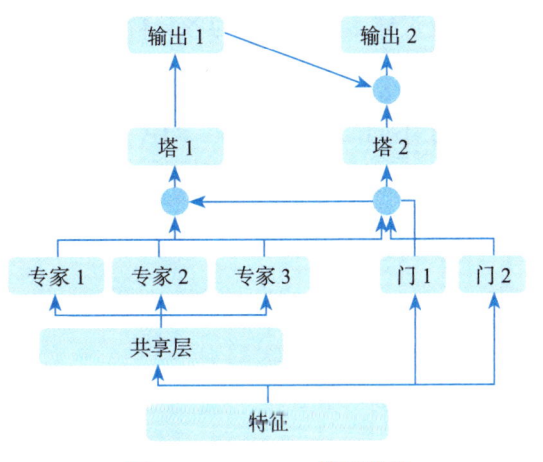

图 3-9 ES-MMoE 模型结构

种条件概率关系。通过这样的多任务模型设计能有效地利用全流程的监督数据，在提高模型泛化能力的同时减轻深度转化样本太少带来的问题。

$$\tilde{y}_i = f_{t,i}\left(\sum_{j=1}^{n_{\text{expert}}} \text{gate}_{i,j}(x)\text{expert}_i\right) \times \tilde{y}_{i-1} \tag{3.2}$$

式中，expert_i 为第 i 个专家；gate_i 为第 i 个门；$f_{t,i}$ 为任务 i 对应的塔全连接层。

3. 损失函数构造

模型的损失函数为 5 个二分类任务损失函数之和，即

$$\text{Loss} = \sum_{j=1}^{5} \text{cross entropy}(y_j, \tilde{y}_j) \tag{3.3}$$

通过以上步骤构建的多任务学习模型，可以实现对客户点击—还款转化率的预估。但要注意，模型输出的 CVR 仅有排序性，需要通过校准才能作为预测概率来支撑后续出价决策。常用的校准方式包括分段校准、逻辑回归、保序回归等。

在实际广告场景中，由于单个用户的 CVR 预估噪音较大，通常不能直接支撑出价策略的制定，因此还需要按人群分类，以各人群的 Lift（当前分数段正样本占比/全量正样本占比）作为各分群的初始出价系数，并结合线上测试对系数进行动态调整。

由于不同的媒体支持的 RTA 策略有所不同，有的媒体直接按照出价系数 × 基础价格作为最终出价，有的则将出价系数作为 CTR 模型的一个特征进行隐式的价格调整。在实际业务落地时，广告主还需要根据实际情况进行调整。

第三篇 Part 3

授　　信

- 第4章　信贷评分卡工具
- 第5章　申请评分体系
- 第6章　定价与定额

风险的本质是不确定性，金融机构需要应对的风险包括信用风险、操作风险、市场风险、流动性风险等多种类型，其中信用风险是客户履约的意愿和能力发生实际变化或潜在变化时产生的不确定性。对信贷产品的潜在客户开展定量的风险评估，正是信贷业务的核心工作。授信是指从申请贷款的客户中筛选出符合信贷业务风险偏好的客户，并给予合理的风险定价和授信额度。本篇将简要介绍从贷前授信到贷后催收的整条信贷风控决策链路，展示决策链路上各环节所用的技术，并从风险和收益两个视角介绍核心工具。第4章介绍信贷风控的业务背景以及信贷评分卡工具开发的通用流程。第5章介绍贷前风险控制工具——申请评分卡，包括大数据风控中面向零售客户的智能申请评分卡和面向小微企业的智能申请评分卡。第6章从收益角度出发，介绍由客户特点和交易数据驱动的智能化定价决策体系。

第 4 章

信贷评分卡工具

本章介绍信贷评分卡工具的业务场景和技术体系,并展示信贷评分卡工具开发的通用流程。4.1 节介绍信贷风控业务场景以及从贷前授信到贷后催收的整条信贷风控决策链路;4.2 节介绍在信贷产品和业务中开发基于大数据的信用评分卡的通用流程,此流程也适用于后续章节中贷前申请评分卡、贷中行为评分卡、贷后催收评分卡等工具的开发。

4.1 信贷风控决策链路

本节首先介绍信贷风控的整体决策链路及各决策阶段所需的工具,帮助读者建立基于业务场景的全局视野。

4.1.1 风控决策链路与数字化工具

信贷风控的整体管理目标是保证产品(或机构)的长期风险稳健可控。在一个典型的信贷业务周期中,客户需要经过申请、审批、授信、借款、还款等环节。图 4-1 展示了信贷风控决策链路上各核心环节的目标。要实现此链路上贷前、贷中、贷后各环节的有效决策,需要数字化决策工具体系的支持。

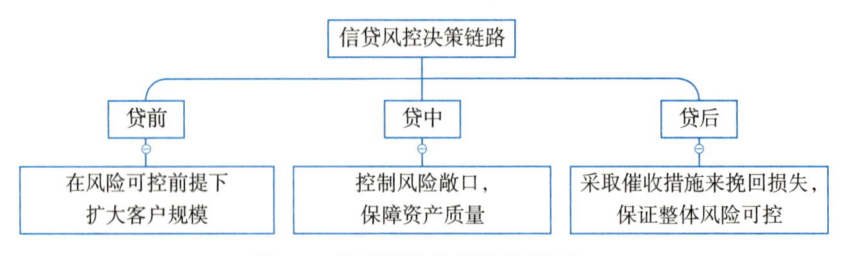

```
                    信贷风控决策链路
         ┌─────────────┼─────────────┐
        贷前          贷中          贷后
    ┌────┴────┐  ┌────┴────┐  ┌────┴────┐
    │在风险可控前提下│  │控制风险敞口，│  │采取催收措施来挽回损失，│
    │ 扩大客户规模 │  │保障资产质量 │  │ 保证整体风险可控 │
    └─────────┘  └─────────┘  └─────────┘
```

图 4-1　信贷风控决策链路及目标

首先，贷前管理的核心目标是在风险可控的前提下尽量扩大客户规模。客户规模是判断潜在客户（申请流量）资质风险后进行准入授信的结果。在业务团队不断引入新产品、新客群时，风控团队要在控制风险的同时保证通过率。当潜在客户来申请贷款时，风控团队需要尽可能地了解其身份、申请渠道、历史行为等信息，在审批环节准确且高效地量化客户的信用风险，筛选出目标客群，并提供合理的初始授信额度。这一阶段通常包括个人身份验证、欺诈判断、黑名单（排除名单）判断、信用判断、风险定价等决策环节，需要运用特殊名单、反欺诈模型、申请评分卡（Application Scorecard，A卡）等贷前管理工具来协助决策。

然后，客户获得了贷款，就进入了贷中管理阶段。此阶段需要及时准确地对客户的逾期风险做出动态评估，并根据评估结果定期调整信贷额度。贷中管理的核心目标是放大总余额、缩小逾期余额，从而控制风险敞口、保障资产质量，例如为资质好（风险低）的客户提升额度、促进活跃度，对风险偏高的客户控制或降低额度、提高资金价格（即利率），对高风险客户及时采取处置措施。此阶段所需的管理工具主要是行为评分卡（Behavior Scorecard，B卡）。

最后，如果客户出现逾期行为，就进入贷后管理阶段，需要采取催收等措施挽回损失，保证整体风险可控。此阶段的目标是基于催收客群的详细分析，有效运用催收资源，提升催收效能。具体而言，根据催收关键要素划分客群，对不同客群制定和采用相应的催收策略。此阶段所需的管理工具主要是催收评分卡（Collection Scorecard，C卡）。

可以看出，在信贷数字化决策工具体系中，最重要的工具是信用评分技术——辅助贷款机构发放和管理消费信贷的一整套决策支持技术。该技术可以预测或评估贷款人的违约概率、违约损失率、催回概率等指标。信贷机构基于这种评估结果，决定谁会获得贷款、获得多少贷款、贷款利率是多少，以及设定哪些合适的经营策略来提高利润率等[○]。不同的信用评分技术除了应用环节不同，对建模的数据要求和方法也有所差异，这种差异主要体现在样本选择、时间窗口、目标定义的设置上，后续章节会具体解读。

4.1.2 信贷评分卡及其关注点

信贷评分卡是信贷评分技术中的核心量化工具。信贷评分卡将判断客户风险高低转化成一个二分类任务，利用历史信息建模来预估客户未来的风险。例如，当客户来申请信贷产品时，风控人员需要利用历史信息和申请评分卡来判断客户资质，被评分卡预估为低风险的客户可以通过申请，高风险客户将被拒绝申请。这看起来与广告曝光场景的建模任务类似，但信贷评分任务具有其独特性。首先，从标签（预测目标）角度看，信贷风控场景的风险表现滞后，往往需要半年甚至一年才能充分暴露；其次，从数据特征角度看，预测风险需要尽量利用客户全域信息，特征覆盖范围较广；最后，从训练样本角度看，信贷风控场景受外部环境、产品调整的影响较大，客户群体可能变动频繁，模型训练样本需要及时更新。

根据信贷业务特点，对于信贷评分卡，我们较为关注模型的区分力、稳定性、可解释性等方面。模型区分力强，代表模型能提供对客群的良好风险排序能力，实现对优质或次级客户的有效筛选。模型稳定性强，代表在流量频繁变动的环境下模型仍能保持较好的识别力，而不会轻易过时或失效。模型可解释性强，代表模型的工作原理和判断依据能很清晰地被使用者理解，能快速定位影响因素的变化，从而及时优化模型、调整策略、规避风险。

4.2 信贷评分卡的开发和应用

信贷评分卡从立项开发到上线应用通常会经历图 4-2 所示的全流程，其中包括模型设计、模型训练、分数校准、模型评估、模型部署、模型监控等多个环节。本节

[○] 参见《信用评分应用（第二版）》，林·托马斯著，李志勇译，中国金融出版社出版。

将逐一介绍各环节的开发流程和相关技术,其中模型部署是将训练好的模型文件部署成提供高可用、高性能的模型推理服务,本书不做展开。

```
                    信贷评分卡开发流程
    ┌──────┬──────┬──────┬──────┬──────┐
  模型设计  模型训练  分数校准  模型评估  模型部署  模型监控
  ┌──┼──┐              ┌──┼──┐
目标变量设计 特征设计 样本选择  模型区分力 模型稳定性 模型覆盖度
```

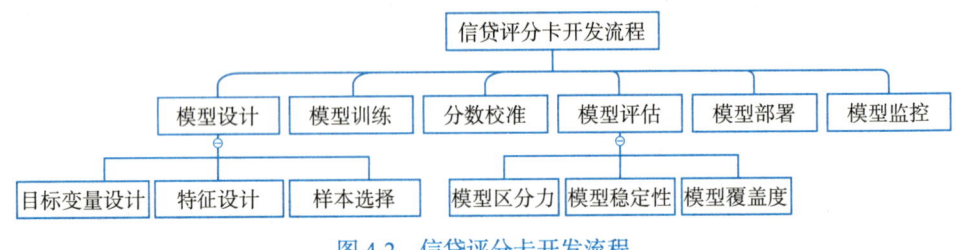

图 4-2　信贷评分卡开发流程

4.2.1　模型设计

信贷评分卡开发的模型设计（或建模准备）环节通常包括目标变量设计、特征设计、样本选择。模型设计时,我们会根据客户借款后的还款表现来定义"好"和"坏"（即正常还款或违约）,并训练二分类模型来预测违约概率。其中,模型的输出项（又称"目标变量"或"标签"）是反映客户受关注的关键行为（如最终还款表现）的变量,模型的输入项（又称"特征变量"）是反映客户个人特点和行为特征的变量。如图 4-3 所示,通常以某一个时间点作为客户行为的观察点:在观察点之后的一段时间记录客户的风险表现,以此设计目标变量;在观察点之前的一段时间记录客户的个人特点和行为特征,以此设计特征变量。

```
        观察期          表现期
  ──────────────┼──────────────→
   X− 数据特征        Y− 目标变量
   时长可取观察点前近3年、  时长可取观察点后90天、
   2年、1年、半年、3个月等  180天、365天等
                观察点
```

图 4-3　评分卡建模的样本时间窗口

1. 目标变量设计

在信贷风控中,每一个违约客户的出现都意味着直接经济损失,错误的决策会付出较大的代价,业务决策部门与风控管理部门需要共同承担风险管理的责任。信

贷评分卡目标变量的定义和设计需要相关部门的共同参与，既要结合业务先验知识确定合理的逻辑，也要考虑风险建模的成本和可行性（商业银行还需要参考《巴塞尔协议》等相关监管规定）。信贷评分卡目标变量设计的核心要素包括定义"坏"的程度、确定表现期长度，以及确定 GBIE（Good、Bad、Indeterminate、Exclude，即好、坏、不确定、排除）客户划分原则。

（1）"坏"的程度与"坏"样本定义

在信贷二分类模型中，模型目标变量的取值为"好"或"坏"二元划分，需要明确有怎样行为的客户适合被定义为用于模型训练的"坏"样本。例如，逾期 180 天以上、逾期 90 天以上、逾期 60 天以上、逾期 30 天以上体现了不同程度的"坏"行为，但观测到足够数量的不同程度"坏"的时间成本是不一样的。如果将逾期 180 天或 90 天以上的客户作为模型训练的"坏"样本，则模型将能捕捉的是"最坏"人群的特征信息，而相对不那么"坏"的、因催收或其他因素在短期逾期后继续还款的客户将不被作为"坏"样本。在产品运营时间较短时，上述"坏"样本定义方式可能会带来建模时能够运用的训练样本总数不足的问题。此时，我们可能会根据业务情况和建模需求，考虑将逾期 60 天以上或逾期 30 天以上的客户定义为"坏"样本。以此种定义方式构建的模型会趋于保守（风险厌恶），但数据采集的时间成本可能更低，模型应对环境变化的敏捷性更高。

为了确定建模"坏"样本的定义方式，或者说应该将什么程度的"坏"判定为"坏"样本，我们通常可以采用滚动率分析。滚动率分析是指对于某一个固定观察期的样本，客群从上一个逾期节点滚动到下一个逾期节点的概率，计算逻辑为下一个逾期节点的人数除以上一个逾期节点的人数。例如，观察逾期 1 天以上的客户有 100 人，在这部分客户中有 80 人继续逾期到 3 天以上，则这部分客户中逾期 1 到 3 天的滚动率为 80%。图 4-4 展示了一个将逾期各天滚动率绘制成滚动率曲线的例子。曲线的横轴是逾期天数，纵轴是滚动率。在确定"坏"样本定义时，可以先将严重逾期（如 90 天以上或 180 天以上）作为"理想标准"。然后观察从不同逾期程度（天数）转化到严重逾期的滚动率，判断达到和超过怎样的逾期程度时就具备了最终达到严重逾期的高转化率，最后将这个逾期程度的临界值作为"坏"样本的一种定义方式。

从图 4-4 中可以发现，从逾期 30 天到逾期 60 天的滚动率已达到 90%，且逾期 60 天继续滚动到逾期 90 天的滚动率继续上升，但滚动率曲线逐渐平缓，因此可以将逾期 30 天作为定义"坏"样本的参考标准。

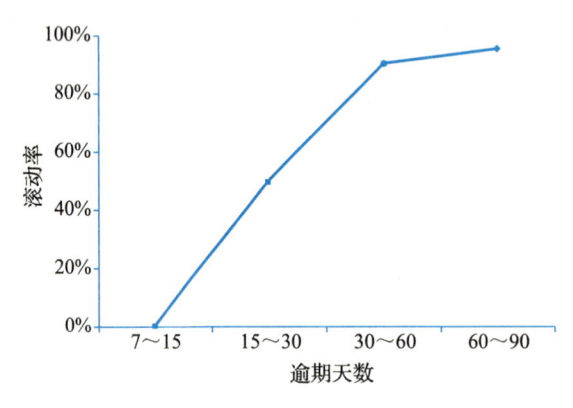

图 4-4　样本滚动率分析

（2）表现期定义

表现期长短对评分卡建模有较大影响，长表现期可以为样本表现留下充足的时间，可以获得更高置信度的客户风险评分结果，但长表现期意味着只能用更"陈旧"的样本建模，与运用模型的时间点间隔更远。表现期长度的确定需要分析客户的风险裂变趋势，关注模型对"坏"样本的召回能力（召回率），常用方法为 Vintage 分析。

Vintage 是源于葡萄酒酿造过程的术语，用于评估随着窖藏时间变化葡萄酒质量的变化。窖藏到一定时间后，葡萄酒质量将趋于稳定。在信贷风控领域，在通过滚动率分析确定"坏"样本的合理定义后，Vintage 分析可以用于观察客户全周期的风险变化情况，以便确定可以充分暴露客户风险的表现期长度。

图 4-5 展示了一个信贷产品 Vintage 分析的示例。假设逾期 30 天以上为"坏"样本，横坐标为客户账龄，纵坐标为 30 天以上逾期客户占比（截至当月逾期 30 天以上的人数/总人数），每条 Vintage 曲线代表在不同自然月提取贷款的客户群体。可以看出，每条曲线对应的纵坐标取值都呈单调递增趋势，表现出当月提款客户随着账龄增加逐渐暴露出风险的过程。曲线斜率越大代表风险暴露越快，随着账龄的增加

逾期比率逐渐趋于稳定。图 4-5 示例中，大部分客群账龄达到 12 个月时 Vintage 曲线趋于平缓，因此可选择 12 个月作为表现期长度。

此外，确定表现期长度时，我们也需要考虑产品所处生命周期阶段。例如，在产品初期整体样本量不大时，或者在客群出现迁移、需要尽快更新客群样本分布时，可适当缩短表现期长度。

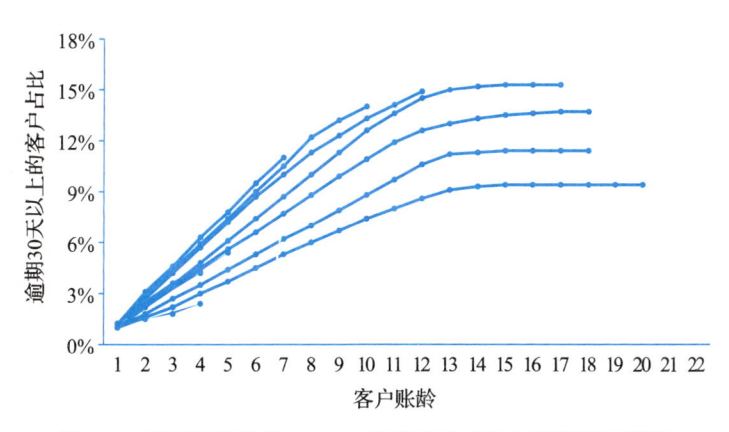

图 4-5 不同起始月的 Vintage 曲线对比（纵坐标数据已脱敏）

（3）GBIE 划分原则

根据客户的最终表现，通常可以将客户划分为 GBIE（Good、Bad、Indeterminate、Exclude，即好、坏、不确定、排除）几个类别。好样本（Good，G）是信贷机构乐于接受的客户，这类客户在开通信贷产品后具有良好的还款表现，在表现期内或已经还清欠款，或仅曾轻微逾期。坏样本（Bad，B）是信贷机构不愿接受的客户，通常在表现期内出现严重逾期（比如逾期超过 90 天），对于此类客户，信贷机构极力想追回欠款或已放弃追回欠款。不确定样本（Indeterminate，I）包含出现"坏"的程度介于"好""坏"样本之间、信贷行为活跃度较低、出现账户异常状态等情况的客户，可以认定为在表现期内（暂时）无法掌握足够信息来判断其风险程度的样本，通常认为，I 类客户在申请评分建模样本中约占（设为）5%～15%，在行为评分建模样本中约占（设为）10%～20%。排除样本（Exclude，E）通常为不宜被定义为上述三类的异常客户，例如出现第三方欺诈、客户死亡等非信用风险类的其他风险。表 4-1 展示了 GBIE 客户的定义细则。

表 4-1　GBIE 客户的定义细则

客户类型（码值）	基本原则
好客户（G）	表现期内，账户状态正常、活跃度正常、未曾逾期或仅有过轻微逾期的客群
坏客户（B）	表现期内，在该产品或其他产品上有过严重逾期表现的客群
不确定客户（I）	表现期内，账户状态异常、账户活跃度较低、逾期程度介于灰色地带的客群
排除客户（E）	被判断为模型不适用的客群

好的目标变量既要充分反映业务逻辑、包含有效信息，也要结合 GBIE 原则合理筛选训练所需要的"好"(G)"坏"(B) 样本（"I"和"E"类样本不参与建模），以避免模型训练产生偏差。一方面，要注意合理确定排除客户群体，不将该类客户加入模型训练样本，以免干扰模型对目标变量"好""坏"的预测。另一方面，在筛选加入模型训练的"好""坏"样本（限制入模样本"好"的程度或"坏"的程度）时，要注意体现"公平性"原则。例如：如果在定义和筛选参与建模的"坏"样本时加入逾期余额高于某个水平的约束，那么也应该对"好"样本做类似筛选（只选择贷款额高于该水平的样本），否则训练数据的较低余额客群中只存在"好"样本，不存在"坏"样本，可能导致模型出现低估小额度风险的倾向。此外，如果要更精细地制定符合自己业务逻辑的 GBIE 标签，我们可以考虑在行为活跃度的目标范围内筛选训练样本，也可以考虑贷中风险防控操作对客户还款表现的影响，还可以根据客户征信报告或在同机构其他信贷产品上的风险表现来进行信息补充。

2. 特征设计

特征设计又叫"特征工程"，是为了提升评分卡模型预测能力，而基于业务逻辑和数据逻辑，对原始数据特征维度采取的筛选、转换、衍生等操作。在模型开发过程中，特征工程是最耗时的环节之一。这里从数据源选择、数据预处理、特征衍生、特征筛选 4 个方面简要介绍特征工程的基本流程。

（1）数据源选择

建模数据通常根据来源分为内部数据和外部数据。内部数据由信贷机构持有，可得性和质量较为稳定，通常作为建模的基础数据。对内部数据覆盖不到的信息域，信贷机构可在合规前提下通过合作渠道从外部获得补充数据。

在构建评分卡时，要根据贷前、贷中、贷后的不同需求，合理选择内部数据源和外部数据源，通常需要覆盖客户的基本身份信息、相关场景历史行为、人行征信数据、社交属性数据、贷中行为数据等。内部数据一般可进行最大化信息挖掘，特征工程可以复杂化、多元化；而外部数据在加工使用时一般需要考虑简单、直接、灵活等原则。

外部数据的获取需要付出额外成本，且可能缺乏稳定性和连贯性。不同机构间数据标准有差异，还可能存在兼容性问题，进而产生额外的数据处理成本。在引入外部数据时，我们需要充分评估和权衡引入的成本、收益、连贯性等问题。

（2）数据预处理

在确定数据源和可用数据字段后，我们需要对数据进行预处理，以保障数据的可用性。处理方法通常包括缺失值预处理、特征类型转化、分布转换等。

1）缺失值预处理。数据中缺失值的处理方式通常与后续评分卡建模需求有关。对于不能处理缺失值的模型，我们可以在保留缺失标记（例如，新设变量记录缺失与否）的同时，使用均值、中位数、众数等方法进行填补。如果后续评分卡所用模型（例如 XGBoost 模型、逻辑回归模型等）可以处理缺失值，我们可不对缺失值做预处理。

2）特征类型转化。绝对数值型的连续特征由于量纲不同，可能导致数据间的可比性（公平性）降低。为降低数据附带的量纲影响，在进行特征衍生前，我们可将绝对数值型特征转化为占比型特征。

3）分布转换。分布转换可以将长尾分布特征转换成更均匀分布的特征，或者简化特征与目标变量之间的（非线性）关系。分布转换的方式如下。

- 对数转换：当数值型特征的取值较大时，可考虑对变量进行对数转换。
- 标准化与归一化：当数值型特征的绝对取值较大且方差较大时，可考虑对变量进行标准化、归一化等转换。
- 特征分箱：分箱操作将数值型特征按照一定的取值区间合并为同一类（箱），从一定程度上减少信息颗粒度的代价，从而减少数据异常等原因带来的干扰，提升对异常数据的鲁棒性。注意，分箱操作中箱体数量和箱体宽度的设定，需要考虑业务逻辑、特征、数据情况等因素。

- 证据权重（WOE）转化：对于某个箱内的样本来说，WOE=ln（"坏"客户占比/"好"客户占比），其中"坏"客户占比指该分箱中"坏"客户人数占总"坏"客户人数的比例，"好"客户占比指该分箱中"好"客户人数占总"好"客户人数的比例。直观上看，WOE 代表特征取值对目标变量的影响。在使用逻辑回归等方法来建模时，类别型特征可以用 WOE 编码取代 one-hot 编码，既便于模型拟合，也提升了模型解释的一致性；而数值型特征通过"分箱操作＋WOE 转化"可以实现"离散化＋二次连续化"，能够有效捕捉特征与目标变量之间的非线性关系。

（3）特征衍生

在构建评分卡时，原始特征是基于消费行为、信用记录等客户画像信息进行逻辑计算得到的，例如消费偏好、绑卡类别等类别型特征，逾期占比、年龄等连续性特征。然而，原始特征中可用于直接建模并产生较好模型预测能力的并不多，通常我们会基于原始特征再次加工形成包含更强预测能力的衍生特征。特征交叉是最常用的特征衍生方法，一方面可以用来提取特征与目标变量间的非线性关系，另一方面可以挖掘不同特征共同影响目标变量的相互作用。常见的特征交叉方法如下。

- 业务经验交叉：基于业务逻辑和建模经验，组合出可能具有较强预测能力和／或较强业务解释性的衍生特征。
- 特征遍历交叉：当使用逻辑回归等线性方法建模且原始特征维度较低时，可通过变量间（符合业务逻辑和／或数据逻辑）的直接交叉组合来产生衍生特征，如年龄与性别交叉、学历与收入交叉等。
- 模型自动交叉：除手工构造交叉特征外，可以使用一些模型来辅助产生多阶交叉特征，如因子分解机、领域感知因子分解机、GBDT/XGBoost 集成树模型等。

（4）特征筛选

衍生特征虽然可以有效挖掘新特征，但当特征总数过多时，可能出现特征维度过大、无用特征冗余等情况，如果没有充足的样本数据，就可能进一步导致模型难拟合、过拟合、参数估计方差大等问题。而合理的特征筛选能有效解决以上问题。

特征筛选的常见方式包括过滤式（如特征与目标变量间的相关性分析）、包裹式（如基于逐步模型的特征筛选）、嵌入式（基于正则化的特征压缩）等，具体而言又分为基于业务经验、数据分布、统计指标、模型等不同方法，实际工作中往往组合使用这些方法。

基于业务经验、数据分布等方法进行特征筛选的主要步骤如下。

1）从数据情况出发筛选出样本覆盖率高的特征，一般会将缺失率过高、数据异常、特征值唯一等情况的特征剔除。

2）根据KS（Kolmogorov–Smirnov）统计量、IV（Information Value）等度量特征与目标变量相关性大小的指标来对特征进行逐个筛选。注意：对于KS、IV较高的特征，还要结合业务逻辑进行二次检查，看是否存在数据穿越、信息泄露等问题。

3）如果基础模型是逻辑回归等方法，还需要通过VIF（Variance Inflation Factor，方差膨胀系数）等方法判断特征间的多重共线性并据此剔除部分特征，以免影响模型的预测能力和解释能力。

4）利用PSI（Population Stability Index，群体稳定性指标）判断特征是否随时间变化保持相对稳定，一般不稳定的指标不宜参与建模，或者需要特殊处理。

5）对特征进行分箱，观察分箱后的特征对应的逾期率趋势与业务经验是否一致，对不一致特征需要进一步分析其参与建模的有效性。

基于统计指标和模型进行特征筛选的主要步骤如下。

1）利用主成分分析（PCA）、线性判别分析（LDA）等无监督学习方法直接将高维特征映射到低维空间。

2）利用决策树类模型计算特征重要性（例如基于累计熵增益的重要性指标）来排序和筛选特征。

3）在逻辑回归等模型中，通过引入L1正则化等方式来实现特征筛选。

3. 样本选择

除目标变量设计和特征设计外，合理有效的样本选择也是评分卡构建的重要基础。样本选择通常需要满足以下原则。

1）代表性：训练样本需要有效代表业务面对的客户群体，在样本量较大的情况下，有时会通过分层抽样等方式来保证样本在不同客群中的代表性。

2）充分性：训练样本量不能太少。如果是训练逻辑回归等模型，正样本和负样本的数量一般都需要大于 1500；如果是训练 XGBoost 等模型，样本量最好在 10000 以上。

3）时效性：训练样本的观察期与模型的实际应用时间点越近越好。注意，建模时要考虑未来业务中可能发生的样本分布偏移，尽量保障基于历史数据训练的模型能有效应用于业务场景。

4）排除性：因相关法规、公司政策等被认定为不适用该产品的客群应被排除。

根据评分卡构建的实际需求，样本选择还可能在建模的各个环节涉及其他问题和应对方案。

1）评估模型效果：在构建评分卡过程中，数据集需要被划分为开发样本集、验证样本集、跨时间样本集三部分，分别对应机器学习中的训练、验证、测试。我们需要从整体数据集中选择合适的样本分别归入这三个集合。开发样本集和验证样本集一般通过保证"好""坏"样本比例相同的分层抽样方式产生，比例根据实际情况灵活选择，8：2、7：3、6：4、5：5 都较常见。跨时间样本集一般是整体数据集中时间靠后的一段样本，在样本量充足的前提下，可选择模型实际运用时间点前 1 至 3 个月作为跨时间样本窗口。

2）应对标签不平衡：在一个正常的信贷业务中，"坏"样本往往远少于"好"样本，因此评分卡构建常面临标签不平衡问题。在训练集的"好"样本中合理地使用欠采样是一种有效的样本选择方法。注意，在欠采样后，训练数据集反映的 AUC 等模型评价指标是偏离目标的，在计算相关模型评价指标前需要对"好"样本添加权重进行修正。如果验证集和测试集被欠采样过，计算模型评价指标前也应进行相应处理。

4.2.2 模型训练

评分卡模型一般要求高性能、高可靠并且易维护。在信贷风控场景中，客户有风险表现通常需要几个月甚至更长时间。这种长延时需要风控人员对模型有较强的控制力和解释力，能根据当前外部环境和业务状态实时判断模型效用的变化，并做出及时有效的决策调整。例如，在某种外部环境变动下客户样本分布发生变动，模型效果出现衰减，风控人员需要快速判断变动原因、哪些变量对这种变动更敏感、哪些客群在外部冲击下更不稳定，这种情况下模型应用时需要如何调整、根据历史效果制定的策略此时是否还适用。这种围绕业务、数据、决策等诸多因素的可解释性，是选择模型时需要考虑的重要因素。具体建模方法的选择，我们需要结合业务需求、样本数量、风险特点、数据源特点等进行综合评估。这里介绍几种常用的评分卡构建方法。

1. 逻辑回归

逻辑回归是一种基本分类模型，虽然简单但能提供较好的分类模型基准。逻辑回归的基本表达式为 $\log\left(\dfrac{P}{1-P}\right) = \boldsymbol{\theta}^{\mathrm{T}} x$，其中 P 为"坏"样本概率，x 为特征，$\boldsymbol{\theta}$ 为模型参数向量。进行评分卡构建时，为更好地获取特征与目标变量的非线性关系，通常我们会对特征值进行分箱与 WOE 转换处理。

通过特征分箱，可以观察特征与目标变量的关系趋势是否与业务经验一致。例如，业务经验认为逾期风险会随着客户年龄的增长而下降，低于 24 岁的客户缺乏稳定收入、逾期风险较大，25 到 50 岁的客户工作稳定、逾期风险较小，因此对年龄特征进行分箱可以观察坏账趋势是否符合此经验。对于连续型特征，我们通常可以考虑等频、等距、自定义间隔等分箱方式。离散型特征本身就是以"箱"的方式呈现，如果离散特征的码值（类别）较多，我们可以考虑合并部分码值形成更少的"箱"（即"合箱"）。

在分箱后，我们可以将同一箱内的原始特征值转换为统一的分箱特征值，这样可以使多个原始特征值（或区间）被赋予相同的分箱特征值，增加了模型中单个特征值的曝光总频数，增强了特征分布稳定性，进而能较好地处理缺失值、离群值等。如果原始特征为与目标变量存在复杂非线性关系的连续型特征，通过分箱特征值转换可以形成只包含有限个离散取值的新连续型特征，且新特征与目标变量之间存在更简单的关系（例如近似线性关系）。如果原始特征为离散型特征，分箱特征值转换也可以形成只包含有限个离散取值的新连续型特征，以替代虚拟变量、one-hot 编码等需要增加特征维度的特征转换方式。

WOE 转换是一种逐个分箱定义的、将原始特征值转换为分箱后特征值的常用方法，其表达式为 $\text{WOE}_i = \ln\left(\dfrac{p_{yi}}{p_{ni}}\right) = \ln\left(\dfrac{\text{Bad}_i}{\text{Bad}_T}\right) - \ln\left(\dfrac{\text{Good}_i}{\text{Good}_T}\right)$，式中以 T 为下标的 Good（或 Bad）代表整体样本中的"好"（或"坏"）样本数，以 i 为下标的 Good（或 Bad）代表某一分箱内的"好"（或"坏"）样本数，p_{yi} 是当前分箱中"坏"样本占所有样本中"坏"样本的比例，p_{ni} 是当前分箱中"好"样本占所有样本中"好"样本的比例。WOE 反映了每个分箱中"坏"样本分布相对于"好"样本分布的差异。WOE 的绝对值越大，分布差异越明显；反之，分布差异越不明显。需要注意的是，当一个分箱内只有"好"样本或"坏"样本时，我们可以对 WOE 公式进行以下修正：

$$\text{WOE}_i = \ln\left(\dfrac{B_i + 10^{-10}}{B_T}\right) - \ln\left(\dfrac{G_i + 10^{-10}}{G_T}\right) \tag{4.1}$$

连续型特征的 WOE 转换通常需要先对特征进行细分箱，即分成较多箱（例如 5～10 个），然后根据 WOE 值的分布情况，考虑是否需要部分合并。最终达成合理分箱（合箱）目的的主要依据如下。

1）单箱内样本数至少占整体样本数的 2%（5% 更好），且连续型特征分箱后的箱间 WOE 差值应大于 0.04。

2）分箱后 WOE 值与目标变量的关系趋势要符合业务逻辑。

3）连续型特征分箱后，WOE 值与目标变量的关系尽量呈单调、U 型、倒 U 型等趋势，但空值对应的分箱不纳入上述关系趋势。

在完成 WOE 转换后，我们即可对逻辑回归模型进行训练。如果使用 Python 的话，可以调用 sklearn 库中的 LogisticRegression 函数，其中需要设置的主要超参数如下。

1）penalty：正则惩罚项，可以防止过拟合。默认使用 L2 正则化，也可以选择 L1 正则化，或者不进行正则化。

2）class_weight：默认值为 None，可通过设置样本权重来缓解标签不平衡等问题。

3）solver：参数求解优化方法，可选 lbfgs（默认）、newton-cg、liblinear、sag、saga。

4）max_iter：进行迭代的最大次数，默认是 100，该参数可用于防止过拟合。

5）multi_class：目标变量是二分类还是多分类，默认为 auto，即自动识别类别数。

"WOE+ 逻辑回归"是经典的评分卡构建方法，在银行信贷业务中成功实践了几十年。它的优势在于：①泛化性较好；②稳定性较好；③可解释性强；④小样本学习，模型参数较少，利用不太大量的样本就可以训练模型。它的不足之处有：①特征与目标变量之间需要强相关，较依赖建模人员的业务经验，依赖单变量分析和特征筛选；②对特征与目标变量间非线性关系的挖掘程度较浅；③通常需要分群（或分层）建模，建模样本不服从同一总体客群分布，而是来自多个客群组成的混合分布，通常需要人工辅助预先进行样本分群，再分别建模。

2. XGBoost

XGBoost 是一种集成决策树模型，其中的决策树基模型常为分类回归树（Classification And Regression Trees，CART）。XGBoost 利用 Boosting 算法将多棵 CART 树组合起来，每棵树只需要拟合之前所有树与真实值的残差（残差 = 真实值 − 预测值），最终结果为所有 CART 树的预测值之和。这种方法可以将多个局部预测准确率非常高的弱分类器组合起来，形成一个全局准确率高的强分类器。图 4-6 以 UCI Credit Card 数据集为例呈现了 XGBoost 模型的树结构。

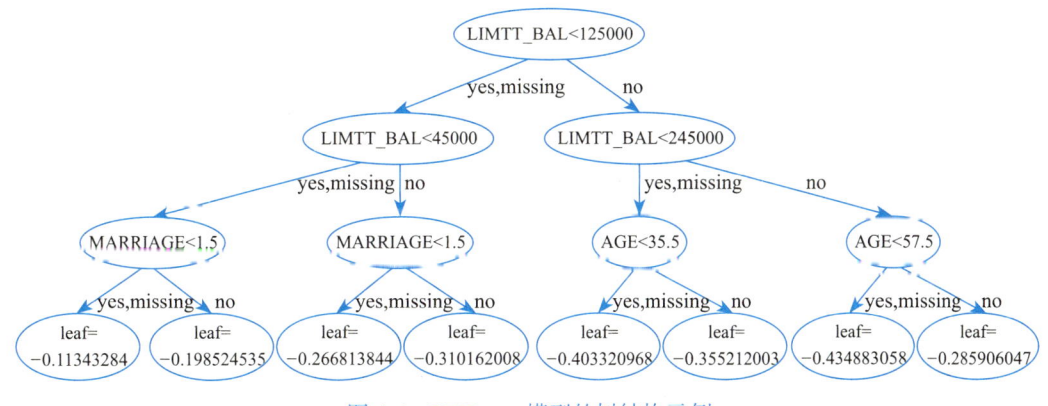

图 4-6　XGBoost 模型的树结构示例

在每棵决策树上，样本按照一定规则划分到相应叶子节点上并打分，而 XGBoost 是由 k 棵决策树组成的加法模型。在训练阶段，每棵新增加的树在已训练完成的

树的基础上进行训练，设第 t 次迭代训练的树模型是 $f_t(x)$，XGBoost 模型的输出被定义为 $\hat{y}_i^{(t)} = \sum_{k=1}^{t} f_k(x_i) = \hat{y}_i^{(t-1)} + f_t(x_i)$，其中 $\hat{y}_i^{(t-1)}$ 表示前 $t-1$ 棵树的输出总和，$f_t(x_i)$ 表示第 i 棵决策树的输出，x_i 代表第 i 个样本。XGBoost 的目标函数定义为 $\mathrm{Obj} = \sum_{i=1}^{n} L(y_i, \hat{y}_i) + \sum_{k=1}^{K} \left(\gamma T + \frac{1}{2} \lambda \|\omega\|^2 \right)$。第一项是损失函数，评估模型预测值和真实值之间的差异。第二项为正则化项，用来控制模型的复杂度，避免过拟合，其中 γT 表示通过叶子节点的数量 T（等价于 L0 正则项）来控制树的复杂度，$\|\omega\|^2$ 表示通过 L2 正则项来控制叶子节点的权重分数 ω。

在训练 XGBoost 前，可以根据数据情况和业务特点对特征进行适当处理。例如，对数值型特征进行取整、特征离散化、Log 变换、去除异常值等处理；对类别型数据可以进行 one-hot 编码、顺序编码等处理。在训练 XGBoost 时，我们通常需要设置超参数以防止过拟合和控制训练速度，具体如下。

1）learning_rate：模型的学习率，一般在 0.01 到 0.2 之间。

2）max_depth：树的最大深度。

3）min_child_weight：与 min_child_leaf 相似，默认设置为 1。

4）colsample_bytree：列采样的子样本比例。

5）subsample：训练实例的子样本比例。

6）n_estimators：决策树数量的最大值，该参数过大可能导致过拟合。

相比逻辑回归等线性模型，XGBoost 有以下优点：①引入了非线性因素，提升了模型的拟合效果和泛化能力；②通过集成学习将多个弱模型融合为强模型；③支持更多弱相关特征入模，避免提前花费大量时间进行特征筛选。它的不足之处主要有：①可解释性下降，需要借助一些工具来解释树模型；②超参数多，调参复杂，且依赖对模型原理的深入认识；③在构建树模型过程中需要对特征进行排序，还需要存储特征对应样本的梯度统计值索引，程序计算的空间复杂度较高；④适合处理结构化数据，对图像、文本等非结构化数据仍然缺乏处理能力。

3. 其他集成模型

整体考虑特征设计和模型选择时，信贷风控建模的思路主要有两种：复杂特征 +

简单算法，简单特征+复杂算法。算法越简单，模型的可解释性就越强，有助于在业务过程出现非预期变化时采取相关措施。第一种思路往往是业务人员的优先选择，但想要基于简单算法获得足够有效的模型，必须依赖有效的特征工程。除了前文已经提到的特征工程方法，近年来行业内逐渐出现了更多基于模型的、集成的产生复杂特征的方法。

2014 年，Facebook 提出了基于 GBDT（一种梯度提升集成决策树模型）来为逻辑回归模型提供特征的解决方案。此方案是对 GBDT 模型中多棵回归树的叶子节点进行编码，得到新的离散特征向量，作为逻辑回归模型的输入。具体而言，一个输入样本 x 通过多棵树后会分别落在每棵树的对应叶子节点上，此时每棵树都可以被视为一个稀疏线性分类器，共同对该样本进行再编码。例如，如图 4-7 所示，假设样本 x 在第一棵树上落在了第三个节点（该树一共有 3 个节点）上，则编码为 [0, 0, 1]；在第二棵树上落在了第一个节点（该树一共有两个节点）上，则编码为 [1, 0]。将两个编码拼接起来可以得到编码 [0, 0, 1, 1, 0]，将此编码作为特征输入到逻辑回归模型中。在该方案中，GBDT 和逻辑回归是先后独立训练的（不是端到端），训练较为简单，成本较低。

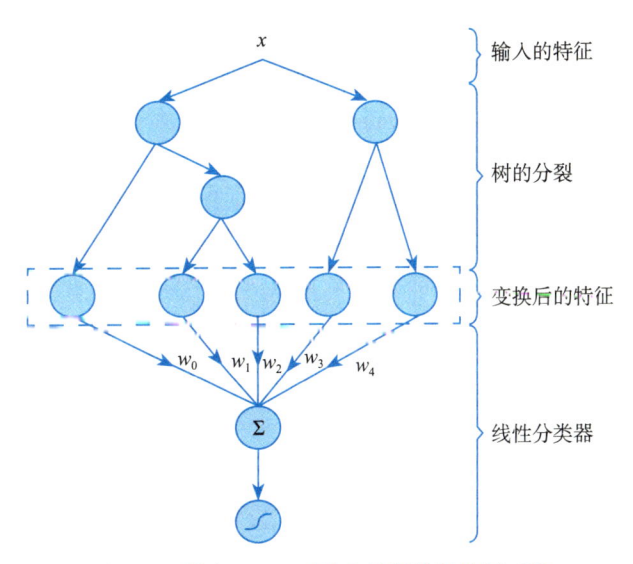

图 4-7　利用 GBDT 对节点编码进行特征工程

深度神经网络也是提取复杂的非线性特征的有效方法,但其可解释性较差且对样本量的要求较高。2016 年,Google 提出了一种 Wide&Deep 网络架构。该网络架构一定程度上兼有简单线性模型的可解释性和深度神经网络的复杂特征提取功能,如图 4-8 所示。Wide 侧采用线性模型,$y = \boldsymbol{w}^{\mathrm{T}}[x, \phi(x)] + b$,以原始特征 x 和交叉特征 $\phi(x)$ 作为输入,其中 $\phi_k(x) = \prod_{i=1}^{d} x_i^{c_{ki}}$,$c_{ki} \in \{0,1\}$ 是一个布尔变量。Deep 侧采用了一个三层的前馈神经网络,以分类特征作为输入,转化成一个低维的稠密嵌入表征向量。Wide 侧和 Deep 侧的输出通过加权融合在一起,输出对数几率作为最终预测,使用逻辑回归损失函数进行联合训练。注意,联合训练会同时训练 Wide 侧和 Deep 侧的所有模型参数,Wide 侧使用带有 L1 正则项的 FTRL 优化算法,Deep 侧使用 AdaGrad 优化算法。该模型的代码开源封装到了 TensorFlow 中。

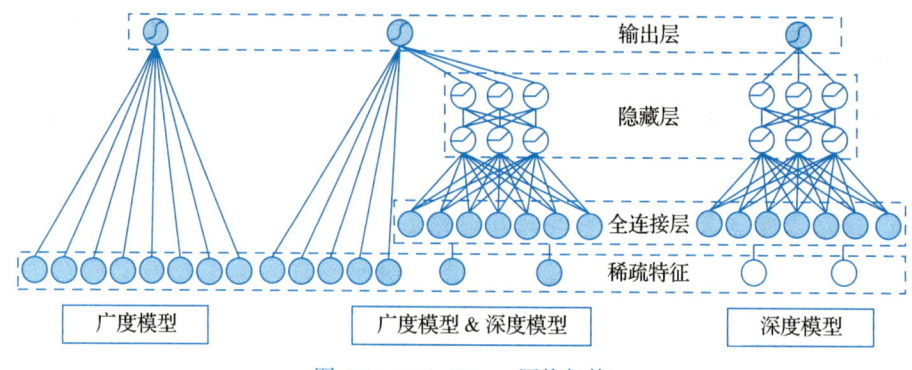

图 4-8 Wide&Deep 网络架构

4.2.3 分数校准

由于在建模环节通常需要对样本进行抽样,且 XGBoost 等树模型输出的预测结果并不代表违约概率,因此我们在得到模型预测结果后,需要依据采样逻辑进行样本还原,并按照真实样本分布,在还原样本的基础上利用逻辑回归、保序回归等线性模型将模型预测值校准为违约概率。

分数校准的目的是进一步将违约概率转换为整数分数(又称"信用分数"),计算公式为

$$\text{Score} = A + B \times \log_2 \text{Odds} / \text{Odds}_{\text{base}} \tag{4.2}$$

其中 Odds 为"好""坏"样本比（好人数/坏人数），与违约概率对应，可与违约概率相互换算；A 为基准信用分数，即基准 Odds（$Odds_{base}$）对应的信用分数；B 为 PDO（Point to Double the Odds），即 Odds 变成基准 Odds 的 2 倍时所增加的信用分数。

例如，设定基准信用分数为 600，基准 Odds 为 1∶1，PDO=20，那么 600 分对应的"好""坏"样本比为 1∶1，逾期概率为 50%；若增加 20 分（增加一个 PDO），分数变为 620，对应的"好""坏"样本比为 2∶1，逾期概率为 33.3%；若增加 40 分（增加两个 PDO），分数变为 640，对应的"好""坏"样本比为 4∶1，逾期概率为 20%；同样，分数减少 20 分（减少一个 PDO），变为 580，对应的"好""坏"样本比为 0.5∶1，逾期概率为 66.6%。

4.2.4 模型评估

在实际的业务实践中，对评分卡效果的评估维度主要包括区分力、稳定性、覆盖度等。开发区分力高、稳定性强、覆盖度高的模型是风控业务人员追求的目标。除了模型的整体效果，策略应用重点关注的子客群效果也需要纳入评估。对于效果不达预期的子客群，我们需结合客群特征分析原因，探索效果提升方案。

1. 模型区分力

常见的模型区分力指标有 KS、Gini 系数等。

KS（Kolmogorov-Smirnov）指标用于衡量"好"客户累积分布和"坏"客户累积分布之间的"最大距离"。将样本按模型信用分数从低到高进行排列，由于"坏"客户倾向于集中在低分段，"好"客户倾向于集中在高分段，"好"客户和"坏"客户沿模型分数的累积分布增长趋势不一致（"坏"客户累积分布在模型低分区域增长快，"好"客户累积分布在模型高分区域增长快），因此两者随模型分数变化的累积分布之差会不断变化。两个累积分布的差值体现了模型对"好""坏"客户的识别能力，差值越大识别能力越强。例如，有整体违约率为 10% 的 1000 个样本（即 900 个"好"样本和 100 个"坏"样本），按模型评分进行 10 等分得到如表 4-2 所示的分组结果，其中模型在第 4 个分组取得最大值 27.8%，此时称模型的 KS 值为 27.8。一般来说，KS 值越大表明模型的"好""坏"样本区分度越高，KS 值大小与模型区分能力的关系如表 4-3 所示。

表 4-2 KS 分箱示意

分组	总样本数	"好"样本数	"坏"样本数	累计"好"样本数	累计"坏"样本数	"好"样本累计占比	"坏"样本累计占比	|"好"样本累计占比－"坏"样本累计占比|
1	100	80	20	80	20	8.9%	20.0%	11.1%
2	100	83	17	163	37	18.1%	37.0%	18.9%
3	100	85	15	248	52	27.6%	52.0%	24.4%
4	100	87	13	335	65	37.2%	65.0%	27.8%
5	100	91	9	426	74	47.3%	74.0%	26.7%
6	100	91	9	517	83	57.4%	83.0%	25.6%
7	100	92	8	609	91	67.7%	91.0%	23.3%
8	100	95	5	704	96	78.2%	96.0%	17.8%
9	100	97	3	801	99	89.0%	99.0%	10.0%
10	100	99	1	900	100	100.0%	100.0%	0.0%
合计	1000	900	100					

表 4-3 KS 值与模型区分能力的关系

KS 值 /%	区分能力
<20	差
20～30	低
30～40	中
40～50	中高
50～65	高
65～80	极高
>80	区分能力异常高，需要检查变量是否有穿越

在图 4-9 中，横轴为根据模型评分由低到高累计的"坏"客户占总"坏"客户的比例，纵轴为根据模型评分由低到高累计的"好"客户占总"好"客户的比例。如果模型有效，累计"坏"客户比例的增长速度会高于累计"好"客户比例的增长速度。通常，我们可以观察到向下弯曲的洛伦兹曲线，且向下弯曲程度越大说明模型区分能力越强（对角线是不具备任何区分能力的随机判断模型的曲线）。Gini 系数计算为 $A/(A+B)$，越大说明模型区分能力越强。Gini 系数值大小与模型区分能力的关系如表 4-4 所示。

图 4-9　Gini 系数

表 4-4　Gini 系数与模型区分能力的关系

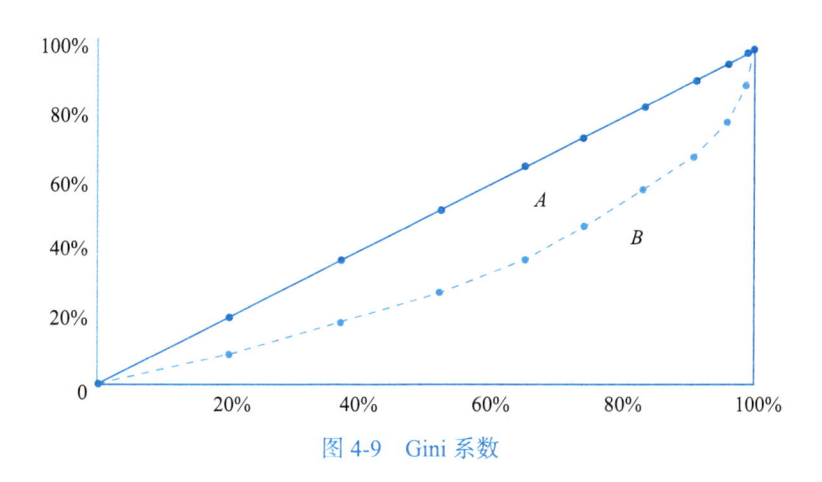

Gini 系数	区分能力
0	无
0～40	低
40～60	中
60～80	高
>80	极高

2. 模型稳定性

模型稳定性是指模型评分随着时间变化发生分布迁移的程度。模型评分随着时间变化所产生的分布迁移变化越小，模型越稳定。通常，我们采用 PSI（Population Stability Index，群体稳定性指数）作为模型稳定性的评估指标。其计算公式为 sum[(建模占比 − 测试占比) × ln(建模占比/测试占比)]。表 4-5 给出了一个计算示例。第一列将分数段等距切分为 10 份（第一段与最后一段为特殊值），在实际业务中可以根据十分位点进行切分；第二列计算建模样本在各分数段的占比；第三列计算测试样本在各分数段的占比。PSI 为最后一列数值之和，通过计算为 0.011。PSI 衡量了测试样本与建模（训练）样本间的模型评分分布差异。PSI 值越小，样本间的评分差异越小，模型就越稳定。PSI 值与模型稳定性之间的对应关系如表 4-6 所示。

表 4-5　PSI 计算示例

分数段	建模占比	测试占比	建模占比－测试占比	ln（建模占比/测试占比）	（建模占比－测试占比）× ln（建模占比/测试占比）
≤150	10.0%	9.0%	1.00%	0.105	1.05E-03
(150,250]	12.0%	11.0%	1.00%	0.087	8.70E-04
(250,350]	13.0%	14.0%	-1.00%	-0.074	7.40E-04
(350,450]	14.0%	13.0%	1.00%	0.074	7.40E-04
(450,550]	11.0%	10.0%	1.00%	0.095	9.50E-04
(550,650]	12.0%	13.0%	-1.00%	-0.08	8.00E-04
(650,750]	9.0%	10.0%	-1.00%	-0.105	1.05E-03
(750,850]	8.0%	7.0%	1.00%	0.134	1.34E-03
(850,950]	6.0%	7.0%	-1.00%	-0.154	1.54E-03
>950	5.0%	6.0%	-1.00%	-0.182	1.82E-03
PSI	/	/	/	/	0.011

表 4-6　PSI 值与模型稳定性的对应关系

PSI/%	稳定性
>25	不稳定，模型需要尽快迭代
10～25	中，模型迭代需要提上日程
<10	高，模型表现稳定，暂时不需要迭代

注意，我们可以根据实际业务需求和数据情况考虑不同 PSI 评估粒度，如时间粒度（按月、按样本集）、订单层次（放贷层、申请层）粒度、人群（重要分群、标准分群）粒度等。由于外部环境的不稳定性，数据分布常常会随时间变化且不可预测，这种现象被称为"概念漂移"。它导致基于历史数据训练的模型上线一段时间之后出现 KS 效果衰减或者 PSI 波动等情况。为应对这一问题，我们通常需要搭建模型监控系统来检测概念漂移是否发生、模型效果是否下降，及时重新训练模型以适应新的数据分布。在条件允许的情况下，我们可以结合恰当的策略来提升部分模型的迭代频率（如天级别、小时级别，甚至实时在线更新）。

值得注意的是，除了用于评估模型稳定性，PSI 也可用于入模变量的稳定性监控。如果将表 4-5 第一列修改为某变量取值的分箱，然后计算建模样本与测试样本在各分段的占比，就能帮助模型开发人员快速定位变量是否在某些分段上具有较大波动。如果是针对评分卡，每个变量取不同值会对应不同的评分。我们可以通过 CSI（Characteristic Stability Index，特征稳定性指标）来监控变量是向高分偏移还是向低分偏移，其计算公式为 sum[（建模占比 − 测试占比）× 该段评分]。

3. 模型覆盖度

随着业务的开展，信贷风控策略部门可能会对客群做不同的划分，例如按是否多头借贷、收入等级、不同来源渠道等划分客群。不同的客群可能对应不同的评分卡，我们需要注意模型（体系）对不同客群的覆盖度，确保各个客群的信用风险都能得到充分评估。对于具体的覆盖度指标，我们可根据实际业务情况设计。

4.2.5 模型监控

评分卡上线部署后会因经济环境变化、客群变化、数据源变化等出现模型分数偏移甚至错误。为了在第一时间发现问题，我们需要对模型进行动态监控。监控重点关注模型效果和稳定性。

模型效果评估的核心目标是确保满足应用需要。核心指标涉及模型区分能力、排序能力、有效评分的覆盖率及其他应用关注维度。效果评估的主要目的是观察模型的适用性是否已经出现问题，是否需要更新模型以满足业务发展需求。例如模型应用的方式是对模型分进行分段，对不同分段的申请客户给予不同的额度，那在模型监控时就需要关注对应的应用分段下各层客户的风险是否稳定、排序是否合理，避免给高风险客户更高的额度而带来资金损失。

模型稳定性监控一般包括模型评分分布、模型各分段分群占比波动、模型评分迁移矩阵、重要特征分布及稳定性等方面。对模型评分迁移矩阵进行分析是模型监控中的重要环节，可以有效地协助模型开发人员分析模型的长期效果。表 4-7 给出了一个模型标准分下的迁移矩阵示例。其计算过程主要有：关联某客户主键下时间点 1 和时间点 2 的分数；以等频（或等距）切分分数段（两个时间点使用相同切分方式），以时间点 1 分数段为横轴，时间点 2 分数段为纵轴，每个交叉点为在该分数段内的人数占比。以 2020 年 11 月 641～653 分的客户迁移分析为例，表 4-7 中显示约有 69.15% 的客户在 2020 年 12 月依然保持在这个分数段下，约 11.1% 的客户评分下降一级，而 21.16% 的客户评分晋升一级。

表 4-7 模型标准分下的迁移矩阵示例

分数段 (2020年11月)	分数段（2020年12月）									
	350～641	641～653	653～662	662～671	671～682	682～693	693～706	706～722	722～741	741～850
350～641	84.98%	14.22%	2.37%	0.79%	0.27%	0.09%	0.03%	0.01%	0.00%	0.00%
641～653	11.10%	69.15%	21.16%	5.21%	1.65%	0.47%	0.11%	0.02%	0.00%	0.00%
653～662	2.10%	11.34%	57.81%	23.43%	6.60%	1.84%	0.43%	0.06%	0.01%	0.00%
662～671	0.91%	2.80%	12.63%	50.58%	22.53%	6.62%	1.62%	0.23%	0.02%	0.00%
671～682	0.51%	1.40%	3.70%	14.22%	49.46%	26.33%	7.61%	1.21%	0.09%	0.00%
682～693	0.24%	0.62%	1.47%	3.63%	13.39%	44.10%	25.44%	5.67%	0.48%	0.01%
693～706	0.12%	0.30%	0.69%	1.55%	4.45%	15.41%	45.42%	27.57%	4.00%	0.10%
706～722	0.04%	0.10%	0.21%	0.48%	1.35%	4.23%	15.83%	47.49%	27.61%	1.60%
722～741	0.01%	0.02%	0.04%	0.10%	0.28%	0.83%	3.25%	16.19%	54.24%	23.01%
741～850	0.00%	0.00%	0.00%	0.01%	0.02%	0.07%	0.27%	1.54%	13.56%	75.28%

第 5 章

申请评分体系

申请评分卡是指用于评价申请客户信用风险的模型，是风控环节判定客户准入的核心工具。本章介绍基于大数据的信贷场景中智能申请评分卡体系的构建方法。5.1 节介绍贷前风控业务场景，以及构建申请评分卡的常用方法和主要挑战。5.2 节阐述大数据风控场景中的解决方案，包括整合客户全域信息、增强实时信息利用、挖掘多模态数据等技术。5.3 节介绍了小微信贷特殊场景中申请评分卡构建特点。

5.1 贷前风控与申请评分卡

5.1.1 贷前风控场景

贷前审批环节是信贷风控的第一道门槛，申请流量在这个环节经风控规则筛选，其中符合产品风控规则的客户将获批通过。该环节的核心目标是在风险可控前提下尽量做大准入客户规模，需要后端风控团队在前端业务团队持续引入新产品、新客群的情况下保证一定的审批通过率。在这种同时追求"风险可控、业务有效"的目标指引下，贷前审批面临以下两类挑战。

1. 数据有效性挑战

贷前风控场景的强相关数据较稀疏、弱相关数据难挖掘。当客户发起信贷申请时，风控团队需要基于尽量丰富的客户数据来判断其资质水平，具体审核如下。

1）资质身份数据，如收入、资产、学历、职业等。

2）信贷行为数据，如征信数据、内部信贷历史数据、外部信贷历史数据、多头申请借贷记录等。

3）消费行为数据，如银行消费交易流水、线上消费数据等。

4）其他行为数据，如线上浏览点击记录、内容偏好、设备信息、社交关系网络等。客户的信贷历史数据是与客户风险相关性最强的数据。但在客户还未开通和使用信贷产品的贷前场景中，此类与风险强相关的数据常常是缺失或稀疏的，我们能够获取的反而是消费行为等与客户风险弱相关的数据。在纯线上信贷中，这种现象尤为明显。此时，对弱相关数据的采集、处理和挖掘能力更加重要。弱相关数据往往具有高维稀疏、异构异质等特点，需要利用大数据技术来实现充分挖掘。

2. 数据稳定性挑战

贷前风控时刻面临外部经济环境变化、产品迭代、运营调整、策略规则调整等诸多变动，其中任何一种变动都可能导致申请客户的特征分布变化和风险水平变化。常见数据稳定性挑战包括概念漂移、样本选择偏差、标签延迟反馈等。在过去30多年的贷前评分卡开发探索历程中，针对这些挑战的部分解决方案已经形成。但随着线上信贷业务的广泛开展，传统方案在应对快速变化的市场环境时逐渐暴露出不足。我们需要基于大数据技术的新型解决方案来应对新挑战。

5.1.2 申请评分卡

申请评分卡是在客户申请贷款时预判其信用风险的工具。它将申请客户的信息压缩为一个可以体现客户风险水平的标准化分数，进而支撑授信决策。申请评分卡的预测目标是客户获得贷款后违约（不偿还贷款）的概率，其建模目标变量为可能取值"好"或"坏"的二分类变量，因此构建申请评分卡也被视为一种二分类的有监督学习问题。

构建申请评分卡可用的方法较多，包括专家模型、统计模型（如逻辑回归）、机器学习模型（如XGBoost）等。在业务发展初期，由于历史数据较少，我们常使用"专家模型+统计模型"来整合业务先验信息，构建具有较强可解释性的申请评分卡，以便风控人员掌握客群和风险变化情况。随着业务逐步成熟，客户规模扩大，存量数据积累，我们可使用机器学习模型更好地捕获数据特征中的交叉组合信息。当业务场景进一步扩展和下探，申请流量分布不断发生变化时，我们可以借助深度学习、迁移学习、半监督学习等方法提升模型适应性。随着模型复杂度的提升，模型可解释性可能逐渐变弱，我们还需要逐步形成模型解释和监控体系。

5.2 智能申请评分卡体系

近年来，面对贷前风控场景的两类挑战，基于大数据的数字化解决方案已逐步形成，其中包括整合客户全域信息、增强实时信息利用、挖掘多模态数据、申请评分体系的监控等多种方法和手段。

5.2.1 整合客户全域信息

面对贷前风控的数据有效性挑战，我们首先可考虑的方法是整合客户全域信息，即有效整合和利用内外部数据。对于有自身消费场景的互联网信贷产品，我们可以结合绑定自身场景、无成本、高稳定性的内部数据和维度丰富、有成本约束、低稳定性的外部数据，先基于内部数据做预授信名单定位优质客户，再对内部数据较难识别或无法覆盖的客群使用有效外部数据进行补充定位。其中，内部数据主要包括客户在与产品相关场景和生态体系中较为丰富的个体行为数据以及与其他客户的关联关系数据；外部数据主要包括来自合作第三方的客户信息、征信记录、行为特点等数据。

由于内外部数据在分布情况、获取成本、来源稳定性等方面差异较大，我们在构建申请评分卡时常考虑对这两类数据分别设计建模方案。内部数据的使用成本通常可忽略不计，充分挖掘和利用其中的有效信息是建模的关注点。利用内部数据建模不太受制于数据量和特征维度。我们可针对不同模态的数据分别进行较为充分的特征提取，再进行特征间的充分交叉。使用高维数据建模可以提升模型效果，但也要注意保障模型的可解释性。利用外部数据建模时，数据质量、稳定性、连续性等问题都应纳入考量。我们需要考虑如果未来某个或某些第三方数据源失效，模型的稳定性能否得到保障以及如何得到保障。由于外部数据相对有限，我们在建模时通常不使用较为复杂的模型，以减少不稳定特征之间的耦合性。此外，利用外部数据建模时，我们还可以使用联邦学习等技术来保障数据隐私和信息安全。

5.2.2　增强实时信息利用

申请评分卡通常会定期对客户进行离线评分，这样在有效使用历史数据的同时保证了足够高的查询速度和效率，但由于模型并非实时推理，无法使用两次定期评分之间不断更新的客户信息，在保障数据时效性方面较为乏力。

实时评分卡的出现，弥补了定期评分卡无法捕捉近期信息的短板。实时评分卡构建采用的特征并非以固定时间截面为起点计算，而是从客户真实申请时间往前，不断选取滑动时间窗口进行计算，实现对客户近期特征信息的捕捉。为充分满足实时性要求，滑动时间窗口有时可被设计成小时级、分钟级。实时申请评分卡存在稳定性差的缺点，在实际部署时需要考虑监控、校验等工程框架。定期评分卡可以在每次批量打分时人工校验分数的 PSI（Population Stability Index）、分数迁移矩阵等指标，而实时评分卡需要在特征和分数的上游做好自动监控。我们可以通过单调性约束、滑动平均、限制打分人群的方式保证分数的稳定性，通过自动校验均分、迁移矩阵等方式设置熔断机制。

此外，实时申请评分卡必须具备充分的可解释性。由于建模特征存在短期、实时等特性，实时评分卡在某些场景（如电商引流）中往往表现出与流量入口变动强关联的特点。在这种情况下，我们可以采用 SHAP（SHapley Additive exPlanation）等解释性方法，逐步分析每个特征对分数的影响，并对异常人群使用基于交叉特征的 SHAP 值观察客户特点，进而进行模型解释和优化，最终保证模型在线上可以安全稳定地持续运行。

5.2.3 挖掘多模态数据

传统申请评分卡主要通过客户自身特征信息来构建。但在有些场景中，客户自身信息较为稀疏，可能导致模型对这部分"薄信息"客群的风险判断力下降。此时，客户关联人员的特征信息以及他们之间的关联关系可以提供较为有效的补充信息，有助于提升模型的风险判断力。关系网络是一种可以同时提供客户信息和关联人信息的形式。

关系网络的构建方式对最终模型效果有重要影响。构建关系网络时，我们需要考虑网络中相关联客户间是否满足风险相关性，这是能够使用关系网络信息来辅助申请评分卡构建的前提假设。因此，我们在实际业务中应尽可能地通过与风险相关的、较稳定的信息来构建关系网络。

关系网络主要包括以下 3 种信息：客户自身信息，客户在网络中的结构信息，客户间的关系信息。从中提取有效信息的常用方式有两类：一类是先结合专家经验提取网络信息，以实现特征工程（基于各节点的边信息进行分布统计量聚合计算，进而转换为截面特征），然后与常规特征一起使用经典方法建模，例如将客户全部关联人的某特征平均值、客户关联人个数等衍生特征代入 XGBoost 算法建模；另一类是利用图神经网络算法进行端到端建模，通过图卷积层捕捉网络的拓扑结构信息，从而实现特征提取，最终输出预测评分值。关系网络中的信息利用方式还在不断发展，基于小样本的图模型训练、图模型的可解释性等都是较为前沿的研究和应用方向。

5.2.4 申请评分体系的监控

贷前场景的业务监控体系可以帮助风控人员了解产品和策略变动对模型的影响，进而指导模型优化。监控体系通常从生态场景、贷前流量、模型能力 3 方面进行构建。生态场景监控旨在回答客户从哪里来、客户是什么样、模型对客户的识别能力如何等问题。贷前流量监控主要观察不同流量渠道的客群分布变化和早期风险。监测指标包括申请量、通过率、申请客群结构、坏账率等。模型能力监控主要实时监控总体模型和核心模型的运转情况，掌握模型有效性和稳定性，预警模型是否需要启动迭代，定位模型的弱识别客群和优化方向。监测指标包括模型区分力、排序力、有效评分覆盖率、模型效果衰减程度、重点客群预测表现等。下面具体解释这三方面的关注点。

1）生态场景监控：主要监控对象是生态场景中的客户量级、申请量转化率、重点场景授信规模等关键业务指标的实时状况和变化趋势，及时了解各生态场景的获客量、客户属性、客户转化率、客户质量、当前产品挖掘力度、可挖掘潜力方向等。以重点场景的授信规模为例，观察该业务指标的变化趋势，并与历史同期数值比较，以便分析客户的活跃度变化、活跃客户预先授信规模等情况。

2）贷前流量监控：主要监控贷前流量分布变化，结合政策监管、市场环境、产品策略的调整来分析重要指标波动/趋势的合理性，及时发现和定位异常，从而防范潜在风险。监控指标主要包括不同时间粒度（日/周/月）、不同流量渠道下的申请和通过客户量级、申请和通过客户评分分布及PSI、通过率评分PSI、申请和通过客户GBIE占比结构、申请和通过客户坏账分布、前期风险裂变情况等。

3）模型能力监控：实时监控整体及核心模型的性能和运转情况，对模型表现进行快速评估，以便对模型上线后的有效性、稳定性及时掌控，并基于以上核心指标在各分群、各维度的差异化分析进行有效解读，定位模型痛点，找到模型/算法识别能力较差的客群，为后续模型迭代提供优化方向。监控指标主要包括在重要分群上的 KS 和 AUC 及其稳定性、模型均分和分布稳定性、有效评分的覆盖度及稳定性、头部优质和尾部次级客群的识别能力、重要变量稳定性和 IV、模型各业务线调用量级等。

5.2.5 模型稳定性问题和应对措施

申请评分卡是基于历史申请客户的数据构建的，用于对未来客户的风险进行预测。在使用申请评分卡时，我们有一个关于模型稳定性的潜在假设：历史客户与未来客户的数据表现具有一致性，即客户特征分布、特征与违约风险关系等不随时间变化而变化。然而，在实际业务应用中，外部环境、客户特征分布等都会随着时间不断变化，给模型稳定性带来持续影响。下面介绍几种常见的模型稳定性问题和应对措施。

1. 概念漂移

随着时间的推移，客户特征的概率分布会受外部环境波动的影响，持续变化且难以预测，这种现象即概念漂移（Concept Drift）。概念漂移会导致基于历史数据训练的离线模型的性能下降，即模型上线一段时间后出现 KS 等区分力指标衰减、PSI 等稳定性指标下降等情况。为解决这一问题，传统解决方案是搭建模型监控系统来检测概念漂移是否发生、何时发生、模型效果是否下降，然后重新训练模型以适应最近的数据分布。基于大数据的解决方案是面向数据流的实时模型更新，它与传统在线学习的不同之处在于更强调变动的数据流场景。如图 5-1 所示，概念漂移逻辑框架主要分为 3 个模块，分别为漂移检测、漂移理解和漂移适应。

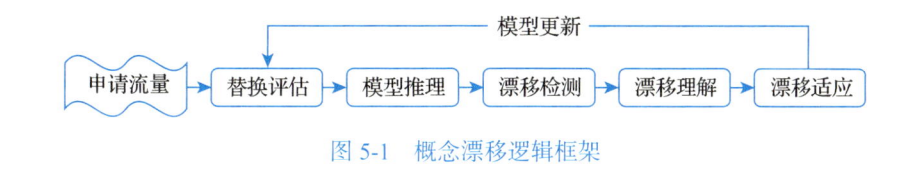

图 5-1 概念漂移逻辑框架

漂移检测主要通过检测 $P(X)$ 分布和 $P(Y|X)$ 映射关系是否变化来检测是否发生漂移。其中，$P(X)$ 分布变化可以通过 | 检测前端流量和客群结构的变化、评估建模样本和近期样本的特征分布迁移情况进行判断。常用检测指标有分段模型评分下的贷前申请量和通过率，重要特征和子模型评分的 PSI、CSI 等。$P(Y|X)$ 映射关系变化可以检测分段模型评分与风险表现之间的映射关系是否发生变化。常用检测指标有评分的坏账是否与建模样本坏账保持相近、分段评分的坏账排序性、模型二分类的错误率和 KS 指标等。

当检测到上线应用的模型发生漂移时，触发漂移理解机制，以解释漂移信息、定位漂移发生的区域、确定漂移影响程度等。解释漂移信息需要把 $P(X)$ 和 $P(Y|X)$ 的变化进行细节拆解，例如 $P(X)$ 的变化反映了申请客户特征分布和人群占比迁移，可能原因有购物节和优惠券补贴刺激新客户、客群下探、多头逾期容忍度增加等。又如 $P(Y|X)$ 的变化反映了部分客群的客户行为发生变迁，可能原因有外部经济环境变

化、客户还款能力和还款意愿下降等。漂移影响程度需要从多角度进行衡量。如果漂移严重程度较低，我们可以考虑在不改变当前树模型结构的前提上通过增量学习新样本分布来微调和校准模型；如果漂移严重程度较高，我们可能需要下线旧模型，重新训练并上线新模型。

漂移适应指调整算法、更新模型来适应迁移变化的分布。漂移适应方案主要包括简单再训练、组合再训练、模型调整等。简单再训练方案是用最新数据重新训练一个新模型来代替旧模型。该方案通常采用时间窗口策略来划定新数据以进行再训练，同时保留旧数据以检测漂移变化。需要注意的是，大窗口可以提供更多的数据和信息，但对内存和性能提出了更高的要求；小窗口可以更好地反映最新的数据分布，但会出现历史信息的遗忘问题。我们需要根据实际情况合理选择窗口大小。组合再训练方案是在重复出现概念漂移的情况下引入集成方法，例如 Boosting、Bagging、随机森林等。模型调整方案是针对局部漂移的自适应学习算法。当漂移只发生在局部地区时，这种方案比重新训练模型更高效。无论哪种方案，在漂移适应算法训练完成后，我们都要进行新旧模型替换评估，从业务和模型角度充分对比新旧模型的有效性、可靠性、上线后的稳定性等。

2. 标签延迟反馈

构建申请评分卡的最终目标是识别客户的长期风险，这往往需要较长的表现期（如 180 天、365 天等）来观察客户的（好坏）标签，因此建模所能利用的样本最早也是数月前申请的客户。这种特点增加了概念漂移的可能性，影响了模型的泛化能力。相比建模应用的样本，模型应用的目标样本很可能已经发生了较大的分布变化，即使新旧样本分布相同，其特征 x 到风险 y 的因果关系也可能已经发生改变。在这种情况下，申请评分卡预测新样本的效果会快速下降，出现模型稳定性弱的问题。转化率预估中也存在类似的延迟反馈问题，通常成交转化不会在客户点击商品后立即发生，这可能会导致标签不准，因此人们提出了多任务学习、预估转化时间模型等解决方案。在申请评分卡构建中，我们也可以借鉴相关思想来构建短期、中期、长期多种风险标签，以应对延迟反馈和概念漂移问题，提升模型的泛化能力。

3. 样本选择偏差

在构建申请评分卡时，训练数据通常只包含曾经获批贷款的客户数据，被拒绝样本由于最终标签的缺失而无法参与建模，模型只基于部分有偏样本而非申请客户全体进行训练，最终导致模型泛化能力受损。在这种情况下，申请评分卡的预测违约率会出现偏移，与被拒绝样本分布类似的申请客户个体的评分可能会偏高。

拒绝推断是应对样本选择偏差问题的经典解决方案，其技术路径可按建模样本选择（概率）是否与风险相关来划分。当建模样本选择（概率）与风险不相关时（例如前端策略无效、通过率较高），我们可调整建模样本权重。此类方法包括展开法（Augmentation、Re-weighting）、样本迁移方法（TrAdaBoost等）。当建模样本选择（概率）与风险相关时（例如前端策略有效、通过率较低），由于建模样本选择（概率）与风险的关系未知，我们需要首先给出这种关系的先验假设，然后利用额外信息补充这个关系，比如外推法（Exploration）。此外，半监督学习、迁移学习、生成对抗网络等方法也逐渐被应用在拒绝推断领域。需要注意的是，拒绝推断所面临的标签缺失问题多数时候并非随机缺失，而是与样本自身的特征、风险相关，选择合适的解决方法在实际业务中可以有效地缓解模型越学越偏的问题。

4. 分布外泛化

除了概念漂移、标签延迟反馈、样本选择偏差等问题，其他问题也可能降低模型泛化能力。在构建申请评分卡时，尽量捕捉特征与风险的因果关系，对数据中的虚假相关性与不变性进行刻画，减轻模型对数据偏差的过度依赖，以更好地对抗样本分布迁移带来的影响，提高模型泛化能力和稳定性。此外，在异质性风险最小化（Heterogeneous Risk Minimization，HRM）的建模框架中，我们可以基于数据中潜在而非显式的异质性来指导不变学习，提高模型在分布偏移时的泛化能力。这里的异质性指真实建模数据可能来自多个数据源，但又没有显式的数据源标签。

5.3 特殊场景：面向小微企业信贷的申请评分卡

基于申请评分卡的风险评估和信贷决策帮助信贷机构将获客方式由关系型转变为交易型，促进了业务范围和体量的扩张。这种方式用于对公（B端）信贷业务时，可以减少企业信用风险评估对风控人员业务经验和主观决断的依赖，降低企业融资的门槛和成本，有助于缓解小微企业融资难、融资贵的问题。

5.3.1 小微企业的定义

我国对企业规模的划分是在国家统计局《国民经济行业分类标准》的行业分类基础上，结合《统计上大中小型企业划分办法（暂行）》（国统字 [2003]17 号）和《部分非公企业大中小型划分补充标准（草案）》（国统字 [2003]17 号），按照各行业门类、大类、中类和组合类别，依据从业人员、营业收入、资产总额等指标或代替指标进行的。一般，我们将经营规模小、散落分布于各行业且资金相对薄弱、可抵御风险能力相对较差的小型、微型、家庭作坊式企业及个体工商户统一称作"小微企业"。表 5-1 展示了小微企业划分标准。

表 5-1 小微企业划分标准

行业名称	指标名称	计量单位	小型	微型
农、林、牧、渔业	营业收入（Y）	万元	$50 \leqslant Y < 500$	$Y < 50$
工业 *	从业人员（X）	人	$20 \leqslant X < 300$	$X < 20$
	营业收入（Y）	万元	$300 \leqslant Y < 2000$	$Y < 300$
建筑业	营业收入（Y）	万元	$300 \leqslant Y < 6000$	$Y < 300$
	资产总额（Z）	万元	$300 \leqslant Z < 5000$	$Z < 300$
批发业	从业人员（X）	人	$5 \leqslant X < 20$	$X < 5$
	营业收入（Y）	万元	$1000 \leqslant Y < 5000$	$Y < 1000$
零售业	从业人员（X）	人	$10 \leqslant X < 50$	$X < 10$
	营业收入（Y）	万元	$100 \leqslant Y < 500$	$Y < 100$
交通运输业 *	从业人员（X）	人	$20 \leqslant X < 300$	$X < 20$
	营业收入（Y）	万元	$200 \leqslant Y < 3000$	$Y < 200$
仓储业 *	从业人员（X）	人	$20 \leqslant X < 100$	$X < 20$
	营业收入（Y）	万元	$100 \leqslant Y < 1000$	$Y < 100$
邮政业	从业人员（X）	人	$20 \leqslant X < 300$	$X < 20$
	营业收入（Y）	万元	$100 \leqslant Y < 2000$	$Y < 100$
住宿业	从业人员（X）	人	$10 \leqslant X < 100$	$X < 10$
	营业收入（Y）	万元	$100 \leqslant Y < 2000$	$Y < 100$
餐饮业	从业人员（X）	人	$10 \leqslant X < 100$	$X < 10$
	营业收入（Y）	万元	$100 \leqslant Y < 2000$	$Y < 100$
信息传输业 *	从业人员（X）	人	$10 \leqslant X < 100$	$X < 10$
	营业收入（Y）	万元	$100 \leqslant Y < 1000$	$Y < 100$

(续)

行业名称	指标名称	计量单位	小型	微型
软件和信息技术服务业	从业人员（X）	人	$10 \leq X < 100$	$X < 10$
	营业收入（Y）	万元	$50 \leq Y < 1000$	$Y < 50$
房地产开发经营	营业收入（Y）	万元	$100 \leq Y < 1000$	$Y < 100$
	资产总额（Z）	万元	$2000 \leq Z < 5000$	$Z < 2000$
物业管理	从业人员（X）	人	$100 \leq X < 300$	$X < 100$
	营业收入（Y）	万元	$500 \leq Y < 1000$	$Y < 500$
租赁和商务服务业	从业人员（X）	人	$10 \leq X < 100$	$X < 10$
	资产总额（Z）	万元	$100 \leq Z < 8000$	$Z < 100$
其他未列明行业*	从业人员（X）	人	$10 \leq X < 100$	$X < 10$

小微企业覆盖行业广、主体数量大、从业劳动者多。2023年印发的《推进普惠金融高质量发展的实施意见》显示，全国登记在册经营主体达1.8亿户，小微企业法人单位的估计数量约为5900万户，关系到5.31亿人的就业。小微企业在基础建设、经济发展、劳动者就业等方面具有举足轻重的价值。

5.3.2 小微企业风险评估的难点

企业信用风险评估需要从偿债意愿和偿债能力两方面入手，具体需要考虑的维度主要有信用记录、经营状况、财务情况（资产和负债）、外部环境等。贷款机构和借款客户间的每笔交易都建立在客户诚实守信的基础上，信用记录（如贷款机构与企业客户的过往信贷交易记录）可以一定程度上反映客户守约偿还的基本意愿。企业客户的经营状况、财务情况等可以基于经营方式、可流动资产情况、流动负债比、资产净值、可抵押资产等方面进行评估。相关数据一般需要信贷业务员实际开展尽职调查，规模较大的上市公司会定期披露，也可通过第三方数据机构或从与其有商业合作的企业处间接获取。外部环境包括宏观经济情况、企业相关行业发展趋势等。对于小微企业来说，生命周期较短、信用历史记录匮乏、有效经营数据可得性较差等是普遍现象，且小微企业还存在其他方面风险。

第一，经营风险。小微企业多以家族管理等方式经营，经营状况受企业主或经营者自身能力和状况的影响较大，且我国小微企业多分布于制造、批发零售、农林牧渔等行业中，受国家政策变动和市场环境波动的影响较大。

第二，财务信息不实风险。可得财务信息缺乏可信度是很多小微企业的问题，多重客观因素导致相关审核部门无法及时、有效地对上报数据进行审核。

第三，借款他用风险。贷款机构提供的融资服务，本意是辅助小微企业完成经营过程中的短期资金周转，但部分小微企业将款项挪作他用，例如进行高风险套利，或者在短期无法获取收益的方向扩大经营。

第四，民间融资风险。小微企业面对其经营上下游的大型企业话语权较弱，从上游采购需交预付款，到对下游销售需先销后付，导致资金回笼慢，需要融资周转。但小微企业较难直接从金融机构获得贷款，只能退而选择相对利率更高的民间借贷，压缩了利润空间，增加了负债风险。

第五，对外担保风险。小微企业自身资产匮乏，无可抵押和质押物，需要通过增信获取融资，因此出现互相担保等情况，而担保人本身的风险抵抗能力不一定高。

这些风险因素使传统企业风险评估方式难以有效评估小微企业的偿债意愿和偿债能力。小微企业直面融资难、融资贵的问题。

5.3.3 解决思路：基于多源数据的小微企业评分卡开发

小微企业信用评分卡构建的主要过程与第 4 章的相关介绍基本一致，但在构建过程中面临 3 个额外问题：一是小微企业信贷业务评分卡构建样本量（尤其是"坏"样本）较少；二是覆盖小微企业主要信息的可靠数据较少，财务报表缺失程度高且准确性不足；三是相较个人业务，对小微企业信用评分卡的业务可解释性要求更高。针对这三个问题，我们需要因地适宜地选择应对方法来构建小微企业信用评分卡。

1. 样本增强

为应对小微企业信用评分卡构建总样本量或坏样本量不足的问题，我们可以设计相应的样本增强方案。总体来看，既要考虑从内部数据源挖掘更多建模样本，也要考虑从外部数据源引入更多建模样本。具体而言，一方面可以从业务经验出发设计样本增强方案，另一方面可以合理选择相关算法来应对样本量不足问题。

从业务经验出发设计的样本增强方案主要包括：适当选用有历史信贷行为的小微企业的复贷样本来扩充建模样本量；根据企业经营者在个人信贷产品中的还款表

现来模拟带有还款标签的建模样本；基于个人信贷业务的相似产品或相似客群的信用评分卡，通过增量学习方式整合小微企业信贷样本来构建小微信用模型；使用拒绝推断方式回捞样本，以合理的方式针对拒绝客群模拟贷后表现，在消除样本偏差的同时增加坏样本量。

这里的拒绝推断样本增强有3类常用方法。

1）实验法，即在一段时间内准入所有的申请，积累样本数据，待客户产生风险表现后再进行模型构建。这种方法的缺点是风险和成本都比较高。

2）直接赋值法，即通过外部数据引入、内部数据挖掘和人工打标等方式为拒绝的客户打上标签。其中，外部数据引入是指如果某一客户在本机构被拒绝，但申请其他机构的贷款时通过了，那么可以通过与其他机构合作获得该客户的贷后表现。该方法的缺点是外部数据受合规和成本限制，难度较大。内部数据挖掘和人工打标是指通过内部数据的其他场景表现和专家经验为特定类别客户打上标签，例如对平台内所有的存量客户，结合外部工商数据中的失信、被执行、注销、吊销、经营到期等信息对客户进行标签设计。

3）模型扩展法，即基于通过客群建模，给拒绝客群打标签，再结合有标签的拒绝客群和通过客群建模，包括加权法、展开法、打包法等。

可用来应对样本量不足问题的常见算法有：对坏样本进行随机过采样（Random Over-sampling）；使用 SMOTE（Synthetic Minority Oversampling Technique，合成少数类过采样技术）方法来过采样坏样本；使用小样本学习（Few-shot Learning）方法，主要包括基于数据增强、基于模型改进、基于算法优化3种方法。

2. 多元数据整合

小微企业客户数据主要包括企业数据、企业主或经营者数据、外部宏观经济数据3类，前两类数据又可根据来源细化为信贷机构内部和外部数据。通过整合这三类数据，信贷机构可以更好地了解小微企业的重要信息，为小微企业信用评分卡构建提供支撑。

从企业视角看，信贷机构内部数据中包含各类基本信息，包括企业名称、企业类型、法定代表人、联系方式、企业注册信息等，可以作为查询企业征信、工商、财务、纳税、专利、社保、能耗、进出口、诉讼、上下游关联关系、失信风险、经营营销、信贷等其他信息的依据，进而刻画企业资质能力、排查企业信用风险、还原企业经营情况。具体而言，在国家"银税互动"的大力推动下，企业纳税和税票数据已经成为贷款授信的重要依据之一。该维度对于还原企业经营情况、跟踪企业经营趋势、预判企业经营能力较为有效，一定程度上替代了可信度不高的小微企业财务报表数据。此外，企业在其他（内部或外部）场景或平台有过往的事务数据、经营数据、物流数据、历史信贷行为数据等，也可以提供有价值的信息。

从企业主或经营者视角看，通过其提供的姓名、身份证号、手机号等，信贷机构可以挖掘人口统计学特征，也可以在内部相关场景或平台梳理支付、投资、消费、出行、生活等有关行为和风险偏好的数据，在客户授权后还可以依托征信机构和其他平台查询个人二代征信、客户画像、多头借贷、风险预警、资产债务、社会关系等第三方数据。

从宏观行业视角看，信贷机构可以从相关部门、行业研究机构、网络爬虫等渠道查询和获取企业所处行业的发展趋势、行业薪资、社融规模、负面舆情等数据。

3. 注重模型可解释性

考虑到对小微企业信用评分卡稳定性、可解释性的较高要求，常用的建模方案是基于 WOE 变换的逻辑回归模型。该方案主要流程包括：运用单变量分析工具剔除缺失率过高、数据异常、特征值唯一的特征；选取 IV 大于 0.01、重要性排序靠前、具有较强可解释性、一般不超过 30 个的特征；通过 L1 正则化逻辑回归进一步筛选出 15~20 个具有较强可解释性的特征用于最终建模。当特征量较多时，信贷机构也可以借用集成决策树类模型的特征重要度排序来筛选特征。值得注意的是，在进行特征筛选时，信贷机构需要综合考虑企业、企业主等不同视角的数据来保障可解释性。如果企业视角的特征预测能力较差，信贷机构需要考虑从工商、税务等数据中提取更多包含有效信息的特征参与后续建模。

第 6 章　定价与定额

定价与定额是指制定信贷产品的贷款利率和贷款额度。定价与定额关乎"贷多贵、贷多少",是信贷业务的核心决策环节之一,对客户体验和产品收益都有重要影响。6.1 节介绍信贷产品定价与定额的主流方法,6.2 节介绍基于最优决策的定价与定额方法,6.3 节介绍评估定价与定额模型效果的思路。

6.1　信贷产品的定价与定额

6.1.1　信贷产品风险定价简介

风险定价是金融机构对风险资产价格的评估。对于贷款产品来说,风险定价的主要内容是贷款利率的确定。银行等金融机构的风险定价系统会综合考虑客户自身风险、企业经营情况、金融机构的目标利润率和运营成本、资金供求关系、基准利率和市场利率等因素来制定定价策略。

在开放市场中,有贷款需求的客户会选择贷款利率较低的银行(或其他金融机构)。在这种博弈情景中,银行一方面需要通过研究客户心理、增加增值服务、更新营销手段等方式尽可能扩大客户群体;另一方面需要将贷款利率保持在较合理水平,以确保盈利。银行因为自身资金成本的限制，贷款利率通常高于存款利率，同时还需考虑其他成本，如资金风险损失、获取客户的渠道费用、资金回收的支付清算费用、运营管理的人工费用等。其中，不同类型贷款（如联合放贷、网络小贷等）的成本与收益计算方式也有所差异。除客观因素外，银行对客户合作关系的评估、对业务趋势走向的判断等主观因素也会影响风险综合定价。

在个人信贷业务中，银行主要考虑的因素包括定价对响应率的影响、定价与逾期风险的关系等。响应率代表激活信贷产品后产生交易的客户在全部激活客户中的占比。对客户来说，信贷产品利率会影响授信后信贷产品的实际使用意愿，因此银行可能选择较低的初始利率来增加客户使用产品的可能。从逾期风险视角看，银行会对优质客户和次级客户采取不同的定价原则。如果客户信用水平良好，或者提供了房屋、股票等高质量抵押品，抑或获得了第三方担保等增信支持，银行会倾向于提供较低的利率，以获取服务这类优质客户可能获得的长期收益。

在实际操作中，银行通过对客户进行差异化分群，评估不同客群风险以及对应业务的收益和成本，然后进行差异化风险定价。典型的客户分群指标包括收入、职业、信用级别、客户来源渠道、所属地理区域等。银行基于对自身业务特性的了解，动态确定最优划分指标和划分阈值，实现对客户的分群。在完成客群划分后，银行将综合预期风险、期望收益等信息计算产品风险定价。

常用定价计算方法分两类：一类是基准利率定价法（式（6.1）），在预先设定的基准利率上增加计算得到的风险溢价。这种方法是通过多种方式量化风险与收益的平衡，并根据这种量化结果来定价。式（6.1）中的风险溢价包括违约风险溢价（Default Risk Premium, DRP）和期限风险溢价（Maturity Risk Premium, MRP）两部分。前者代表贷款者在规定时间内不能支付利息和本金的风险所对应的收益补偿，后者代表同一类型贷款的长期利率和短期利率之差（例如客户在约定期限内无法全部偿还而需要改变贷款期限带来的风险、利率走势不确定带来的利率溢价风险等）。结合客群划分，风险溢价可以根据分群结果定制化满足不同客户对差异化定价的需求。

$$基准利率定价 = 基准利率 + 风险溢价 \tag{6.1}$$

另一类是预期收益定价法（式（6.2））。该方法不但综合考虑了放贷成本和风险溢价，还考虑了产品或客户的预期收益，补全成本基础上的收益核算部分。例如，某金融机构的放贷综合成本包括资金成本 3%、运营成本 0.5%、风险溢价 2.5%、预期收益 1%，此时的期望收益定价为 7%。

$$预期收益定价 = 综合成本 + 风险溢价 + 预期收益 \quad (6.2)$$

6.1.2 信贷产品风险定价具体模式

在行业实践中，信贷风险定价逐步形成了多种具体操作模式，主要包括统一费率模式、精算定价模式和数据模型定价模式等。

1. 统一费率模式

统一费率模式是最早出现的简单模式。银行依据对过往业务经验的梳理和整合，在保证贷款利率大于存款利率的前提下，对所有客群统一定价。在当下较为多元化的市场中，统一费率模式会影响客户体验，也无法获得差异化定价所带来的风险溢价和动态收益。

2. 精算定价模式

在统一费率模式基础上，具有一定差异化的精算定价模式逐步发展。首先通过建立线性模型（如式（6.3））来量化风险定价的关键因素 Y（如风险损失金额、收益金额等）与特征 X（如客户收入水平、客户信用级别、利率等）之间的关系，根据建模目标的特点（例如建模目标为离散型变量），也可拓展为使用广义线性模型（Generalized Linear Model，GLM）；然后基于建模结果计算得到不同利率下的风险溢价和预期收益；最终结合式（6.1）或式（6.2）得到定价结果。这种方法具有一定的有效性和解释性。

$$Y = \alpha + \beta_1 X_1 + \beta_2 X_2 + \cdots + \beta_N X_N + \varepsilon \quad (6.3)$$

3. 数据模型定价模式

在精算定价模式基础上进一步运用更丰富的建模方法形成了数据模型定价模式。相比于精算定价，数据模型定价在对风险定价关键因素进行建模时，需要额外考虑对响应函数的假设、对客群的划分、对随机测试数据的采集和使用等方面的因素。

分析师在定价时会根据业务经验预设响应率 Y 与线性因子 Z（包括利率在内的多

个特征的线性组合）之间的函数关系，例如多项式函数、log 函数、sigmoid 函数（式（6.4））等，然后进行回归建模。这种模式具有假设简单、易于理解的特点，虽然仍然不是千人千面的个性化定价方式，但与精算定价的流程化和中间过程的复杂因子堆栈相比，定价具有更强的解释性，在处理一线业务时降低了业务人员理解模型的成本。但由于假设较强，该模式也可能存在假设与实际数据表现不相符、预测准确度不足的问题。

$$Y = \frac{1}{1+e^{-z}} \quad (6.4)$$

基于客群划分的风险定价即根据客群划分结果，通过业务经验对不同的分群进行差异化定价。这种模式面临的挑战包括：如何从每个客户的多种可能分群中选择合适的分群、对业务经验的依赖会带来较高的迭代成本、可能错失市场动态变化带来的机遇等。

不论是给定函数假设的方法还是基于客群划分的方法，其中参数的准确计算都需要依赖有效的数据。客户的历史数据可能会受到营销策略的影响而产生偏差，例如在618和"双11"大促期间贷款客户的特征及表现可能受到当时的营销方案影响，该阶段的规律不适宜泛化到全时间段和全量客户。如果不加区分地使用历史数据建模，会导致建立的模型有偏差。为了有效建立定价模型，金融机构会采用随机测试方法积累无偏数据，如图6-1所示。随机测试意味着一部分客户将获得完全随机的定价，收集客户在定价后一段时间内的表现并将其作为训练数据，以调整前述定价函数假设的方法或基于客群划分的方法中的参数。随机测试数据采集的成本较高，在风险定价相关业务中，对客户进行随机定价本身也涉及客户留存、服务体验等问题，因此大部分场景中的随机测试数据通过切小批量实验进行获取。随机测试数据对模型的提升效果明显，与样本还原方法相比，能够更直观地消除数据中的偏差，在实际应用中可以作为系统化建模的重要补充。

随着大数据资源的持续积累，统一费率定价、精算定价、数据模型定价逐步被基于大数据的智能建模方法所取代，例如精算定价中的复杂因子建模可以采用深度学习来代替，数据模型定价中的客群划分规则可以采用基于决策树的集成学习方法来得到更可靠和可量化的规则集。在数据智能时代，互联网金融机构基于强化学习、关系网络、因果推断等复杂模型建立起了定额定价模型。

图 6-1　历史客户和随机测试客户

6.1.3　信贷产品风险定额简介

与风险定价同等重要的是额度的制定，恰当的额度选择可以增加客户带给金融机构的收益（见图 6-2）。一方面，额度是对客户信用价值的衡量，需要考虑客户的违约成本和还款能力，即使是次级客户也不一定愿意为几百元而违约。另一方面，不同客户对额度的敏感度不同，客户使用信贷产品的意愿会受到额度影响。从微观层面看，不合理的定价策略与定额策略会带来负面后果，保守策略会丢失优质客户，激进策略会导致风险升高。从宏观层面看，和客户特点相匹配的策略可以向保持良好信用和使用习惯的客户提供正反馈，有利于培养良好的行业生态。

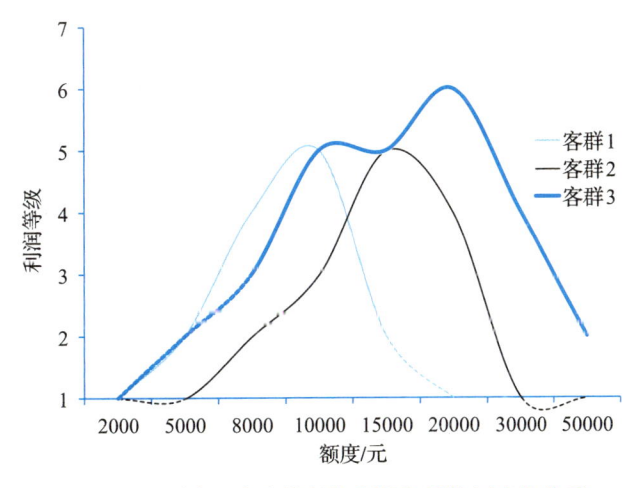

图 6-2　不同类型客户的长期利润与授信额度的关系

授信额度的确定主要取决于产品限额、负债情况、还款能力、资金缺口大小等因素。传统的定额方法是将客户的信用评分作为一个风险系数，基于产品额度基数来调节得到授信额度。但这样的策略并未考虑额度决策和客户行为间的相互影响。考虑客户在不同额度决策下的表现，进而确定最优额度策略是差异化定额方法的关键所在。我们可以借鉴 6.1.2 节介绍的几种数据模型定价方法进行定额，但由于随机测试成本高，目前在业界的实际应用仍较少。

6.2 基于最优决策的定价与定额

6.2.1 最优决策模型

假设优化目标是长期利润（通常根据企业的经营目标来设置），如果同时考虑价格和额度两个决策因素，决策空间就变成了二维空间，客户产生的长期利润和额度定价的关系形成了一个曲面（见图 6-3）。通过预测客户在各种额度 – 定价组合下产生的长期利润，进而确定对应最高利润的价格和额度的模型，被称为最优决策模型。通常情况下，长期利润是由收益（无其他说明均指不考虑风险，但考虑客户的活跃率、活跃程度和流失率等因素）和风险共同决定的，因此我们可以把预测目标拆分成收益和风险两个子目标。预测子目标的模型被称为子模型。

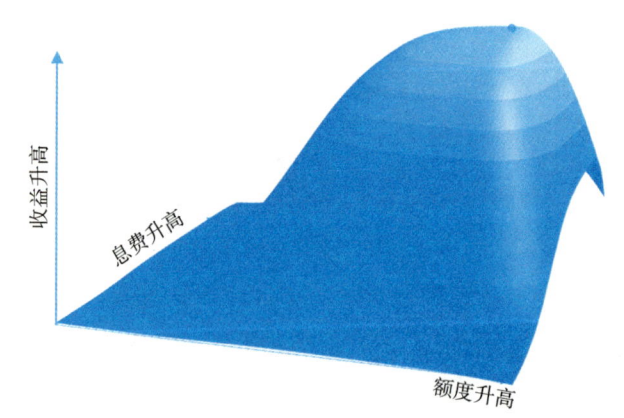

图 6-3 决策空间中的最优点

最优决策模型会同时预测风险和收益，但和单独的风险评分预测模型（如 A 卡、B 卡）加上单独的收益评分模型有所区别。风险评分模型是仅基于客户特征的逾期概

率预测模型，即给定客户特征（用 x 表示）后，预测其违约行为（用 B 表示）发生的概率 $p(B|x)$；而最优决策模型的风险子模型是预测客户在不同决策（用 a 表示）下的违约概率 $p(B|x,a)$。

风险评分模型是直接用历史数据建模得到的，度量的是客户在历史策略下的违约概率。这里的策略指的是一种产出决策结果的规则。如果将历史策略产出决策的分布用 p_{ah} 表示，可以认为风险评分（用 score 表示）评估的违约概率是当 a 符合 p_{ah} 分布时风险的期望值，即

$$p(B|\text{score}) = E_{a \sim p_{ah}}(p(B|x,a)) \quad (6.5)$$

因此在实践中常观察到，当策略发生较大变化、与历史分布不再一致时，风险评分效果会受明显影响。

评估期望水平的风险评分模型无法为针对具体客户的决策给出指引，这时就需要可以预测客户在不同决策下有何表现的最优决策模型。通过比较不同决策下的模型预测结果，我们可以判断给出何种决策（如确定多少息费、多少额度）能够更好地增加收益或降低风险，最终根据总体目标来做出定价定额决策，据此制定定价定额策略。需要注意的是，考虑单个客户得到的最优决策未必是整个业务场景的最优决策，在人群整体有约束的情况下需要运用运筹学方法求解每个客户的最优决策，这一点将会在 6.3 节中讨论。

6.2.2 模型的数学表达

最优决策模型的建立主要包括几个步骤：根据对应的信贷产品的业务逻辑，确定其收益和风险的计算公式，一般是通过响应率、余额、逾期率等指标计算得到的；根据业务经验和数据分析，确定计算公式中哪些指标会受到定价和定额的影响，对每个会被影响的指标，构建考虑了对应影响的预测模型；综合所有预测模型和收益风险计算公式得到定价定额对收益和风险的影响，在确定基于收益和风险的最终经营目标表达式后，用优化算法求解使得最终目标最大化的定价和定额。

假设决定长期利润的因素中有 n 个需预测指标（如客户的响应率、逾期率、日均余额、流失率等，又被称为子目标或中间目标），用 $y = (y_1, \cdots, y_n)$ 来表示。假设有 m

个需要考虑决策变量（如额度、息费、折扣、营销等），用 $\boldsymbol{a}=(a_1,\cdots,a_m)$ 来表示。实际业务通常不会只依赖模型给出决策，一方面是因为模型受历史数据的影响，有自身局限性，另一方面会有规则对一些极限情况做出限制，例如高风险客户不能给过高额度，因此需要对 $\boldsymbol{a}$ 的取值范围做出限制，被限制的取值范围被称为可行域，通常用 $\boldsymbol{A}$ 表示。预测 n 个子目标的最优决策模型（组）可用以下公式表示：

$$y_i = f_i(\boldsymbol{x},\boldsymbol{a}), \boldsymbol{a} \in \boldsymbol{A}; i=1,\cdots,n \tag{6.6}$$

式中，$f_i(\cdot)$ 为各个子目标的预测模型。需要预测的 n 个子目标和部分决策变量会共同影响长期利润（如息费、额度等），此外还有部分不随决策变化的因素也会影响收益（如运营成本等），通常用 $\boldsymbol{c}$ 表示。最终长期利润（profit）结合业务规则可以确定，例如可表示为

$$\text{profit} = f(\boldsymbol{y},\boldsymbol{a},\boldsymbol{c}) \tag{6.7}$$

式中，$f(\cdot)$ 为计算长期利润的函数。对于单个客户来说，最优决策模型的求解是在可行域 $\boldsymbol{A}$ 内找到最优解 $\boldsymbol{a}$，使得长期利润最大化，即

$$\boldsymbol{a}^* = \arg\max_{\boldsymbol{a}\in \boldsymbol{A}} f(\boldsymbol{y},\boldsymbol{a},\boldsymbol{c}) \tag{6.8}$$

在实际落地中，我们需要具象化以上构建的数学模型，其中包括长期利润的公式 $f(\cdot)$、需要考虑的 m 个决策变量 $\boldsymbol{a}=\{a_1,\cdots,a_m\}$、可行域 $\boldsymbol{A}$、需要最优决策模型预测的 n 个子目标 $\boldsymbol{y}=\{y_1,\cdots,y_n\}$、不会随不同决策而改变但也会影响收益的量 $\boldsymbol{c}$。由于最优决策模型较复杂，建模成本较高，中间环节较多，我们在建模前最好对模型假设做必要的验证。需要确认的两个基本假设是：决策改变确实对预测表现有客观存在且有规律的影响（有可能预测），对不同客户的影响不同（有必要预测）。

长期利润是最终的优化目标，因此对 $f(\cdot)$ 的合理定义十分重要。在复杂的业务下，精准计算长期利润的公式可能十分复杂，对其做适当简化有助于实际操作，只是简化后需要验证是否和长期利润的真实整体趋势保持一致。例如，一种简化的计算方式可以是：长期利润 = 响应率 × 额度 × 使用率 × （定价 – 资金成本）– 违约率 × 违约余额 × 损失率 – 运营成本。

决策变量 $\boldsymbol{a}$ 表示实际可操作、对长期利润的影响满足上述两个基本假设的动作，例如授信时定价和定额就是可操作并会影响收益的动作。在实际操作中，我们可以

根据业务需求将连续变量或粒度过细的离散变量进行分段。对于定额问题，既要将不同业务意义的额度分开，也要保证各额度段上样本量不能太少，例如可先将额度按每 2000 元分一段，然后高额度段再根据人数分布适当合并人数较少的额度段。除了定额外，循环方式和借款期限等可调控因素也可以作为决策变量。

不变量 c 和子目标 y 的定义可以同时考虑。子目标的选定也需要满足上述两个基本假设，其他变量可以作为 c。要判断是否满足这两个基本假设：一是可以根据业务经验判断是否满足，例如定价对响应率的影响，应该是定价越高，客户的响应率越低；二是通过数据分析，例如如果存在完全随机决定 a 的测试，可通过分析随机分组的实验结果来验证两个基本假设（实际上，除了转换链路的第一个环节，后面的环节仍可能会受反向选择的影响，需要考虑如何去除或减轻影响）。

确定了最优决策模型并依据模型做出预测后，我们就可以得到策略空间中的所有预测值。以风险子模型为例，假设决策变量为授信额度与息费，希望得到每个客户（U）的逾期率随着授信额度与息费变化的趋势。为简化计算和绘图，在不影响模型使用的前提下，我们可将连续的决策变量通过划分区间的方式离散化。例如，当授信额度取值范围为 [1000,10000] 时，每 1000 元划分一个区间，且息费为离散化的 5 个档位，计算出客户在各个离散组合上的子目标预测值，再将各个离散组合上的预测值连接，即得到子目标预测的趋势曲面。曲面上的每一个点代表了某一决策组合条件下子目标的预测值，如图 6-4 所示。

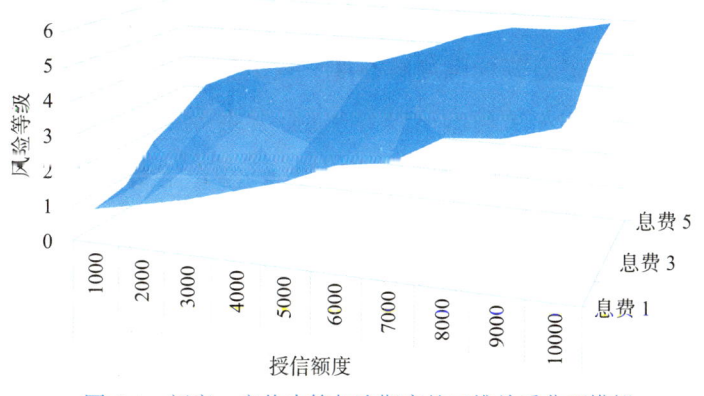

图 6-4　额度、定价决策与逾期率的三维关系曲面模拟

6.2.3 模型训练与预测

子模型训练和预测的基本流程为：把 a 和客户特征作为输入变量，把对应的子目标作为输出变量，进行模型的训练；训练好模型后，将客户特征和不同决策变量 a 代入模型，计算得到客户在不同决策变量 a 下的预测值，进而可以得到在整个 a 空间中的预测值。

训练模型时，选择哪种模型设定可以参考两个原则：一是模型应尽可能使用决策变量 a 中包含的信息，二是决策变量和其他变量之间要充分交叉。对于第一点，当建模数据是非随机测试数据时（例如图 6-1 中的历史数据），如果决策变量与其他特征间存在较强关系（例如多重共线性），模型可能从其他特征中学到决策变量的信息，导致从结果看决策变量对子目标没有显著影响，使得模型无法学到基本假设中"客观存在且有规律的影响"。对于这种情况，我们需要考虑提前对其他相关变量做适当处理，例如建模前去掉一些与决策变量相关性较强的变量，或者使用因果推断相关方法来分析决策变量对目标变量的影响。对于第二点，如果决策变量和其他变量之间没有充分交叉，决策变量对每个客户的影响可能都是一样的，使得模型无法学到基本假设中"对不同客户的影响不同"。例如，如果只考虑决策变量本身对目标变量带来的影响，那从简单的业务逻辑直观推测，在满足了一定的资金需求后，额度对客户的刺激作用会出现边际效用递减情况（即图 6-5 中预测趋势曲线所示），客户需求随额度上升而饱和，最终毛收益趋于平缓。但真实数据统计得到的趋势显示，毛收益随额度上升而持续增长甚至加速。图 6-5 说明如果只考虑决策变量对目标变量的直接影响，而忽略决策变量和其他特征可能产生的交叉作用，将导致模型难以准确捕捉客户的行为特点，进而降低预测准确度。这里不建议直接使用逻辑回归等无交叉特征的模型，如果想用简单模型可以考虑 FM 并去除一次项，如果想用复杂模型则可以考虑神经网络，如果想用树模型则需要做一些设定来保证决策变量被选中且按合理的区分取值方式被切段。

需要注意的是，每个客户真实的标签只有一个值（如真实额度下的收益），而模型却要预测一条线（即不同额度下的收益变化趋势）。模型过拟合可能只会学习标签对应的一个点（即真实额度下的收益），导致预测趋势无参考价值。要解决这个问题，我们可以增加一些正则化项来防止模型只从客户真实数据中获取信息。常见的范数约束、Dropout、加入先验约束都可能具有效用。在实际操作中，我们可将连续的决策变量分段为多个档，但每个客户在一个时间点只会在一档上有标签（如果把客户不同时间点的决策变量连在一起，确实可以得到一个客户在多个决策变量下的标签，但更建议将一个客户的不同时间点看作不同样本）。在设计和选择模型时需要注意过拟合问题，如果模型的表达能力很强，那只需要使其预测各个客户在其真实决策变量值下的目标值即可。如图6-6所示，在各个额度下预测交易额时，模型预测的趋势（各实线）并不符合实际潜在变化趋势，但每个客户在其本身的额度档下的预测值（虚线）是拟合得比较准确的。

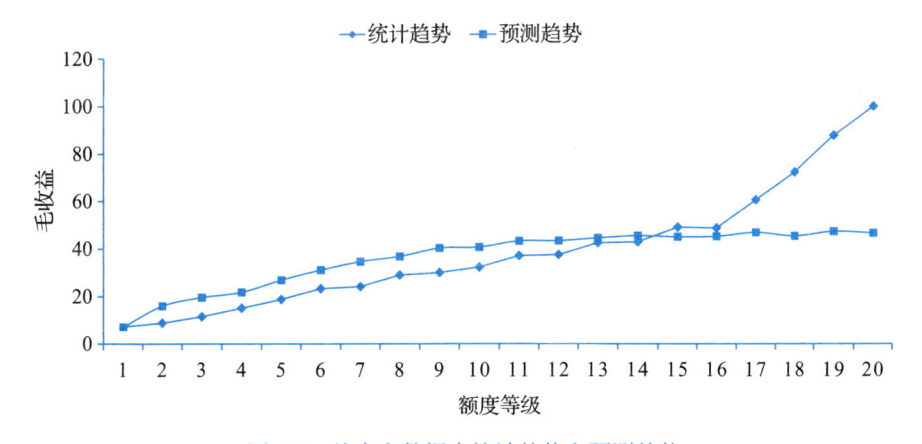

图 6-5　从真实数据中统计趋势和预测趋势

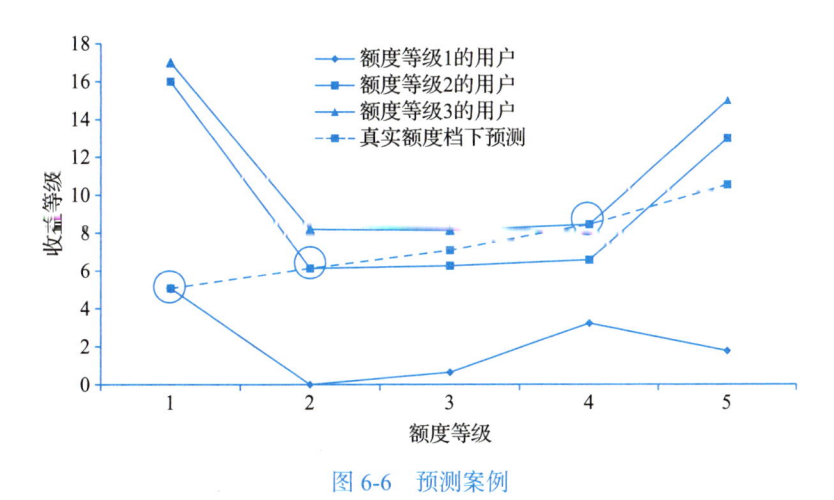

图 6-6　预测案例

6.2.4 样本偏差问题

信贷领域的随机测试成本较高，如果没有随机测试数据而只基于历史数据，分析决策变量与子目标的关系可能会出现偏差，导致模型预测的变化趋势不符合真实的潜在变化趋势。例如，产品已经积累了一定量客户，且客户在不同的额度下表现出不同的收益和风险，数据分析显示额度越高、违约率（违约人数占比）越低（见图6-7）。对于给定的某个客户来说，这种趋势似乎与直觉相悖。

如果意识到这是基于多个客户的历史数据得到的规律，从业务上比较容易解释这个现象：获得高额度的客户通常是优质客户，其违约风险往往较低。但是，从建模逻辑上应该如何解释这个现象？假设制定额度 a 时参考的是信用评分 score，这个评分准确体现了客户的信用水平，即在其他条件相同的情况下，信用分越高，违约率越低。这个决策过程可以用函数 $g(\cdot)$ 表示：

$$a = g(\text{score}) \tag{6.9}$$

由于 score 越高代表信用越好，$g(\cdot)$ 应该是单调递增函数，其反函数 $g^{-1}(\cdot)$ 也同样是单调递增函数：

$$\text{score} = g^{-1}(a) \tag{6.10}$$

真实的违约率 y_{risk} 受到两个主要路径的影响，一是客户本身的信用水平的影响 f_1，二是额度的影响 f_2，这里将其表示为两项的加和：

$$y_{\text{risk}} = f_{\text{risk}}(\boldsymbol{x}, a) = f_1(\text{score}) + f_2(\boldsymbol{x}, a) \tag{6.11}$$

$$y_{\text{risk}} = f_1(g^{-1}(a)) + f_2(\boldsymbol{x}, a) \tag{6.12}$$

式中，$\boldsymbol{x}$ 为客户特征。显然，$f_1(\cdot)$ 单调递减（信用分越高、违约率越低），$g^{-1}(\cdot)$ 为单调递增（额度越高，信用分越高），因此 $f_1(g^{-1}(\cdot))$ 单调递减（额度越高，违约率越低）。通常，客户本身信用水平对违约率的影响强于额度对违约率的影响，第一项随额度升高而递减的趋势会掩盖第二项的升高趋势。最终的数据统计结果就显示为随额度提升，违约率下降。

这种人为干预产生的额度与风险间的强相关性，将对分析和预测不同额度下的风险产生严重影响。无论使用机器学习还是统计方法，都无法区分是风险低导致了高额度，还是高额度导致了低风险。因此，无论分析还是建模，我们都需要优先使用随机测试数据。如果由于环境限制无法使用随机测试数据，那只能退而求其次采用其他方法，例如尝试找一个分群方法，在同群内的客户是相似的，但定额却较为不同；或者利用因果推断方法。

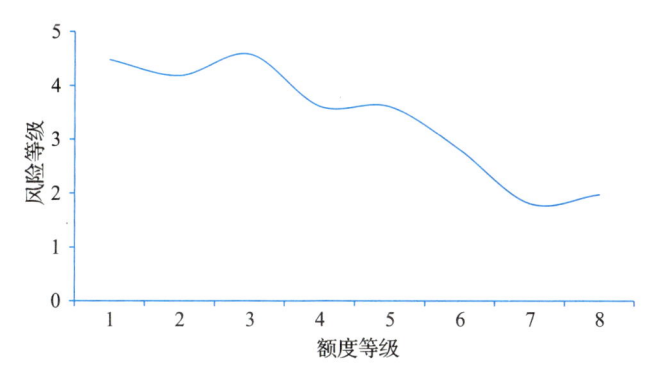

图 6-7　数据中表现出来的额度与风险关系（模拟展示）

6.2.5　有条件约束时的最优决策

在预测出每个客户在决策空间中所有点的长期利润后，针对该客户最优的决策 a^* 便可得到。当没有资源或其他规则约束时，针对每个客户都采用最优决策，则整体人群的决策也是最优的。但在现实场景中，无约束的决策系统几乎是不存在的，大部分决策都是"戴着镣铐的舞蹈"。企业在投资时没有无限资金，需要考虑投资回报率，有所选择地完成投资组合的设计；在制定自身发展及业务规划时也无法不计成本地选择无约束下的最优决策集，而需要综合考虑各种现实中的约束项来完成决策过程。

在互联网金融机构的精细化运营场景中，尝试最优化某一个具体目标（如预期收益）也要考虑约束和限制。对全部客户都进行额度提升可能带来总体额度的提升，但现实中往往会结合业务经验和法律法规进行限制（见图6-8），例如对历史逾期次数过多的客户限制额度提升量，对存在多头借贷、欺诈行为或已在各类负面名单中的客户不予提额，低于一定年龄的客户暂不提额等。

在确定了优化目标和限制条件后，结合所定义的长期利润与决策的关系，对单个客户的最优化决策问题可以转化为以下优化问题：

$$\max_A f(Y, A, C), \text{subject to } g_k(Y, A, C) \leq C_k, \forall k = 1, \cdots, K; a_{ij} \in \{0,1\}$$

互联网金融的策略约束
- 多次逾期客户
- 存在多头借贷、欺诈行为或已在各类负面名单中的客户
- 未成年客户等

图 6-8　互联网金融的策略约束

这里假设的优化目标是最大化长期利润 $f(Y, A, C)$，而约束条件有 K 个，分别用 $g_k(Y, A, C) \leq C_k, \forall k = 1, \cdots, K$ 表示，a_{ij} 表示第 i 个客户是否采用第 j 档的额度或定价。由于这是一个很难求解的组合优化问题，实际应用中可以做一定的松弛，例如将 $a_{ij} \in \{0,1\}$ 替换为 $0 \leq a_{ij} \leq 1$。求解完成后取 a_i 中最大值对应的额度定价档作为决策结果。在通过前述最优化决策方法得到单个客户的最优推荐额度和息费等指标后，我们需要通过线性规划的方法来得到客户群体层面的决策方案，即在业务的约束下，每个客户分别取到何种额度和定价，能够让金融机构的经营满足某个总体目标。金融机构关注的单体经营目标有提额响应率、客户流失率、息费敏感度等，总体经营目标有余额、交易额、下单率、逾期率等。

在经营过程中，金融机构可以根据不同的战略调整总体经营目标。下面展示了一个人群决策系统的示例（见图 6-9）。系统包含对客户采用的决策动作和监控两大模块。动作的应用场景包括授信、提额和营销。在应用动作之前，经营平台的决策者可以协商制定出总体经营目标，再选择覆盖的渠道和客群，最后按照规划的方法一键生成方案。简单的方案可以只从已经应用了固定策略的客户中选择出合适的客户群体来满足总体经营策略的要求。复杂一些的方案则可以直接指定总体经营策略，再综合考虑来改变单体策略，对每个客户的动作和客户群体的选择方法同时进行调整。大体来讲，金融机构可以参考以下顺序来制定策略：首先根据积累的强业务经验，对不同客群和

不同风险等级客户利用决策系统建立人群准入机制，如限制兼职刷单客群或高风险客群，以及满足某些条件（如未成年人或订单指标异常）的个体进入动态提额群体；然后按风险 > 余额 > 交易额 > 下单率的顺序制定最优决策方案，再通过系统生成结果。

图 6-9 人群决策系统

金融机构可以选择的经营目标方案组合有很多。假设存在人数为 20 万的客群 A，敞口额度为 10 亿元，提额前的平均额度是 19000 元，按照平均提额幅度 3000 元的条件，达到预期风险 3%、余额增长 3 亿元和预期响应 3% 的目标，并使毛收益额最大化。此时，系统会对现有的客户进行筛选，对满足条件的客户进行提额。如果系统参与到单体的决策中，我们可以不设定具体的提额幅度，或设定某个提额幅度范围，通过最优化目标来对每个不同的单体采用不同的提额策略，实现有区分度的人群最优化决策。在经营过程中，针对不同企业遵循一定的目标优先级，例如，中小企业在发展初期可能会更重视对风险敞口的控制，则会相应调低预期收益，而大企业在业务拓展期需要保证营收，则更重视余额增长或客户响应。

从部署难度考虑，最优决策系统采用线性规划模型就可以达到一定的效果。此外，我们也可以根据需要对众多混合整数线性规划（Mixed Integer Linear Programming，MILP）、非线性规划（Non-linear Programming，NLP）、近似动态规划（Approximated

Dynamic Programming，ADP）等模型进行探索和应用，还可以考虑结合决策论和博弈论，在完成单体精细化运营的基础上，进一步提升决策运营能力。

6.3 最优决策模型的效果评估

决策模型的本质是给出决策空间与决策结果组成的超平面 [即 $y = f(x_1, x_2, x_3, \cdots, x_n)$]，基于该超平面并根据实际业务目的决定模型的使用方式。以定价与定额场景为例，决策结果不妨设定为特定的经验目标，如余额规模、资产质量等，决策空间由每个客户定价与定额的排列组合构成，通过控制每个客户的定价与定额来达到余额规模最大化等目标。在实践中，模型的使用与优化问题求解类似，主要可分为无约束条件下的最优化与有约束条件下的最优化。无约束条件下的最优化只需根据决策超平面选择最优点即可，例如可以选择使得客户预测月均消费最大的点对应的决策。有约束条件下的优化则需要进一步参考具体的约束条件，如总敞口额度应小于某一定值、总体逾期率满足一定约束等。约束确定后，我们通常会采用线性规划等模型求出最优决策方案。

6.3.1 评估的难点

决策模型的评估主要存在以下 3 个难点。

1）标准评估数据获取成本高。对决策系统的离线评估需要与之相匹配的数据集作为支撑。一般来说，要求评估数据集的决策变量应独立于样本本身，即进行随机测试实验以得到结果无偏的数据集，从而保证决策系统的评估是基于无偏样本得出的，以增加评估的可靠性。然而，与决策变量独立的数据集在信贷服务场景中有极高的获取成本。仅以额度决策模型的离线评估为例，理想的评估数据集应该保证每个样本的额度完全独立于样本本身（即随机给定），但在现实中这样的数据集获取可能会因较高的风险成本而难以进行。因此，实际操作中存在着高风险客群低额度、低风险客群高额度的策略型影响，评估样本中缺少高风险高额度和低风险低额度的评估样本。在这样非完全随机的数据集上，决策系统的评估面临着重要的评估难点，即如何消除策略型影响而导致的模型评估有偏。

2）除了客观评估数据难以获取，决策行为本身也对离线评估提出了较高的要求。在信贷领域，无论定额还是定价，决策行为的连续性将导致决策系统所面临的决策空间无法穷尽，同时意味着离线评估数据集无法覆盖所有的决策情况。在这种情况下，一种较通用的做法是区间划分，借助专家经验等将原本连续的决策空间转换为离散型，以尽可能地缩小决策空间大小。以额度决策为例，在贷前场景中，经由统计数据可以发现额度只有在一定额度区间后才会导致客户行为发生明显的变化，小范围内的额度差别并不会使客户行为产生变化，所以在实际操作中不妨对额度决策空间进行一定的划分，将原本连续的额度决策值转换为离散型额度值，如 [1000, 3000]、[3000, 5000] 等（单位：元），以尽可能降低后续评估的难度。但同时应该指出的是，这种划分方式十分依赖历史数据的统计结果或专家经验，对决策系统的设计有更高要求。在实际使用时，我们还应该确保离散化后的额度决策值与实际业务相匹配。除了按区间进行划分，将连续型额度决策值转化为离散型额度决策值，在实际业务中也存在着简化决策空间的可能。在授信环节，客户的额度通常为1000或者100的整数倍，这意味着决策系统评估时其实无须过度关注整个决策空间，而只需关注满足实际业务需求的离散型额度决策值即可。

3）信贷领域对可解释性有较高要求。模型可解释性高，不仅意味着业务专家可以对模型有更好的把控，在一定程度上也可以更好地保证模型的稳定性。这对于该领域的实际业务场景无疑十分重要。对于融入多种决策模型的决策系统，简单的高解释性模型可能难以胜任复杂的建模系统，需要引入复杂度更高的深度学习、强化学习等模型。这无疑对模型的可解释性提出了更高的挑战。对复杂模型的解释性研究，目前仍未形成一套统一的体系，仍需建模人员针对所用模型，从模型结构算法、参数解释性、分群解释性等多个方面综合考虑，在保证模型性能的同时，尽可能提升模型的可解释性。除了考虑设计层面的可解释性，我们还要考虑结果层面的可解释性。在得到模型预测值后，对预测值进行分位数等截断操作，人为将原始预测值划分为不同区间，将这些区间作为新的离散类别标签，借助决策树等模型发现影响分类离散标签的重要变量，并统计这些重要变量在不同标签类别间统计值（如均值、方差等）的差异，从而发现原始模型的预测规律，从模型预测结果层面提高模型的可解释性。

6.3.2 离线评估方法

在决策系统进行线上应用与测试之前，完整的离线评估必不可少。传统的模型体系（例如评分卡等）在离线评估阶段可以借助跨时间数据集，采用 KS、AUC 等指标进行评估。然而，类似的评估方式难以应用在决策系统的离线评估中，关键问题在于对离线评估数据集中的每一个样本，仅可观测到该样本在确定影响因素下的表现，无法观测到不同影响因素下的表现。例如，在评估额度决策时，评估数据集中的任一样本仅有一个额度下的表现，例如如果获取客户 A 在 3000 元额度下的表现，就不可能同时得到客户 A 在 5000 元等其他额度下的表现，导致无法直接得到模型在其他额度下的有效性评估结果。由于数据集的这种单一观测性质，与传统模型的评估表现出显著的不同，决策系统的评估主要由样本真实影响因素下的有效性评估与客群级评估两部分组成。

真实影响因素下的有效性评估只基于评估数据集中每个样本在确定影响因素下的真实表现与该因素下的预测值进行。如表 6-1 所示，可以观测到样本 A 在 3000 元额度下的月均消费，那么只需要使用样本 A 在 3000 元额度下的预测值进行比较，在全量评估数据集上借助 MSE、MAE 等回归评价指标直观得到模型的预测准确性。评估数据集中的影响因素取值通常应该尽可能覆盖该因素的值域。如果指标表现优异，意味着模型的预测性能较优；反之，模型仍存在调整的空间。由于该项评估实施方便，且指标清晰，往往会被作为评估阶段的第一步。但是该项评价仍无法反映出模型在不同影响因素取值下的趋势合理性。除此之外，样本的采集受生产环境中的风控策略等的影响，导致样本被施加的影响因素受样本本身特征的影响，使得评价结果有偏差。

表 6-1 单样本评估示例

项目	授信额度 / 元				
	1000	2000	3000	4000	5000
真实值			85		
预测值	63	79	82	77	74

模型在每一个样本上的预测结果本质上都是一个超平面，但由于样本的单一观测影响，无法直接从单个样本上得到超平面的评估结果。在实践中，为评估预测曲线或超平面的准确性，我们主要将单个样本组成特征相近（相似）、额度多样的客群

进行评估，从而进行趋势验证。假设可以找到一个特征相近（相似）的群体来组成一个同质客群，且该客群的实际额度取值可以覆盖整个额度决策空间，根据真实影响因素下的有效性评估方式，可以得到模型在各样本真实影响因素下的预测值，之后只需要对各客群在每个不同额度下对应样本的预测值求取均值，便可以得到模型在各客群不同额度下的预测趋势。客群真实目标值与额度的变动关系也可以通过简单的汇总平均求得。将模型预测趋势与真实变动趋势进行比较，借助线性相关系数等相关性评价指标，就可以得到模型预测趋势正确性评估。

在相关性验证之外，由于客群的划分加入了专家经验，也代入了部分趋势预期，例如在以净收益为最终优化目标的决策模型中，从业务角度来说，高风险客群净收益最大点对应的授信额度应该低于低风险客群。因此，在验证环节，对于类似专家经验的验证同样重要。需要指出的是，基于客群划分的趋势评估方法仅可以验证模型预测客群的预测值趋势与客群的真实趋势之间的关系，且各客群的趋势十分依赖于客群的划分。

若数据集中各客户的影响因素（例如额度）服从随机分布，上述趋势验证可以进一步延展为模型上线效果的模拟。在实践中，不妨将真实影响因素与决策模型推荐结果重合的部分样本作为模拟实验组，其余非重合样本作为模拟对照组。由于样本真实影响因素的随机性，我们可以通过对比两个组别在具体业务指标上的差异，从而对模型上线效果进行模拟。

6.3.3 线上实验设计

受限于模型的应用场景，离线评估仅能从侧面反映模型的基本效果，其准确度仍无法完全代表模型的实际线上表现。因此，在完成模型的离线评估之后，若评估结果可以满足业务专家的各项需求，我们可进行模型线上实验的设计。

与一般的实验设计方案类似，在决策模型的实验设计中，实验对象、实验因素、实验效应应该从实际业务需求出发进行选定，如在贷前额度决策体系中，实验对象可以设定为申请客户，实验因素可以设定为授信额度，实验效应则可以设定为具体的业务指标，如余额、消费量等。而对于实验的实施方式、实验结果的观测，我们需要从实验验证的目的出发进行设计。

一般来说，决策模型的主要验证目的可以分为 3 类。

1）模型决策有效性验证。为了证明借助决策模型可以实现业务指标的优化，我们需要进行模型的有效性验证。该类验证的目的主要在于验证模型推荐策略优于随机策略。因此在实验实施阶段，我们可按照随机性原则将客户划分为实验组与对照组。其中，实验组完全按照决策模型推荐，而对照组则采用随机策略。在结果观测阶段，将实验效应在实验组与对照组上进行比较，若实验组效应显著优于对照组，则表明决策模型有效。

2）模型决策对比性验证。在进行模型迭代或与其他策略进行比较时，我们需要证明实验模型的决策推荐效果优于迭代前的模型策略。在实验实施时，按照随机性原则，将实验客户按照一定比例随机划分到实验模型组与对比模型组。在结果观测阶段，将各组的实验效应进行比较，进而得到对比性验证结果。

3）模型决策最优性验证。该类验证旨在证明模型推荐决策为决策空间中可实现实验效应最优的决策。为了验证决策的最优性，我们可以将部分客户随机地按照决策模型的最优推荐结果设定授信额度，并将其作为实验组，将其余部分客户随机设定为模型推荐最优点附近的决策，并将其作为对照组。在结果观测阶段，我们可以通过观测模型推荐最优结果组的业务表现是否显著大于其他所有非最优推荐结果组，若前者显著优于其他组别，则可以证明模型推荐可以达到局部最优。若进一步将其他推荐结果推广到整个决策空间，我们便可以进行全局最优性的验证。但这样做所需的实验样本量要求将同步提升。为了降低实验成本，我们也可以只选取最优点附近的决策进行设定验证。

补充材料

在完成总体经营目标的设计后，我们需要引入运筹优化中的带约束最优化思想，解决特定约束条件下的最优决策问题。在无约束优化定义的基础上增加约束项，得到约束优化的标准形式（式（6.13））。式（6.13）中，f 为目标函数，I 为等式约束的集合，J 为不等式约束的集合。可以看到，在这种情况下，x 无法直接从 $\mathbf{R}^n$ 中取某个点，而是需要满足约束的可行域，通过公式易得可行域

$\Omega = \{x : c_i(x) = 0 \ \forall i \in I, \ c_i(x) \leq 0 \ \forall j \in J\}$。

$$\min_x z = f(x)$$
$$\text{s.t.} \begin{cases} c_i(x) = 0, i \in I \\ c_i(x) \leq 0, i \in J \end{cases} \quad (6.13)$$

可以设定两个场景来直观感受等式约束及不等式约束的效果（见图 6-10）。设定等式约束的例子为 $\min(x_1 + x_2)$, s.t. $x_1^2 + x_2^2 - 2 = 0$。对应左图，可以看到在限制条件下，x_1 和 x_2 必须取圆上的点，每个点的 f 梯度方向都朝向 x_1 和 x_2 正向增大的方向，同时受到与 x_1 和 x_2 的位置有关的不同约束项梯度 ∇c_1 的限制。不等式约束的例子为 $\min(x_1 + x_2)$, s.t. $x_1^2 + x_2^2 - 2 \leq 0$。对应右图，可以看到可行域变成了圆内的区域，圆内部的 x 可以选择反方向的 s 作为最优下降方向，但边界上的 x 受到 ∇c_1 的约束，则只能选择约束下的 s，而无法直接采用 f 的反向梯度。

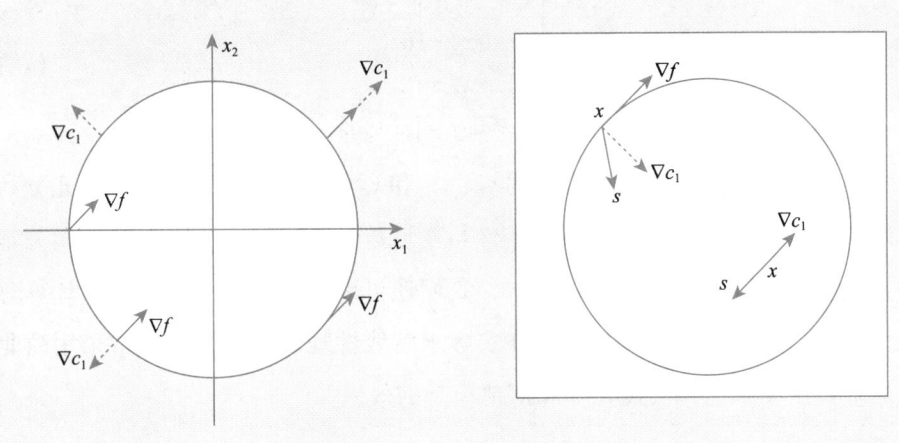

图 6-10　等式约束（左）和不等式约束（右）

有约束最优化问题的解决方法比较复杂。当存在简单约束的时候，理论上可以通过参数变换的方法将其转变成无约束问题。例如，可以设定指数函数 $x = e^u$，将原本约束在 $(0, +\infty)$ 的 x 转化为 $(-\infty, +\infty)$ 的 u。在有限开区间 (a, b) 和有限闭区间 $[a, b]$ 上，同样可以利用 sigmoid 变换和正弦三角函数 sin 进行转化。转化形式分别为 $x = a + \dfrac{b-a}{1+e^{-u}}$ 和 $x = a + (b-a)\sin^2(u)$，其中的 u 都可以取到 $(-\infty, +\infty)$，避免了可行域的约束。而复杂一些的等式及不等式约束则需要在满足 KT（Kuhn-

Tucker)条件下进行拉格朗日乘子变换,将约束项整合进目标函数并转化为无约束的形式,此处不再展开介绍。

在实战中,企业往往采用线性规划(Linear Programming,LP)来实现简单参数下的寻优。线性规划单纯形法(Simplex Method,SM)的求解示例如式(6.14)和式(6.15)所示。单纯形法的含义非常直观,因为线性规划问题如果存在最优解,那么一定是可行域的顶点,因此只需要寻找和对比全部顶点,再根据某种规则判定出最优的顶点即可完成寻优。单纯形法与上述有约束优化问题存在一定共性。通过对有约束最优化的形式进行转化,取不等式的边界值作为等式约束缩小求解范围,即可转化为单纯形法的问题输入。

$$\max z = 2x_1 + 3x_2 + 0x_3 + 0x_4 + 0x_5 \quad (6.14)$$

$$\text{s.t.} \begin{cases} x_1 + 2x_2 + x_3 = 8 \\ 4x_1 + x_4 = 16 \\ 4x_2 + x_5 = 12 \\ x_j \geq 0, j = 1, 2, \cdots, 5 \end{cases} \quad (6.15)$$

在单纯形法公式中,系数为0的x_3、x_4和x_5是松弛变量,表示没有充分利用或者缺少的资源,用于补足原约束条件与变量数量不匹配,或存在线性相关基向量的情况。除了标准形式的单纯形法,我们还可以通过矩阵法来计算,计算时输入线性规划的标准矩阵求解即可。在实际求解线性规划时,我们通常采用商业软件或运筹算法库来达到快速开发和落地模型的效果。

第四篇 *Part 4*

贷中管理

- 第7章 贷中评分体系

在贷中环节,核心目标是控制信贷产品的整体风险在设定的水平,匹配业务的发展阶段。贷中客户的提款行为从个体上看是难以预知的,但从客户群体上看又具备很强的规律。因此,金融机构一方面需要对已授信客户的主动提款申请进行放款审批,另一方面需要通过主动调整额度、息费来影响客户的提款行为。基于收益的智能决策方法论已在第6章中介绍过,本篇不再赘述。本篇将会在第7章着重介绍应用最为广泛的贷中风险评分。基于风险评分,金融机构可对高风险客户拦截交易、降额,甚至冻结账户等,对低风险客户通过提额、降息等手段促进产品使用,扩大产品规模。

第 7 章

贷中评分体系

贷中评分是对已授信客户进行风险再评估、开展客户生命周期管理的重要工具。本章首先介绍贷中场景的主要业务和关键问题，然后介绍贷中管理模型体系中的风险管理模型、额度管理模型、特殊场景模型和模型评估体系，最后介绍贷中精细化管理——分客群管理。

7.1 贷中管理简介

7.1.1 贷中场景与业务

一笔信贷通常要经历贷前、贷中和贷后 3 个阶段。贷前阶段的定义较为明确，指决定是否通过客户申请的授信阶段，但贷中和贷后的定义没有得到广泛认可的共识。部分金融机构认为从授信至放款这段时间为贷中、放款后为贷后，而部分机构认为贷款出现逾期后才是贷后。逾期前后的客户管理工作常由金融机构的不同部门或团队承接。本书从该视角出发，将贷中阶段定义为从授信至逾期的这段时间。

对提供信贷产品的金融机构来说，贷中管理的重要价值主要体现在两方面。一方面，贷前授信面对的挑战在于所获客户信息不多，需要在信息匮乏的情况下，尽量把握好识别拦截风险和扩大客户规模之间的平衡。一种可行的做法是在贷前阶段基于初步的风险判断对客户授予较为保守的额度,然后在贷中阶段持续积累客户行为数据,重新评估风险并根据风险程度定期(或动态)调整额度。另一方面,在贷前阶段只能评估客户在未来一定时期的风险,而在贷中阶段则可以持续地评估风险,使得贷中管理能够在客户全生命周期中管控风险,进而在风险可控前提下保障贷款余额和收益的最大化。

随着互联网金融的发展,贷中数据的维度越来越丰富。传统贷中数据通常来自借款行为、还款行为、逾期行为等,而依托互联网生态圈的信贷产品能够在客户授权前提下提取财产、安全、守约、消费、社交、游戏、出行等多元化数据。这种大数据风控打通了单一行业的数据孤岛,从消费金融、供应链金融、小额借贷、第三方征信、第三方支付、第四方聚合支付等细分领域整合多源数据。受益于此,贷中管理逐步从基于低维数据的传统风险管理模式,转向把控风险、扩大收益的精细化多目标管理模式。贷中管理的根本目标是风险和收益之间的平衡,除了持续评估逾期风险,也会重点关注其他指标,例如额度使用率(当前额度占授信总额的比例)、复借率(完成借还行为后进一步借款的比例)、好坏余额比(好客户平均余额和坏客户平均余额的比值,衡量提额对风险的影响)、客户流失率等。

针对不同信贷产品,贷中管理存在一定差异。在非循环额度产品(即借一笔贷款只有一次审批)中,金融机构主要基于客户历史表现来预测风险,关键是做好逐笔贷款申请的审批,不需要涉及账户层面的精细化贷中管理。在循环额度产品(例如信用卡)中,客户可根据信用水平获得一定的授信额度,在一定期限内可多次支用,且每次支用无需重新申请和审批。在一个借还周期内可产生高频支用和还款行为,在贷余额、额度使用率等都持续发生动态变化,金融机构需要基于持续积累的客户行为数据,定期(或动态)更新对客户的风险评估(更新频率通常为每月一次)。对循环额度产品的管理,金融机构通常围绕账户概念展开,每个账户在其授信额度内可随时实现取款或还款,随着风险评估的动态变化可以被提额、降额、甚至关闭(即额度失效)。本章对贷中精细化管理的讨论主要围绕循环额度产品展开。

在贷中阶段对客户风险进行定期(或动态)评估时,金融机构主要运用的工具为行为评分卡（Behavior Scoring Card，简称 B 卡）。不同于授信环节常用的申请评分卡（A 卡），B 卡通常基于授信后的客户行为来动态评估风险，包括但不限于评估信贷产品使用行为，例如借了几笔贷款、间隔多久、是否正常还款、是否提前还款、是否逾期等。除了用于定期（或实时）风险监控，B 卡还可以为定价、定额等策略的制定和调整提供重要支撑，并为贷后管理中的催收工作提供参考。

7.1.2 贷中精细化管理

贷中管理需要精细化的风险识别和客户管理，通过协同实现节流和开源来提升信贷产品的收益。风险识别关注客户长短期风险平衡、交易级别的高频风控、客户偿债能力动态评估等工作，进而支撑定价定额、活跃度预测、流失预警、交叉营销等客户管理工作。

1. 平衡长短期风险

在较短表现期内风险较低（如 3 个月或 6 个月）、在较长表现期（如 12 个月）内风险增加的客户群体，在短期信贷产品的 6 个月内或长期信贷产品的前 6 个月具有良好的表现和价值。我们把当前时间点往后 6 个月内的逾期风险定义为短期风险，6～12 个月内的逾期风险定义为长期风险。短期风险观察窗口短、模型识别效果较好，而长期风险和最终收益相关性大。传统行为评分卡通常用于预测客户在一整个较长表现期内（例如 12 个月）的风险。如果要实现同时考虑（和平衡）长短期风险的精细化管理，我们需要开发短期风险模型与长期风险模型并配套使用。例如，将短期好、长期坏作为目标变量，建立识别该类风险的概率预测模型，专门识别 6 个月后变坏的客户；又如，构建生存分析模型来预测客户严重逾期的时间。

2. 交易级风控

在循环额度产品（特别是涉及消费、出行等场景的循环额度产品）中，客户会产生高频、异质的用信行为，但同一客户不同交易订单的风险存在差异，只在客户层级建立统一行为评分可能不足以精细有效地评估风险行为，需要考虑构建交易层级的风险评估模型。除了常见的交易反欺诈风控外，交易风控还包括两种方式：一种是基于客户层面行为评分制定规则来约束客户的部分交易行为，例如限制特定类型交易、限定分期产品期数等；另一种是直接使用实时数据（包括调用第三方数据）来开发交易层级评分，例如当笔交易借款金额、分期期数等。交易级风控是实时决策的风控，与离线的定期客户管理相比，对系统响应能力要求较高，对风险管理水平要求也较高。

3. 偿债能力评估

信用风险主要由偿债能力和偿债意愿（或还款能力和还款意愿）决定，其中偿债能力是额度管理中非常重要的参考指标。偿债能力主要与收入水平、支出水平、负债情况等相关。但互联网信贷产品的客户一般难以直接获得准确可靠的收入、存款、房、车等资产数据。面对这种情况，贷中管理人员需要从日积月累的客户行为数据中持续提取与收入、支出、负债等相关的信息，通过精细化的挖掘和建模来侧面评估客户的偿债能力，进而对偿债能力低的客户采取降额、冻结账户、关闭账户等措施，对偿债能力高的客户采取提额、发放优惠券鼓励用信，降价（息费）提高活跃度等措施。

7.2 贷中管理模型体系

在贷中管理逐步从单一风险管理模式转向兼顾风险与收益的精细化管理模式的过程中，多种多样的贷中管理模型体系出现。本节主要介绍贷中管理涉及的风险管理模型、额度管理模型、特殊场景模型等，以及模型上线应用前的评估体系。

7.2.1 风险管理模型

在贷前阶段，金融机构掌握相对较少且止于申请时刻的客户信息，而进入贷中环节后，客户会持续产生履约行为数据，此时贷中管理人员可以通过 B 卡来定期评估和动态监控客户的变化。这种评估和监控一般不需要实时上线，而可以通过定期（例如逐月）离线方式开展，但也可以在定期离线评估基础上辅以 T+1 评估或实时评估。B 卡观察点可以是客户授信后的任意时点，评估对象可以是在任意时点往后一段时间（表现期）内的风险，在定期离线评估中通常按月滚动定义客户风险标签和特征数据。除内部数据（信贷行为数据）外，B 卡也可以根据需求查询第三方数据（如征信记录、多头借贷特征等）。B卡的标签定义、特征定义、模型构建、评估应用等内容与A卡有相似之处，本节根据贷中管理的特点再进行一些补充。

1. 标签定义

与贷前相比，贷中观察点可以是任意时刻，但一般取每月末时点。其中，在授信后首个观察点就已出现多日逾期的客户应归为排除（E）客户，其他客户归属GBI中的哪一类则根据表现期内的履约情况确定。

2. 特征定义

贷中常用特征仍然围绕还款能力和还款意愿来定义，包括但不限于履约历史、消费行为、收入水平、负债情况、活跃信息等。其中，对于各类特征，我们可以按不同时间窗口计算适当的统计量（例如最大值、最小值、均值、总和等），以形成衍生特征，也可计算斜率、变异系数等反映行为趋势的衍生特征。常见的贷中特征维度具体如下。

1）履约历史：主要为还款行为，包括是否提前还款（正面信息），是否按时还款（正面信息），是否曾经逾期（负面信息）。提前还款可能说明客户目前资金流动性充足、重视履约记录、该借款为续贷过桥借款、希望压降高息负债（例如获得了息费更低的其他资金来源）等；短期逾期后还款可能说明客户目前资金流动性紧张、不重视履约记录、习惯性逾期等。

2）消费行为：信用卡账单、借记卡账单、电商购物记录等消费数据刻画了客户的支出情况。其中，部分借款流向可能包含与逾期风险相关的负面信息，例如不良嗜好消费、超出收入水平的奢侈品消费等。

3）收入水平：包括流动性收入（工资、公积金）、固定资产等。

4）负债情况：房贷、车贷、消费贷、其他类型网贷等，可能存在多头共债风险。

5）活跃信息：客户在信贷产品相关平台上会表现出浏览、点击、消费等活跃行为。除薅羊毛等特殊客群外，通常客户活跃度越高，风险越低。

3. 模型构建

构建模型首先需要选择合适的样本，其中样本主键包括客户和时间。不同于A

卡中一个客户只在授信时点形成一个（相对独立的）建模样本，B卡中每个客户每月末都可产生一个（有一定相关性的）建模样本。因为同一客户不同月份的表现具有较强相关性，后续用于评估模型的样本中不应包括建模样本。B卡构建时，可用样本较多。我们可以设计合理的随机抽样规则，选择一定比例的好坏样本。抽样方法通常包括简单随机抽样和分层随机抽样，后者需要先根据业务需要将样本划分为不同类别，然后在每个类别下进行随机抽样，例如为了控制建模样本中的好坏比例而在好坏客户中分别随机抽样。在不同客群中建立分层模型时，我们也会用到分层抽样方法。

根据业务需求，我们可以构建多个贷中风险模型，例如，可基于内部数据构建内部B卡，基于外部数据构建外部B卡，其中，内部数据按月更新，内部B卡通常为定期离线模型；外部数据实时调用，外部B卡通常为实时在线模型。又如，按照客户信息厚度来分层，厚信息客群有丰富的信贷历史，薄信息客群缺乏信贷历史，两类客群风险识别难度差异大，可以分开建模。总的来说，精细化的贷中风险管理需要针对不同的客群，挖掘不同的信息，构建不同的模型，尽可能提升对各个客群的风险识别效果。

4. 评估应用

在模型上线前，我们需要充分评估模型效果，以判断是否达到上线标准。对于贷中模型，我们除了关注AUC、KS等整体风险区分度指标，一般还要关注细分客群效果，以及与其他工具（例如使用模型结果的策略）交叉应用的效果。此外，需要注意的是，风险评分对风险区分度的单调性通常较好，但其与盈利能力之间不是简单的单调关系，而可能呈现图7-1所示的非单调关系。风险评分居中的账户盈利能力较强，低分账户因风险高可能产生损失，高分客户可能较少支用额度，带来的收益较少，甚至不足以抵消运营成本。在评估贷中风险管理模型时，我们也要注意考虑其在风险评估之外的使用方式和价值。

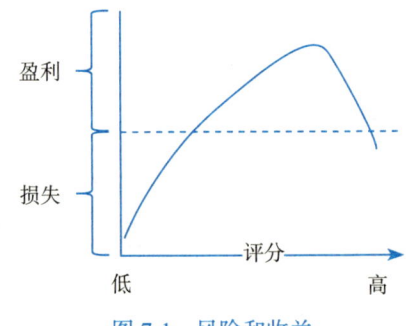

图7-1 风险和收益

7.2.2 额度管理模型

额度管理主要包括给定初始额度及后续额度调整两类动作，其中额度调整涉及主动提额、被动提额、降额等决策行为和背后的指导策略。本节介绍贷中额度管理的部分视角。

1. 初始额度给定

初始额度给定可采用矩阵额度法，考虑风险和收入（偿债能力）两个关键指标，通过交叉这两个指标生成额度矩阵。具体而言，我们可将收入和风险分别划分为高、中、低 3 个等级，交叉出 3×3 矩阵，其中 9 格中客户的资质各不相同，在适当假设下可得到沿对角线对称的额度分布。如表 7-1 所示，对低风险、高收入客户给予最高额度 20000 元，对高风险、低收入客户只能给予试探性额度 1000 元。这种交叉核心指标的矩阵法适合产品上线初期，即使没有过多数据提供验证也可施行。

表 7-1　矩阵额度法

	高收入 / 元	中收入 / 元	低收入 / 元
低风险	20000	10000	5000
中风险	10000	5000	3000
高风险	5000	3000	1000

2. 后续额度调整

在有一定数据积累后，我们可通过分析数据来设计调额策略。在 B 卡上线后，我们可按 B 卡分切段，先通过相关指标的联动分析测算出不同分数段的累计净收益，再结合业务目标制定符合业务发展的额度策略。评估额度调整策略的效果需要对照实验，其中包括筛选目标客户、划分调额组和对照组、观察调额组和对照组逾期变化情况、优化调额策略等步骤。需要注意的是，B 卡是基于当前额度下的客户表现构建的，在客户额度发生变化后其风险可能会随之变化，对应的 B 卡分数也会变化。对于那些额度需求不高的客户来说，采取保守的额度调整策略是较妥当的选择。额度管理的最终目标是在风险可控的情况下带来优质余额的增长，通常会与其他策略综合运用。例如，对于低风险客户，我们可以考虑调高额度、降低费率、提供多种借贷期限选择等操作；对于高风险客户，我们可以考虑降低额度、升高息费、关闭账户等操作。

7.2.3 特殊场景模型

除了以上常见的风险管理模型和额度管理模型，还有一些针对特殊客群、从不同视角出发构建的贷中精细化管理模型。

1）大额客群模型：提额一方面可能增大余额，另一方面也可能增加坏账，且由于违约的边际收益增加，对逾期金额的催回也可能更加困难，因此我们可以针对大额客群开发定制化风险管理模型。由于大额客群样本量相对偏少，从不同数据源补充查询并定向挖掘有价值数据有一定的价值。

2）M1客群模型：除了关注大额客户，我们也需要关注M1（即逾期1～30天）客户。从M1到M2的滚动率通常不高，不应对全部M1客户启动关闭账户处置，而应对M1客群进行建模，根据对其后续风险的评估来进行差异化管理，包括但不限于催收方式选择、关闭账户处置选择等。建模时以M1客群升期滚动情况定义好坏，例如滚到M3为坏，否则为好。该模型的主要目的是避免对较好客户采取激进措施，争取与其修复和维持正常关系。虽然该模型也可指导催收，但并非催收评分卡（C卡），而是一种特殊场景的B卡。

3）交易级模型：B卡构建时一般针对客户（或账户）层级。如果要构建交易级模型，我们需要将每个订单作为一个样本。该订单申请时间是观察点，观察点之前N天（一般是1年）是观察期，观察点之后N天（例如180天）是表现期。每笔订单会有一个风险标签。交易级模型的优点是样本量大、信息丰富，同一个客户有多笔订单，相当于对同一客户在不同时间点进行观察；缺点是由于多笔订单可能属于同一个客户，样本之间不满足独立同分布，同一客户的多笔订单的表现结果可能不一致。

7.2.4 模型评估体系

前文介绍了评估模型效果的多种指标，包括KS、AUC、LIFT提升度等效果性指标和PSI等稳定性指标。我们在模型上线前主要关注效果性指标，上线后还要关注稳定性指标。

对于主行为评分卡来说，我们除了要关注其在整体客群上的效果，还要关注在不同客群中的效果，进而制定分客群的差异化策略。不是所有低于 600 分的客户都要被拦截交易或关闭账户，高收入客群的拦截分数可能是低于 620，重度多头客户的拦截分数可能是低于 580，不同客群在各自边际风险下的阈值不同。图 7-2 展示了账龄分群、多头分群、收入分群的风险分布和模型 KS。可以看出，不同客群的风险分布和模型效果有着明显差异。

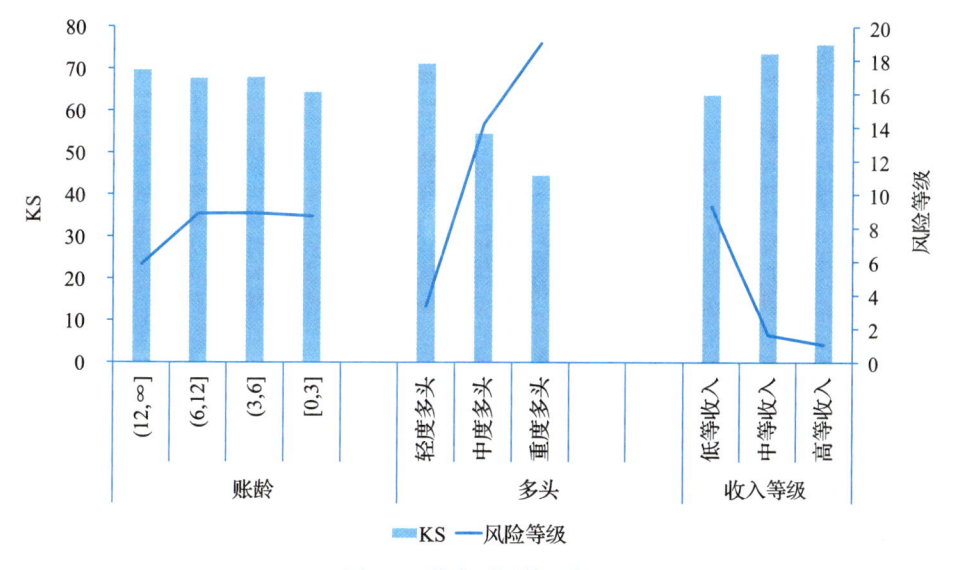

图 7-2　分客群评估示意图

对于特殊场景模型而言，它的价值是通过在主行为评分卡外的增益效果来体现的。因此，我们除了要关注客群整体效果和分客群效果，还要考虑与主模型的交叉评估。图 7-3 展示了对比特定的模型和主评分卡的交叉效果的示例。主模型和特殊场景模型均按 10 档等频分箱，纵向是主模型分箱，横向是特殊场景模型分箱，计算交叉的人数和风险。可以看到，两个模型有很强的相关性，交叉部分主要分布在对角线附近，风险则呈现左右和上下两个维度方向的递减，体现出较好的交叉效果。特殊场景模型所提供的交叉增益可用于（从被主模型拒绝的客户中）进行拒绝捞回和（在被主模型接受的客户中）进行拒绝新增（又名"换入换出"）。

	1	2	3	4	5	6	7	8	9	10	总计
cnt											
1	8%	2%	0%	0%	0%	0%	0%	0%	0%	0%	10%
2	2%	4%	3%	1%	0%	0%	0%	0%	0%	0%	10%
3	1%	2%	3%	2%	1%	0%	0%	0%	0%	0%	10%
4	0%	1%	2%	3%	2%	1%	0%	0%	0%	0%	10%
5	0%	0%	1%	2%	3%	2%	1%	0%	0%	0%	10%
6	0%	0%	0%	1%	2%	3%	2%	1%	0%	0%	10%
7	0%	0%	0%	0%	1%	2%	3%	2%	1%	0%	10%
8	0%	0%	0%	0%	0%	1%	2%	4%	2%	0%	10%
9	0%	0%	0%	0%	0%	0%	1%	2%	5%	2%	10%
10	0%	0%	0%	0%	0%	0%	0%	0%	2%	7%	10%
pd											
1	22%	10%	8%	7%	6%	5%	5%	4%	2%	8%	10%
2	8%	6%	5%	4%	4%	4%	3%	3%	2%	2%	5%
3	6%	3%	3%	3%	3%	2%	2%	2%	1%	1%	3%
4	5%	3%	2%	2%	2%	2%	1%	1%	1%	1%	2%
5	4%	3%	2%	1%	1%	1%	1%	1%	1%	0%	1%
6	4%	3%	2%	1%	1%	1%	1%	1%	0%	0%	1%
7	4%	3%	1%	1%	1%	1%	1%	0%	0%	0%	1%
8	3%	3%	1%	1%	1%	0%	1%	0%	0%	0%	1%
9	0%	3%	1%	1%	1%	1%	0%	0%	0%	0%	1%
10	3%	1%	1%	1%	1%	0%	0%	0%	0%	0%	0%

图 7-3　交叉评估示意图

7.3　分客群贷中管理

不同客群间存在较大差异，很难有单一模型或策略能有效适用于所有客群。基于不同客群制定差异化策略，是精细化管理的必然选择。

在线信贷通常基于 App 客户端开展。在使用 App 的过程中，客户在频繁做出登录、浏览、点击等行为时主要产生了基础属性、信贷交易、App 活跃 3 类数据。基础属性指的是客户的年龄、性别、户籍地、常驻地、学历、婚姻状态等。这类数据是个人的基础属性，与平台无关。信贷交易数据是客户在授信后的借款和还款情况，对于有场景的消费信贷来说，还包括消费交易明细等信息。App 活跃数据记录了客户访问 App 的各种行为偏好，例如浏览页面情况、夜间登录情况、登录所用设备等。除 App 信息外，平台还会调用征信报告等第三方数据。结合这些内部数据和外部数据，客群划分可以是基于单一数据维度的分群（参见表 7-2），也可以是基于多个数据维度的复合信息分群（如客户价值分群等）。

最简单的单一维度分群是基于基本属性的分群，每个属性类别代表的客群有非常明确的含义，一般没必要进行信息交叉。此外，我们也可以构建基于风险属性的分群，如不同收入客群、是否有现金贷需求客群、不同账龄客群、额度使用程度客群、不同逾期程度客群等。这类客群对建立风险决策体系非常重要，关注这些客群可以有效了解资产风险情况。以收入分群为例，我们可以根据月收入水平把客户分成不同客群。图 7-4 展示了不同收入群体的人数分布和风险水平。可以看到，人数占比随收入增加先增后减，风险则随收入递增而递减。对于信贷产品来说，高收入客群最优质但总数较少，中低收入客群才是主力客群。收入分群对于风险管理模型和额度管理模型都有很大价值，例如不能给收入低的客户过高额度，超出还款能力的提前消费可能引发道德风险等额外的不确定性。

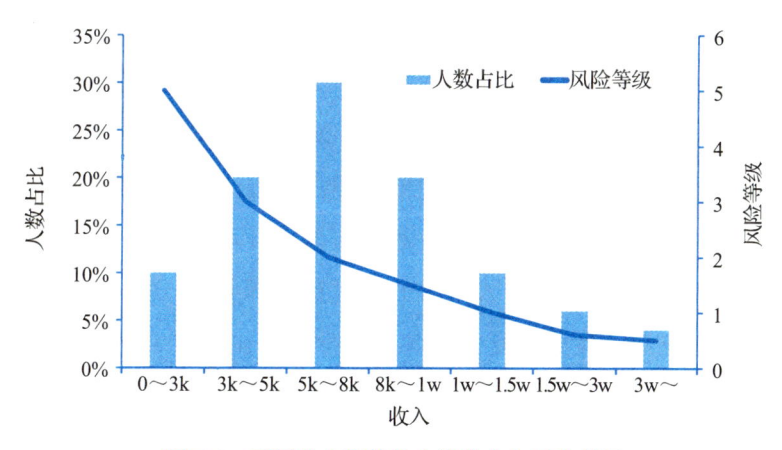

图 7-4 不同收入群体的人数分布和风险等级

表 7-2 常见单维度分群

维度	分类
年龄	青年、中年、中老年
性别	男、女
城市等级	一线、新一线、二线、三线及以上
职业	公务员、医院、教育、服务业、白领、蓝领、金融等
活跃	近半年活跃、近一年活跃、历史活跃、从不活跃等
多头程度	非多头、轻度多头、一般多头、严重多头
收入等级	富裕、中产、中收、低收
现金贷需求	是、否
额度使用率	高、中、低
逾期程度	未逾期、轻度逾期、中度逾期、重度逾期

除了上述基于业务逻辑的常见分群标准，我们也可以通过数据驱动的方式建立分群。例如，对各个特征进行单变量分析，挑选出风险区分效果好且稳定的特征，再结合业务含义选择合适阈值划分。以上分群方式在业务稳定发展期较为有效，但当行业发生踩踏的风险急剧上升时，可能需要进一步挖掘潜在的新风险人群。这时，我们可以重新进行单变量分析，观察是否有新增的有效特征，考虑把这类特征用作临时的分群依据。

复合维度分群是采用多维信息交叉决策。一种经典分群模型 RFM 是通过最近一次消费（Recency）、消费频率（Frequency）、消费金额（Monetary）3 个维度来划分出价值客户、发展客户、保持客户、挽留客户。智能营销中，一般通过多维信息把客户分成 4 类：营销敏感人群、自然转化人群、无动于衷人群、反作用人群。信贷领域关注的多头借贷程度分群也是一种复合维度分群。在征信报告、行业多头数据源包含许多信贷账户信息，涵盖注册、申请、借款、还款、逾期等多个维度，任意基于单变量划分都不能充分利用这些信息，只有综合这些多源多维特征，才能建模得到多头借贷程度并进行分群。常用的聚类、决策树等各种算法都能自动对样本进行分群，得到的结果都可以认为是复合维度分群。用 A 卡或 B 卡进行分群也属于这一类。

在完成客群划分后，我们需要针对各个客群的不同特点和需求，分别构建适当的模型和/或采取针对性的管理策略。表 7-3 举例说明了不同分客群下常见的贷中管理策略。

表 7-3 分客群的常见管理策略

客群类别	管理策略
渠道分级	对于低风险渠道，加强营销获客；对于高风险渠道，要求补充进件材料，或者补查数据源
多头等级	对于轻度多头，给予更高额度；对于严重多头，调低通过率，给予较低额度
收入分级	对于低收入人群，给予低额度，根据后续表现逐渐调整；对于高收入人群，给予高额度
活跃度分群	对于睡眠客户，及时唤醒，以防流失；对于高活跃客户，交叉营销
逾期分群	根据逾期程度，动态分配催收资源

第五篇 *Part 5*

贷后管理

- 第 8 章　贷后评分体系
- 第 9 章　贷后运营体系
- 第10章　不良资产定价

作为信贷风险的最后一道防线，贷后管理目标是及时发现不良贷款和风险变化，并采取相应风险管控措施，以保障金融机构的资产质量。本篇将探讨贷后管理的业务场景、核心内容，以及相关方法和技术。第8章介绍智能贷后评分体系的构建——基于风险维度对逾期客户进行差异化标识与划分；第9章介绍以保障资源最优配置为目标的贷后智能化运营体系；第10章介绍不良资产的定价和处置方法。

第 8 章

贷后评分体系

贷后评分是一种根据借款人的违约情况和还款表现等因素来评估其信用风险的方法。贷后评分体系从多个视角识别风险和划分客户，为贷后精细化管理策略的制定提供依据。本章介绍围绕贷后关键业务指标构建的智能贷后评分体系。8.1 节介绍贷后业务场景和管理方法，以及智能贷后评分体系的主要架构；8.2 节从传统滚动预测评分卡的不足出发，阐述了跨期滚动预测评分卡的价值；8.3 节介绍了多模态数据融合技术在贷后评分体系中的应用。

8.1 贷后管理简介

8.1.1 贷后场景与业务

在通过获客、准入、授信、用信等环节后，大部分客户会按时完成还款，顺利走完一次信贷周期；但也存在部分客户，以短期资金周转问题、忘记还款日期、不熟悉还款渠道、不愿意还款等理由未能按时还款而进入贷后管理阶段。作为信贷全周期管理流程的最后一环，有效的贷后管理能够挽回逾期客户、降低违约风险，还能围绕违约客户降低坏账核销金额和协商还款成本，尽量提升收益。

对于逾期客户，贷后管理人员需要考虑客户的还款意愿和还款能力，合理合法使用提醒短信、提醒电话等方式与客户协商还款计划。由于短信、打电话、机器人通知等协商告知方式的成本和协商效率存在明显差异，且不同协商方式每日可调用数量有限，因此贷后管理人员要解决的实质上是一个资源优化配置问题。一方面，在贷后业务中，对逾期客户展开协商跟进工作，通过多种方式进行多轮协商，会产生大量的人力费用、线路费用、服务器费用。另一方面，强大的贷后管理能力是信贷业务良性、长期发展的有力后盾。金融机构如果有高效化解存量风险的能力，贷前和贷中也会得益，前端资产筛选的限制得以拓宽，并能可持续地进行客户规模和资产规模的扩大，取得竞争优势。不论从成本优化还是从风险经营角度看，都对贷后精细化管理提出更高要求。金融机构需要根据对每位客户的充分评估来分配贷后资源，在资源总量有约束的情况下最小化成本、最大化收益。

与贷前和贷中相比，贷后管理具备决策连续、结果显性和反馈迅速的特点，如图 8-1 所示。这些特点直接或间接地影响贷后管理设计，尤其影响贷后评分与决策模型的设计。

图 8-1　贷后管理特点

1）决策连续：贷前管理的主要决策发生在客户申请时，贷中管理的主要决策发生在某笔交易发生时，这些决策相对离散且前后依赖性较弱。然而，就贷后管理而言，金融机构在每位客户逾期的整个时间段里，每天都需要做出是否与客户进行协商、用什么方式协商、委托哪位话务员/机器人具体执行等相互关联的一系列决策，并依据响应情况和风险状态做出一系列应对行为。金融机构关注如何保证这些序列决策连续以及最终收益如何最大化。

2）结果显性：每次协商谈判都会有明确的结果，如是否触达客户、协商是否有进展、客户是否有回款等，为协商效果评判提供了显性且客观的依据。随着数字化作业系统的普及，贷后阶段与客户每次协商谈判的过程和结果都会被系统记录，跟进结果数据以更细的粒度和更原始的形态存储，为展开作业情况分析并以数据驱动贷后管理优化奠定了基础。

3）反馈迅速：与贷前、贷中需要长达数月表现期来确认风险结果相比，贷后反馈更迅速。例如，客户能否被电话触达在电话拨出后一分钟内即可知，客户在协商后能否回款也仅需要几天即可知。从模型构建角度看，贷后模型设计更需要考虑时效性，常用 3～5 天的表现期作为短期效果或风险的反馈采集窗口。因此，带有目标变量标签的样本采集迅速，具有很强的时效性，与模型应用时的情况几乎不存在偏差（概念漂移不再是问题）。

8.1.2 贷后分期和协商

由于不同逾期时长的客户构成有较大差异（见图 8-2），在协商方式上也有较大区别，因此贷后管理通常按逾期时间分为早期、中期、晚期。不同阶段的管理侧重点会有所差异。在早期阶段，客户逾期原因较为多样，例如忘记产品最后还款日、短期流动性出现问题等。通常，早期客户的接通率较高、沟通意愿较好，大部分客户适度提醒或触达即可回收欠款，甚至部分客户不需要协商也会自行补还。因此，在该阶段，贷后管理人员需要注意面向高风险且需要长期协商沟通的客户的资源投入，尽早介入以免其升期（即拖入中期）。中期阶段是贷后管理中难度最大的"拉锯期"。经过早期阶段的提醒与协商，剩余未还款客户的差异性已较小，但还款可能性与晚期相比还处于较高水平。此时，与客户沟通需要较好的协商谈判技巧，协商成本比早期高，需要注意有效分配资源，提升管理效率。在晚期阶段，经过较长时间协商，大部分有还款能力和还款意愿的客户已还清欠款，剩余多是还款能力或还款意愿不足的高风险客户。此时，管理重点是判断仍有还款可能性的客户，与之协商争取还款，以提高回收效率。

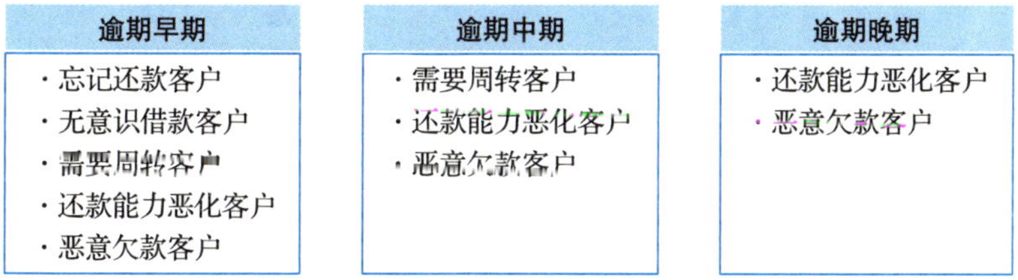

逾期早期	逾期中期	逾期晚期
·忘记还款客户 ·无意识借款客户 ·需要周转客户 ·还款能力恶化客户 ·恶意欠款客户	·需要周转客户 ·还款能力恶化客户 ·恶意欠款客户	·还款能力恶化客户 ·恶意欠款客户

图 8-2　贷后各阶段客户构成

不同贷后协商方式具有触达渠道和跟进强度的差异，对逾期客户的差异化管理常通过选择不同协商方式来体现。具体而言，我们可以按照协商强度和单日可承接量将协商方式划分为主要协商方式和辅助协商方式。主要协商方式是对客户的持续跟进协商，常用方式是电话沟通。传统电话沟通多由人工坐席执行，在一段时间内多次尝试触达客户并展开多轮协商对话。人工坐席协商能充分发挥情绪洞察能力与协商谈判能力，帮助逾期客户认知不良后果以主动补还欠款。近年来，智能语音机器人电话跟进的作业方式出现。机器人具有成本较低、单日协商数较多、能在休息日作业等优点。它的缺点是协商效率高度依赖技术水平，如语音识别准确度、对话灵活度、语音合成逼真（拟人）度等。辅助协商方式包含信息推送、协商短信等方式，主要目的是多路径触达、提醒和告知。辅助协商方式多是非交互式，无法及时获得客户对协商的反馈，也无法在单次协商过程中灵活调整或层层递进。

8.1.3 贷后评分卡体系

对逾期客户展开差异化贷后管理工作的前提是对客户的差异性刻画。我们可以通过构建针对贷后客户的多种评分卡，以从多视角审视贷后客户在不同维度上的差异性。不同于贷前和贷中评分卡主要关注客户逾期风险，进入贷后管理阶段的客户均已发生逾期，贷后评分卡应围绕贷后业务的重要指标进行构建，以提升贷后催收的效能。贷后评分卡体系（见图 8-3）通常包括滚动率、失联率、接通率、回收率等多类预测目标。

图 8-3 贷后评分卡体系

1）滚动率预测评分卡一般用于预测客户是否会进入逾期的下一阶段，如果将其改造为跨期滚动预测评分卡也可以用来预测未来 30 天（表现期）内是否会还款。

2）失联概率评分卡是预测客户未来一段时间内的失联概率。

3）接通率预测评分卡是预测金融机构对客户拨打电话后该客户的接通概率。

4）回收率预测评分卡用于预测逾期客户的金额回收率。

8.2 滚动预测评分卡

贷后评分卡的主要目标是预测客户逾期状态是否延续（即评估客户逾期账期滚动概率），衡量的也是客户的信用风险等级。金融机构通常会为逾期各阶段分别建立短期贷后评分卡、中期贷后评分卡和长期贷后评分卡，以判断在不同逾期阶段的客户风险等级（分客群滚动率预测评分卡）。这种先划分客群再分客群依次构建评分卡的方式，一方面有助于业务人员理解不同客群基于评分卡的决策依据，另一方面借助分段建模让逻辑回归模型具备非线性拟合能力、提升预测精度。随着对 XGBoost、LightGBM、catBoost 等树模型和 Wide&Deep、xDeepFM、AutoInt 等神经网络模型的应用日趋成熟，分客群建模方式不再是唯一选择。此外，由于逾期晚期阶段训练样本相对稀少，相应评分卡易出现欠拟合。为解决这类数据稀疏性问题，我们可以考虑将各逾期阶段样本合理抽样，重新定义（多元）预测目标，然后运用多任务学习方法训练跨期滚动预测评分卡。

8.2.1 传统滚动预测评分卡

滚动率是指逾期账户余额（或账户数量）从一个逾期阶段流转到下一个阶段的百分比，可用于描述每个逾期阶段直至核销时账户的流转情况。通常，逾期阶段以逾期天数划分，逾期 1～30 天为 M1，逾期 31～60 天为 M2……以此类推。进入逾期的资产如果长时间未能回收，经过从 M1 至 M2，M2 至 M3 直至 MN，逐期流转，最终成为坏账，直接影响金融机构营收。我们可以通过对滚动率的预测来预估每笔个人信贷类资产未来产生损失的概率，从而刻画进入逾期后的资产风险水平。这对贷后管理至关重要。

通常，传统滚动率评分卡采用账户级建模方案，预测单个逾期账户流转进入下一逾期阶段（通常称为"升期"）的概率。基于升期概率区分客户风险水平，有助于展开差异化协商还款工作，对高风险案件提前介入并适当增加跟进力度以增加回收，对低风险案件弱化跟进以节约成本。

逾期客户还款集中在早期，随着期数升高，还款概率不断降低，进入逾期晚期的客户还款概率极低，因而逾期早、中、晚期客群的滚动率差异较大，如图 8-4 所示。传统滚动预测评分卡通常采用分阶段客群建模的方式，预测给定逾期阶段客户滚动 1 期（或 N 期）的概率，例如对 M1 客户滚动至 M2 的概率建模，对 M2 客户滚动至 M3 的概率建模，对处于某期的客户滚动 N 期直至坏账的概率建模等，以实现有效预测客户长短期风险水平。模型设计方案通常与策略密切相关。早期逾期客群内个体差异大，还款概率（即挽回损失的概率）较高，因此金融机构通常会对客群进行较细致的逐阶段建模和较精细的风险等级划分，并设计差异化的协商力度和协商手段。逾期中晚期客群还款概率小，回收成本高且难度大，因此金融机构可以进行委外管理或通过资产出表等方式对此类客群资产打包处理。此时，对客群内部进行细致划分意义不大。

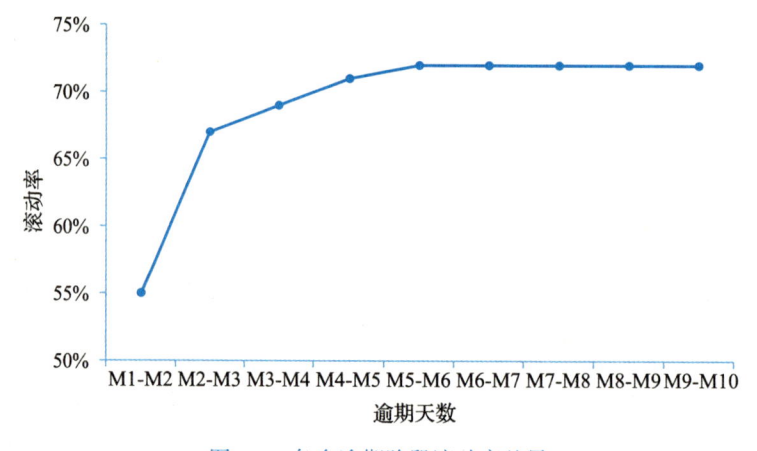

图 8-4 各个逾期阶段滚动率差异

传统滚动预测评分卡存在一些不足。

1）模型体系复杂，管理难度大，模型复用率低。对各个逾期阶段进行单独建模会使模型体系复杂，如果再考虑不同信贷产品、不同授信渠道、不同客户资质等因素进行分客群建模，那仅在滚动预测评分卡场景就要搭建并维护数个乃至 10 余个模型，模型管理风险和成本较高。而且，单个模型通常为具体业务需求定制，仅针对单一逾期阶段客群，一旦其他客群或场景产生新需求，原有模型很难迁移和适用。

2）对贷后风险水平刻画相对分裂。对各逾期阶段客群进行单独建模，使得虽然各个模型得分都是对客户贷后风险的度量，但由于样本分布差异较大，风险度量结果之间没有直接可比性。既无法对逾期早期客户风险评分和逾期中晚期客户风险评分进行横向比较，也无法对同一个客户在不同逾期阶段的风险评分进行纵向比较，不利于业务侧开展长周期和跨逾期阶段客群的贷后整体风险管理。

3）基于逾期阶段建模，客户滚动至下期的概率会受到升期日影响。客户升期日即客户从一个逾期阶段进入下一个逾期阶段的日期，比如从 M1 升期至 M2，那么升期日即客户逾期的第 31 天。由于不同客户进入逾期的日期不同，在客户升期日存在差异的情况下，在某一固定时点观察，距离下一升期日越近的客户升期概率越高。

4）逾期客户中有效还款从而未升期的正样本大量集中在逾期早期，而逾期中期及晚期正样本数量骤降，这种样本极不均衡的情况会影响逾期中晚期的风险建模效果。

8.2.2　跨期滚动预测评分卡

要弥补传统滚动预测评分卡的不足之处，我们就需要考虑构建不局限某一特定逾期阶段客群、跨越不同逾期阶段客群的滚动预测评分卡。

传统的有监督学习类方法只针对单一确定的目标变量进行建模，对复杂问题常采用系统思维将其分解为相互独立的简单子问题并分别建模，最终合并结果得到复杂问题的解决方案。这样做忽视了各个子问题间的关联信息，一定程度上会导致部分重要信息的丢失。虽然不同逾期阶段客户的风险水平具有显著差异，但是本质上都是客户还款能力或还款意愿出现问题，且逾期晚期的客户也曾是过去某一时点的逾期早期客户和逾期中期客户，因此对客户贷后风险评估应该是全周期、连贯性的。

近年来，多任务学习方法逐渐兴起。我们可以整合不同逾期阶段客户的风险预测任务，通过任务之间的交叉学习和相互泛化来提升整体预测效果，并有效解决拆解子问题建模造成的模型体系过于复杂的问题。基于多任务学习的思路，我们可以将有差异化的各个逾期阶段的客群贷后评分任务进行联合学习，设计出跨期滚动预测评分卡。具体建模方案如下。

1. 建模目标选择

传统滚动率预测评分卡是预测逾期某一期客户滚动至下一期（即升期）的概率。从贷后风险视角看，对于不同逾期天数的客群，逾期天数越长，整体贷后风险水平越高，两者存在较直观的正向关系。然而，如果使用升期概率作为建模目标，与这种对贷后风险的认知矛盾。由于升期日的存在，同一逾期阶段内临近升期日的客群往往具有更高的升期概率，甚至可能高于逾期天数更长的客群。此时，从全量逾期客群来看，模型预测目标是以升期时点为界限的分段函数值。这种分段函数的拟合往往采用多个子模型，如果采用同一模型进行跨期建模，拟合效果可能不佳，尤其在分段点位置表现较差，如图 8-5 所示。

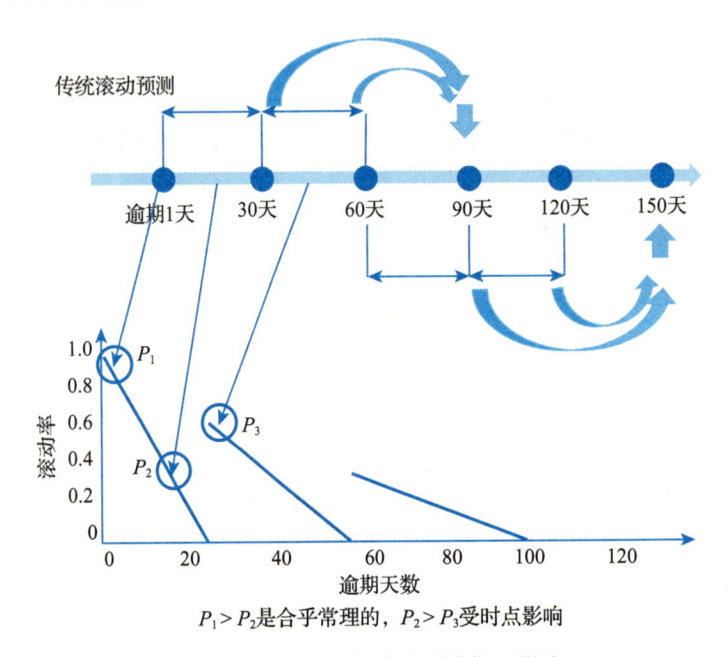

图 8-5 客户滚动概率受到升期日影响

$P_1 > P_2$ 是合乎常理的，$P_2 > P_3$ 受时点影响

跨期滚动预测评分卡不再考虑基于升期日的标准滚动率计算口径，而是采用滑动窗口滚动定义，即以客户逾期滚动至 T 日后的概率作为建模目标（基于实际需求采用不同定义方式可生成多个建模目标）。此种定义可以实现基于窗口滚动表示的贷后风险水平与逾期天数的关系呈一条平滑线，具有同向上升的趋势，避免了升期日前后风险出现跳跃的情况（见图 8-6）。一种常见的时间窗口 T 长度选择为 30 天，这样

对于处于升期日的客户，预测的恰好是其滚动向下一个周期的概率，与标准的滚动率计算口径基本对齐。业务实践表明，在剔除升期日影响后，基于此目标定义的贷后风险评分卡在对贷后风险的整体把控和对客群的风险分析上更准确。

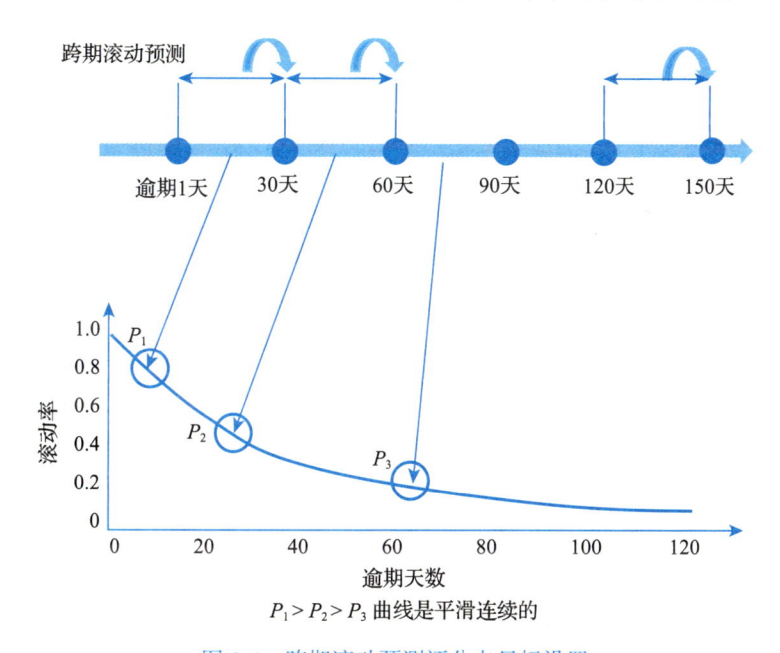

图 8-6 跨期滚动预测评分卡目标设置

2. 建模样本设计

通过重新定义建模目标的方式，我们能够将全量贷后客群放在同一条贷后风险水平表示曲线上，从而具备了使用统一模型进行跨期拟合的基础。由于早期回收率较高，滚动率明显低于中晚期，各期正负样本比例存在极大的差异，因此在建模时从各期客户进行采样的比例需要仔细斟酌、反复调整。恰当的采样策略通常需要考虑以下几点。

1）从样本量级看：一旦进入逾期阶段，随着逾期时间增加，客户量就存在"只少不多"的特性，贷后客户量级按逾期阶段分箱后整体呈现逐期单调减少的现象。由于早期样本中存在大量忘记还款、短期周转需求造成的不会进入逾期中晚期的客户，早期样本量往往显著高于中晚期。通过相对量级均衡的采样方式可以稀释这种差异，在原始分布上降低早期样本占比、相对提升中晚期样本占比，可以让模型不会过于受早期情况影响而对中晚期客户风险拟合较差，提升模型整体表现效果。

2）从正负样本特性看：在跨时间采样时，贷后正样本在还款（退出逾期状态）后不再出现，贷后负样本一直处于逾期阶段，会在各个采样时点反复出现，容易被重复采样。一方面，如果跨时间负样本由同一批人组成，模型泛化能力难以保障，难以学习到各类差异化客群的特点；另一方面，如果跨时间采样的客户完全不重复，模型无法捕捉风险随时间变化的规律。对正负样本的采样策略对模型表现有较大影响。我们通常需要根据业务场景选择一种合理、均衡的采样方案。

3）从客群特性看：早期逾期客户中存在大量忘记还款或短期周转困难的人群，这些人群是否进入中晚期逾期会受随机因素影响，而非明显的还款意愿差或还款能力不足的问题。对于这类人群，既需要从贷后管理视角评估其风险，也需要从贷中管理视角进行补充。经验表明，在贷后建模中引入贷中视角（例如加入一些未逾期客户在滚动窗口内的还款表现）能够有效提升逾期早期客户的风险刻画能力。

3. 建模方法设计

通常，我们选择具有较好非线性拟合能力的集成类模型、深度神经网络类模型来构建多任务学习框架（见图8-7）。例如，在GBDT（Gradient Boosting Decision Tree，梯度提升类决策树）类模型中加入描述多任务类型变量的方法，可以使模型在学习过程中考虑到任务间差异，能够较好地对多任务样本进行拟合。又如，通过自定义损失函数、权重设计等方法，可以在深度神经网络（如MMoE、PLE等）中实现共享参数、共用特征表示等，也能达到较好的跨期贷后风险拟合效果。

4. 模型效果评估

跨期滚动评分卡的效果评估主要从以下方面考虑。

1）模型层：基于一些通用的模型效果指标（如常见的AUC、KS、准确度等）判断模型对数据的拟合情况是否足够好。

2）业务层：评估模型对贷后管理业务的增益。一方面在分数分箱后基于Lift等指标描述模型对贷后回款情况或滚动情况的预测能力；另一方面针对业务关心的问题或特定的业务场景展开模型效果分析。

图 8-7　模型架构示意图

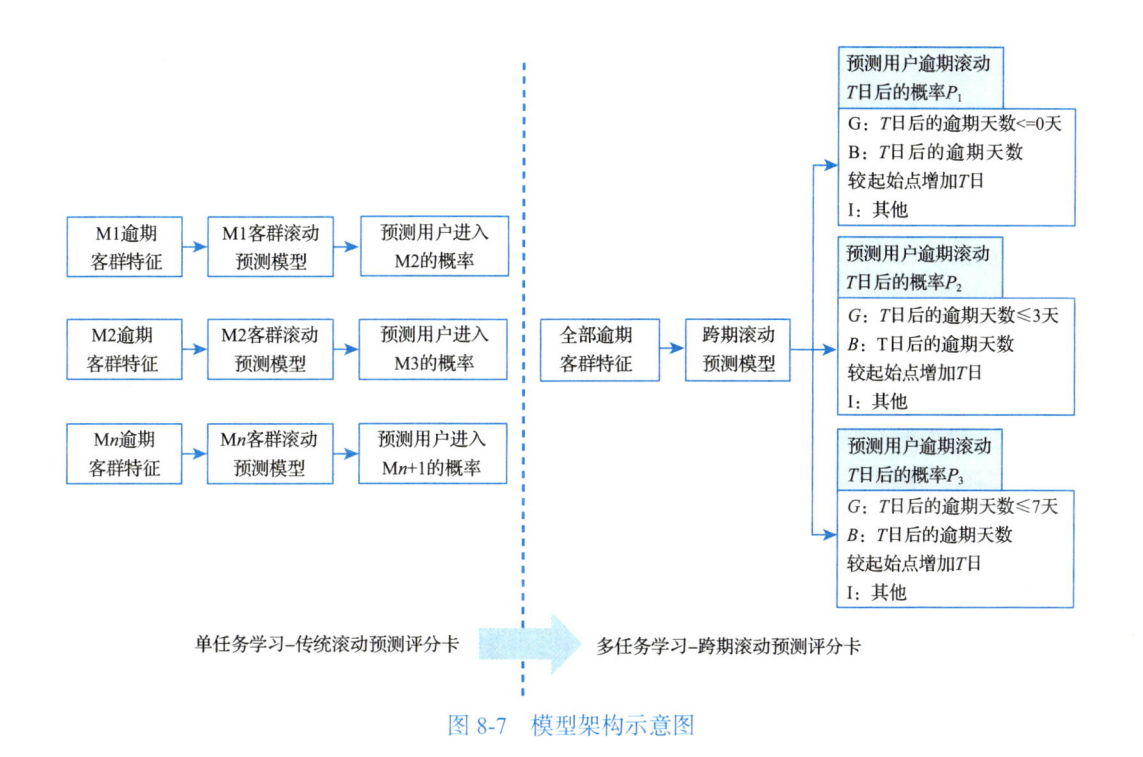

3）运营层：贷后评分具有相对高频的特点，因此我们需要关注模型在实际使用过程中的评分稳定性、核心特征稳定性等，例如 PSI 指标分析、迁移矩阵分析等。

4）多视角：在多个子客群上进行模型效果分析。常用于模型效果评估的客群划分维度包括分逾期阶段客群、分升期日客群、不同授信渠道客群、多头客群等。

8.2.3　跨期滚动预测评分卡运营

在滚动预测评分卡开发完成后，模型的运营工作也至关重要，有时甚至决定了模型的价值上限。我们需要对模型进行长期的生产维护与效果监控，持续推进模型应用和策略制定，才能使模型在贷后管理业务中切实发挥稳定、有效且风险可控的作用。

确保模型生产正常和稳定是模型运营工作的一个重要方面。在滚动预测评分卡在完成模型训练后，我们通常需要开展模型部署工作，对全量逾期客户的风险进行评分。并且这种评分需要基于客户信息和行为的变化不断更新。贷后场景需要相对高频决策，模型评分常按日更新，每日都会有新进入逾期的客户和需要重新进行协商力度及协商方式调整的客户。在逾期早期，为尽可能早地挽回损失，调整频率更高，3～5 天进行一次协商方式调整较为常见。这种高频决策场景对模型效果的长效稳定提出了更高要求。

在模型上线后，我们需要对模型的评分覆盖度、评分分布稳定性、风险区分能力、各分数段风险水平稳定性等进行长期监控。首先通过自动化脚本逐日对打分结果进行各类评价指标的计算；然后将指标配置在在线报表系统上，辅以各类可视化图表，使得每日评分更新情况清晰可见。一旦指标值超出合理区间，引发业务系统告警和熔断机制，模型维护人员将紧急排查评分异常原因，同时系统将自动触发备用方案（如使用前一日历史评分、切换决策分支等，一般由业务人员与建模人员在模型上线前共同制定）。对此类评分异常情况的处理，通常还会包括事中的问题修复、事后的复盘、预防问题重复发生等流程。

模型运营的另一个重要方面是对模型使用的推广。最普遍的应用场景是作为贷后决策依据，基于评分卡对于客户贷后风险水平的判定，对不同风险水平的客户展开差异化跟进，包括但不限于差异化的跟进强度和跟进手段等。大量的贷后处置实践表明，通过使用滚动预测评分进行差异化处置，能够在成本可控的前提下尽早挽回逾期资产损失。滚动预测评分作为客户风险水平的标尺，也可以应用在直接决策之外的各类分析场景中，如逾期资产质量监控、客群对比分析等，且可与贷前申请评分卡、贷中行为评分卡等一道构建客户全信贷生命周期的风险指标体系，展开资产风险和收益的长期分析和监控。此外，在后续章节将要介绍的贷后智能化运营业务中，滚动预测评分卡对智能分案、智能作业等模块的搭建也具有重要作用，一方面可以此为重要变量或依据展开后续模型或策略的搭建，另一方面能有效地解决部分推荐模型的冷启动问题。

8.3　多模态数据融合技术赋能贷后评分

随着深度学习技术的发展，自然语言处理、语音数据挖掘在工业界大规模落地。除了传统的结构化数据，贷后管理也会沉淀以语音、文本等非结构化形式存储的跟进过程数据，从中挖掘客户的个人性格、借款动机、经济状况等信息，了解客户的还款意愿和还款能力。贷后评分卡的训练样本可以包含来自协商沟通的文本类和语音类数据，其训练样本的量级和规模较大，足以支撑深度学习所需的样本需求，且其较好的实时性能有效反馈逾期客户当下的还款意愿和能力，因此基于多模态数据融合技术来建立客户风险度量体系成为新的解决方案。

8.3.1 贷后语音文本数据的记录和挖掘

在贷后管理过程中，我们会在不同阶段频繁地对案件进行再分配。常见方式是根据催收评分卡和逾期天数进行分群，对不同的客群采取不同的处置手段。这种方式对数据和特征的实时性要求高，依赖随逾期时间变化明显、有强区分度的特征。贷后场景特征主要分两类，一类是随逾期时间变化不会有太大波动的静态特征，例如职业、收入等客户画像信息，购物、App 操作等行为信息；另一类是会随逾期时间变化而持续变化的动态特征，如逾期天数、逾期金额，以及在沟通、协商、承诺还款、延期还款、部分还款、履约等过程中的多次沟通和谈判过程和中间结果。

图 8-8 展示了语音机器人或人工坐席与客户沟通交互的信息记录过程。按照合规要求，一般和客户沟通协商过程都是标准化的。核心步骤主要包括自我介绍、确认本人、告知逾期、协商还款。语音机器人主要依赖对话管理系统和语音生成系统来自我介绍，并向客户确认信息，客户回答后需要进行语音识别和意图识别，得到诸如"客户承诺还款""语音助手接听""客户全程沉默"等催收记录（催记）标签。人工坐席沟通过程通常时间更长，内容比语音机器人丰富，但人工标注的催记标签相对准确性更低，需要通过催记质检手段来保证准确性。

为有效挖掘沟通过程数据，一种方式是基于历史语音催记数据加工催记特征，例如利用意图识别方法或人工手动标注的催记标签来加工得到结构化特征。这种方案依赖 NLU（Natural Language Understanding，自然语言理解技术）的效果和人工标注的准确性。另一种方式是先将对话录音通过 ASR（Automatic Speech Recognition，自动语音识别）技术转为文本，经人工审核提取标签信息供建模，或者直接将文本作为输入数据参与后续端到端的、包括预训练和微调的建模。然而，这两类方式可能丢失客户情绪状况等信息，只能通过上下文信息进行表征，而直接使用原始语音数据可以最大限度保留原始信息，因此使用原始语音数据也是一种有价值的方式。

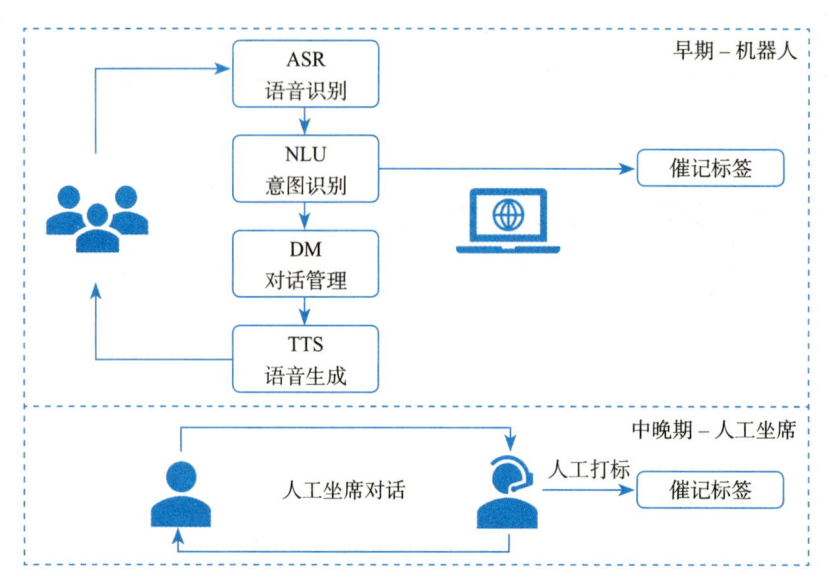

图 8-8　催收过程中的语音和文本

8.3.2　语音文本多模态数据的应用

多模态数据是相同信息的不同表征形式。多模态表示学习可以利用多模态间互补性，同时剔除多模态间冗余性。在贷后场景，语音机器人或人工坐席和客户的沟通谈判过程中的信息通常以原始语音数据、ASR 转换后的文本数据、结构化的催记标签数据 3 种模态被记录，存在一定关联但侧重点不同。其中，结构化的催记标签数据反映了高度抽象和提纯后的信息，模型人员可以根据人工经验事先锁定与建模目标强相关的特征；对于文本信息，可通过一问一答的上下文语料挖掘还款意愿等信息；对于原始语音，可以挖掘客户的性格和情绪变化等信息。

结构化的催记标签数据的挖掘主要是对不同类别标签及其组合模式进行统计，比如对于承诺还款还需要交叉考虑未来是否承诺后跳票或失联；通常还会对其他处置手段及其反馈做出统计，例如短信的发送次数和是否发送成功，信函的发送次数和是否接收等。为保证特征的稳定性和实时性，我们通常使用不同长度的时间窗进行衍生，如近 X 天的统计信息。这类特征可解释性强，既可以入模使用，也可以服务于策略制定。

对话文本数据的挖掘流程如图 8-9 所示，主要包括预处理和建模两个阶段。在预处理阶段，最关键的是角色分离，可以分别对催收员和被催收客户进行标记，直接通过 BERT（Bidrectional Encoder Representation from Transformer）等预训练方法，按字向量进行建模，也可以考虑使用基于文本截断和补零操作的轻量级 CNN（Convolutional Neural Network，卷积神经网络），以提升训练效率。

图 8-9 对话文本数据的挖掘流程

对话语音数据的挖掘流程如图 8-10 所示。原始语音首先需要经采样得到信号向量：人耳听觉范围在 20Hz ～ 20kHz，其中对 1000 ～ 4000Hz 声音最敏感，人说话基频主要在 100 ～ 400Hz，即便海豚音频率通常也不超过 4000Hz，因此根据奈奎斯特采样定理，电话语音的采样频率常设置为 8000Hz，以保证语音信号在频域不发生混叠，避免产生失真。语音文件转变为信号向量相当于变为时间序列数据，以便从时域和频域两个角度提取特征。时域特征计算量较小，但提取的特征有限，主要有通话时长、过零率（即信号跨越零点的次数）等，主要用来判断清音和浊音。能量（即每帧信号振幅的均方根）可用于区分噪声和语音。频域特征的常见提取方法有 MFCC（Mel-scale Frequency Cepstral Coefficient，梅尔频率倒谱系数）[1]和 Bark 谱[2]，以规避掩蔽效应（即避免能量较大的低音掩蔽高音）的现象。根据人耳对不同频率声波的敏感

---

[1] Davis S, Mermelstein P. Comparison of parametric representations for monosyllabic word recognition in continuously spoken sentences[J]. IEEE transactions on acoustics, speech, and signal processing, 1980, 28(4): 357-366.

[2] Rabiner L R, Schafer R W. Introduction to digital speech processing[J]. Foundations and Trends in Signal Processing, 2007, 1(1–2): 1-194.

度进行非线性映射，通过恒 Q 变换可以提取乐理、音调相关特征，最终每帧语音都可得到一组"时域+频域"的特征，进而得到多帧时间序列特征。

图 8-10　对话语音数据的挖掘流程

为了验证特征有效性，我们可以对时间序列特征从帧的维度按最小值、最大值、均值、标准差等方式进行聚合，假设每帧的特征维度是 f，帧长为 N，则由 $f \times N$ 维的时序特征压缩到 $f \times 4$ 维，然后针对最终目标变量用树模型建模，以快速验证语音特征的有效性。如果使用深度学习模型，如 LSTM（Long Short-Term Memory，长短期记忆）、GRU（Gate Recurrent Unit，门控循环单元）、CNN 等，我们需要对语音数据提前做截断（开始的 3min）和补零，并对特征向量进行标准化。（通常情况下，语音机器人多轮对话时长不超过 3min，人工对话的核心信息在前 3min 能够覆盖。）语音特征的时间序列较长，但贷后管理模型并不需要像语音信号处理一样，可以采用 meanpooling 等方式压缩序列长度，把序列压缩到 40、80、160、320 帧等水平，以避免出现梯度消失和梯度爆炸问题。

使用文本数据和语音数据建立的模型通常可解释性较弱，无论文本建模的中间层隐向量，还是信号处理方法提取出的频域信号向量，都难以直接应用到策略制定中。为了获得更好的模型可解释性，我们可以考虑将基于文本、语音建立的端到端模型的输出结果作为新特征，融入传统的可解释模型，但要注意监控和管理，关注模型预测结果跨时间的排序性稳定、分布稳定。

8.3.3　语音文本多模态模型应用场景

1. 实时催收评分卡

催收过程包括催收员（人工坐席或机器人）与客户多次沟通协商。每次电话录音完成后可以直接调用基于语音和文本训练的端到端模型，输出预测值并与催收评分卡融合得到实时评分。实时评分在后续重新分案时合理使用，可以实现有效的差异化处置。

2. 海外催收评分卡

随着东南亚地区等海外消费信贷业务的飞速发展，针对海外市场的催收也成为一项重要工作。海外场景风控的难点包括数据形式差异、语言不通、业务逻辑差异等，从底层数据到加工特征再到建模和上线决策的整个流程周期长、人力耗费大。我们可以先基于逾期天数、逾期金额等逾期情况和性别、年龄、职业等客户基本信息进行客群划分，再经电话沟通后加入语音、文本等多模态信息构建轻量级的催收评分卡。其中，基于文本数据可以建立当地语言的预训练模型；而基于语音数据可以直接端到端建模，不考虑具体对话含义。

第 9 章

贷后运营体系

贷后运营的核心目标是利用有限的协商资源与大部分逾期客户达成还款计划，在预算约束下实现收益的最大化。要实现这样的目标，我们需要基于评分卡体系对各个贷后运营环节进行优化设计，以实现贷后资源的有效调配。本章介绍大数据驱动的贷后运营体系构建。9.1 节介绍贷后运营业务场景，包括主要目标、业务流程、评价指标和主要挑战；9.2 节介绍智能分案和智能作业；9.3 节介绍贷后运营体系的工程实现，包括系统架构设计与功能层级设计。

9.1 贷后运营业务场景

9.1.1 贷后运营的主要目标

贷后运营的主要目标之一是确定投入逾期案件的跟进资源类型（如人工坐席、短信等），又被称为"案件渠道选择"或"案件分发"。这些运营资源存在方式、强度、成本差异，以及各自的优缺点，如打电话成本比短信要高，但有效性也高。基于客户（案件）特点选择合适的运营渠道，是实现在投入资源有限的情况下最大化回款产出的前提。

贷后运营的另一个目标是优化和提升投入资源的使用效率，例如人工坐席通过在沟通过程中完成动态判断案件价值、调配案件投入资源等工作来实现回款目的。虽然智能机器人日趋普及，但具备多方信息整合、案件价值判断、可用资源协调等关键能力的人工坐席仍是最有效但成本较高的协商资源。帮助人工坐席对其作业过程中的作业方式和精力分配进行优化和提升，有助于实现这种关键资源的有效利用。传统的人工坐席能力提升依赖专家作业督导、统一技能培训等方式。随着贷后运营逐渐归集到数字化作业平台，在平台中嵌入作业引导、作业提效等坐席辅助工具，能够帮助人工坐席更专注于投入产出效率高的案件，提升作业效率。

9.1.2 贷后运营的业务流程

按流程，贷后运营主要分为案件分发和处置作业两个板块。

案件分发板块的主要任务是在未来一段时间（委案周期）内将案件差异化匹配不同催收资源。案件分群是基于案件金额、逾期阶段等案件画像指标，考虑回收难易程度和案件特征两个维度，将案件划分为不同的类别。同一类别案件在回收率和画像指标方面具有一定相似性。图9-1展示了一个案件分群示意图。在完成案件分群后，贷后运营系统通过剩余资源情况和案件协商目标，确定各类案件的委案期，选择主要协商资源。如果是人工坐席负责，需要先把案件分配给合适的机构。不同机构的协商谈判能力存在差异，因而回收率和费用都有所区别。在完成机构分配后，再考虑坐席人员的案件分配，不同工作年限坐席人员的谈判能力和经验存在一定差异，在进行案件分配时也应考虑一定的公平性。

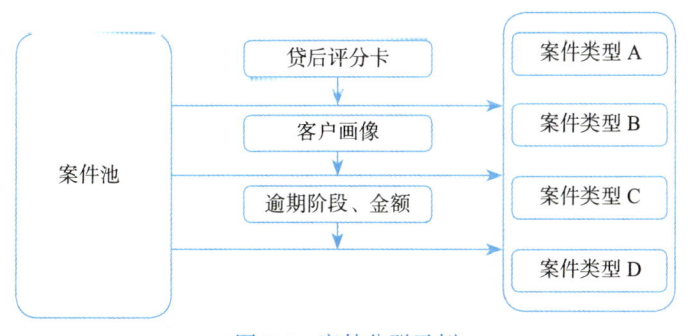

图9-1 案件分群示例

9.1.3 贷后运营的重要指标

无论案件分发时的渠道调配，还是作业过程中的资源调配，目标都是有效且充分地使用资源提升协商效率，最大化提升贷后业务的投入产出比。如果使用转化漏斗对跟进客户协商还款的各个环节进行拆解，协商效率还可细分为拨打量、接听率、有效通话率、承诺还款率（回收率）、实际履约率等关键过程指标。对于贷后运营，我们需要根据不同案件特性和各类资源优缺点，整体优化以上一个或多个关键指标，从而使成本和收益达到理想状态。

首先，明确衡量贷后运营工作效率的关键指标。由于还款金额和投入资源正相关，单从还款金额来评估贷后运营效果（或效率）不是合理选择。一种直观的方式是计算投入成本和还款金额的比值（式（9.1）），衡量每百元逾期回款需要多少资源投入。

$$百元催收成本 = 100 \times 总成本 / 回收金额 \tag{9.1}$$

一个案件是否能回款取决于客户还款能力、还款意愿和协商效率，还款能力和意愿依靠贷前客户准入和授信管理、贷中额度和交易管理来把控，协商效率（通常用每月处置案件的笔均回款金额来表示）则依靠贷后运营来影响。

$$回收金额 = 案件量 \times 协商效率 \tag{9.2}$$

从分配给坐席人员到客户还款，一个案件会经历多个环节（式（9.3））。坐席人员根据案件信息进行外呼拨打的次数对结果影响较大。每次拨打的接通率也很重要，拨通率低的原因可能包括客户在该时间段在忙、坐席人员号码不是本地号码等。接通后客户是很快挂断电话，还是就案件情况进行了一定时长的沟通，决定了有效通话率。经过多轮沟通，部分客户答应尽快还款，就形成了承诺回收率。最终，承诺还款客户中真实还款的占比又构成了履约率。

$$协商效率 = (拨打量 \times 接通率 \times 有效通话率 \times 承诺回收率 \times 履约率) \times 作业数 \tag{9.3}$$

从最开始的拨出电话、接听电话、有效通话、承诺还款到客户履约组成一个漏斗图（见图9-2），每个环节都只有一定比例客户进入下一个环节。贷后运营要尽量保障每个环节的留存率，使得最终回款达到较高水平。

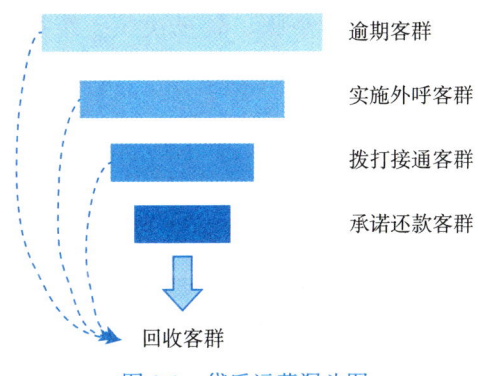

图 9-2 贷后运营漏斗图

9.1.4 贷后运营的主要挑战

受资源限制、合规要求、环境差异、案件特点等因素的影响，贷后运营工作面对多方面的现实挑战。

1）资源有限是贷后运营的基本现状。部分资源可以通过增加成本来扩充，如话务人员数量、通话线路数量、协商短信数量等；部分资源难以扩充，如坐席人员工作时长等。这需要运营系统统筹规划，有效利用有限资源。

2）贷后运营决策具有精细繁复的特点。贷后运营的分发环节和作业环节都有多个需要规划的决策点，如坐席人员查看案件池时根据逾期时间、逾期金额、跟进情况等制订当日工作计划，当日呼叫未成功的案件决策是否再次拨打等。这些都需要运营系统辅助规划和决策。

3）贷后运营需要注意积累最佳实践。运营系统的决策判断不应简单依赖专家经验，而应基于数据分析总结和凝练。面对逾期早中晚期的各类复杂情景，只靠专家经验很难得出全局下的最优决策，每个环节的决策都应该基于相应的 A/B 测试实验数据的客观反馈（或因果推断）来确定。

9.2 贷后智能化运营体系

从 9.1 节的介绍可以看出，贷后运营所面对的各类挑战具有多样、复杂、精细、全局等特点，这些挑战只依靠一线业务人员和贷后运营管理者的经验和技能难以应对，需要一个可以汇总信息、分析数据、辅助决策、统筹全局的贷后智能化运营体系。

9.2.1 贷后智能化运营体系简介

以客户数据、坐席数据、历史跟进协商数据等多元数据为依据，在贷后运营流程中各个关键决策节点构建自动化、定制化、指示业务收益最大化的智能决策模型，与实际业务中各方做好信息沟通和决策衔接，最终构建一套数据驱动的贷后智能化运营体系（见图9-3）。

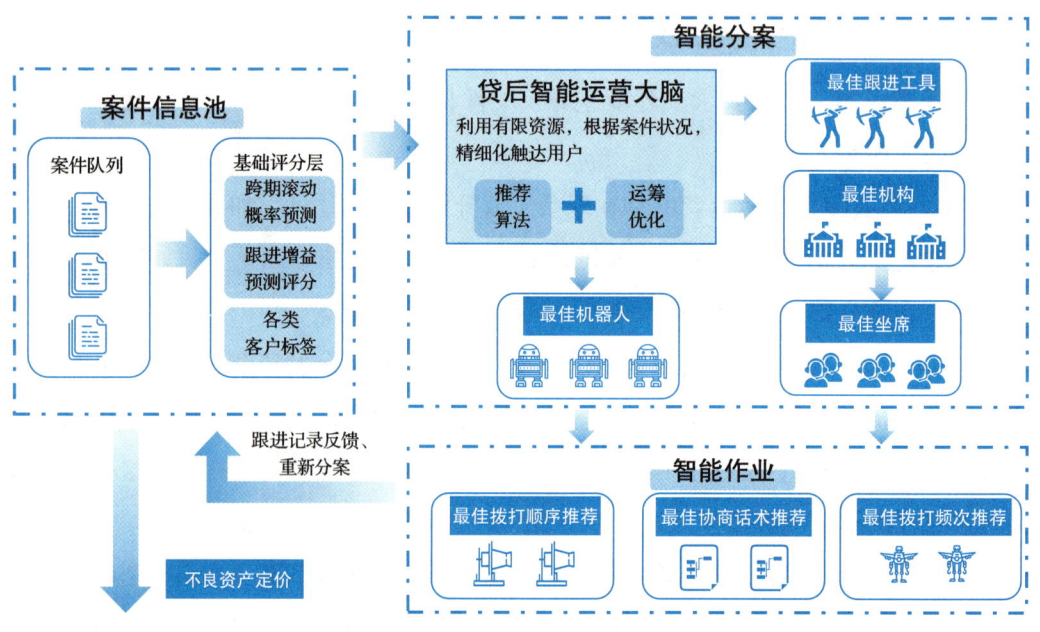

图9-3 贷后智能化运营体系

贷后运营周期从分配逾期客户案件开始。所有的逾期客户案件汇集在一起，形成案件信息池。基于该案件信息池，对客户案件进行描述和分类是进行案件分发的前提。这其中会用到跨期滚动预测评分卡、跟进增益预测评分，以及刻画客户特点的各类标签。进入智能分案阶段，案件分发交给由一系列决策组件组成的"贷后智能运营大脑"完成。这其中会使用到推荐算法和运筹优化技术等。在考虑实际人力情况、服务器负载、线路资源等因素的前提下，推荐算法能为每个案件推荐收益最大的跟进方式。但这种最优解往往建立在孤立视角下。在整体资源约束下，我们难以让每个案件都获得最优解。运筹优化技术能够在资源约束条件下对推荐算法的结果进行再次优化，实现全局推荐收益的最大化。案件会依据前述结果被分配到各类跟进路径，并分配到最佳跟进机器人、最佳跟进机构、最佳坐席等。在案件分发至作业人员（坐席或机器人）后，作业人员会逐个处理案件，尝试触达客户并展开商谈，此时进入智能作业阶段。此阶段以为作业人员提供智能作业辅助工具为主，包括最佳拨打顺序、最佳拨打频次推荐、最佳协商话术推荐等，使案件作业执行的效率得到提升。

在贷后客户案件经过分案和充分作业跟进后，有效还款且结清的案件将退出贷后管理，未有效还款案件则进入下一个运营周期。每个周期会积累大量数据，未还款案件积累了大量跟进记录数据，已还款案件除积累了跟进数据外，还有承诺还款、实际还款等信息。这些数据被系统有效运用后，可以提高下一轮智能分案和智能作业的效果。

部分不良资产及严重不良资产会退出贷后运营周期，此时我们会对资产进行证券化、转让、租赁等处置，还需要对这部分特殊处置的案件建模以评估其价值，进而判断对其进行特殊处置的影响。这部分内容将在第 10 章中讨论。

9.2.2 智能分案

智能分案模块即智能化体系的案件分发模块，作用是将案件分配给合适的合作机构和坐席人员以达到资源的最大化利用，需要考虑分案目标、分案约束、实现路径、模型架构等方面因素。

智能分案模块面对的是待分案案件构成的案件池和候选贷后处置单元，目标是将案件合理地分给各个贷后处置单元，其中不同种类单元的粒度不同。分案约束是指案件分配需要符合公平性原则，机构分得案件的总量可以考虑机构综合实力、坐席人员规模、历史业绩表现等因素，但每个机构分得案件的协商难度、件均金额等应该具有一致性。此外，我们还要考虑案件本次所属机构与前次所属机构不同（"前手规避"）等规则。

智能分案需要尽可能将案件分配给相对收益最大的机构，分配结果实现整体最优而不是局部最优。一个参考经济学"比较优势"理论的简单案例：假设每日案件类别为 A 和 B，机构 1 负责 A 类案件的催回率为 8%，负责 B 类案件的催回率为 6%；机构 2 负责 A 类案件的催回率为 5%，负责 B 类案件的催回率为 4%。虽然机构 1 在各案件类别上相较机构 2 都有优势，但由于资源限制等因素，机构 1 只能负责一部分案件，因此我们应该把催回率相对差距较小的 B 类案件更多分配给机构 2，以实现整体最优。在更复杂的实际业务中，我们需要运用运筹优化方法对分配过程进行优化，最终每家机构负责的案件不一定是该机构相对排名最高的类型，但跨所有机构的整体收益将会最大化。

智能分案涉及的主要模型架构通常包括机器学习算法层和运筹优化应用层两部分。机器学习算法层包括评估待分配案件的催收评分卡、考虑催收员分配的推荐模型等，运筹优化应用层包括基于约束条件的线性规划等（见图 9-4）。

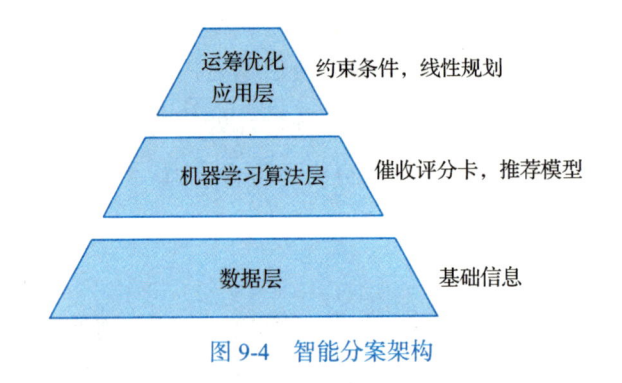

图 9-4 智能分案架构

以催收员推荐模型为例，可以首先使用 XGBoost、FM、DeepFM 等有监督学习方法来建立各催收员在各类案件上的催回率预测模型，模型输入是案件信息、催收员信息、案件历史催收行为和催收结果等。图 9-5 展示了一个使用 DeepFM 建模的案例。FM 算法负责对一阶特征建模，并通过隐向量点积的方法高效完成二阶特征交叉；三层的全连接网络和二阶 FM 共享一个隐向量，以完成更深层的交叉；结合了广度模型和深度模型的优点，同时学习低阶特征组合和高阶特征组合。这种模型是端到端建模，对基于经验的特征工程要求不高。最终，基于"催收员-案件"催回率预测结果，我们可以建立催收员推荐模型。

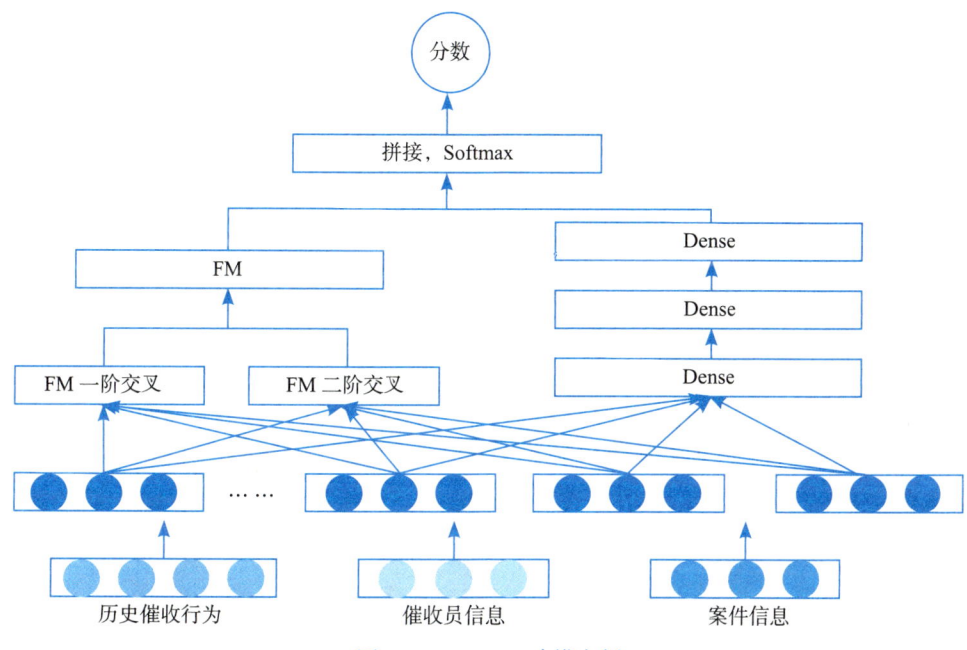

图 9-5　DeepFM 建模案例

运筹优化应用层通过优化模型来实现案件与资源的全局最优匹配。首先将案件按照案件类型、案件金额、案件难度、前次催收机构等维度进行分群，汇总各群案件量；然后建立组合优化模型，目标为最大化整体案件池的欠款回收率，决策变量是在各约束条件下每位催收员负责各类案件的比例。在优化模型求解过程中，我们可能遇到模型在原始约束下无解的情况，需要与业务部门确认满足各项约束优先级和部分约束项的可调整范围，按优先级从低到高依次对约束项进行适当放松（模型降级方案）。如果达到可调整最大范围依旧无法得到可行解，我们需要调用其他备用模型（如随机分配模型）进行分案，确保在短时间内得到分案结果，保证业务系统正常运行。

9.2.3　智能作业

传统作业模式在全逾期阶段都以人工为主，随着技术创新和法规完善逐渐演变为基于外呼工具和辅催工具为主的智能作业模式。智能作业指通过算法和策略控制语音机器人或指导人工坐席进行外呼作业，并推荐和运用短信、信函等辅催工具。

图 9-6 展示了智能作业的基本模式。在按风险等级、逾期阶段等对案件进行划

分的基础上，大部分早期案件以语音机器人 IVR（Interactive Voice Response，交互式语音应答）为主，少量高风险案件由人工提前介入。中期案件采取人机结合方式，先由语音机器人进行多次拨打，将多次接通得到承诺还款标签的案件转交人工跟进，将由语音机器人筛选出有沟通意愿或有还款意愿的案件再交人工跟进，将语音机器人沟通时获得的客户意图供人工参考等。后期案件还款意愿低、失联率高、回收率低，语音机器人作用有限，需要有较强沟通技巧的人工跟进。其中，语音机器人是以提醒逾期和简单沟通为主，其构建依靠对优秀人工坐席沟通技巧的分析、对历史通话数据的分析、对客户的意图识别等资源的有效利用。在个性化层面，我们可以根据客户属地、年龄、性别等基本信息调整不同的方言、音色和语气等设定。语音机器人的优势在于成本低，催收力度和施压程度比人工坐席低，客户体验较好。

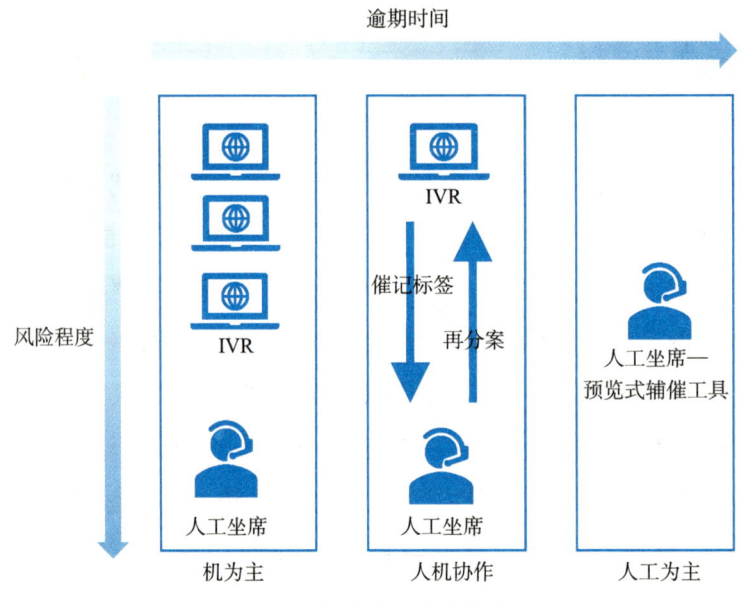

图 9-6 智能作业基本模式

智能作业的"智能"体现在资源受限的条件下通过算法和策略的组合实现差异化决策和资源适配。语音机器人虽然成本较低，增加外呼线路和拨打频次也不会带来太多额外成本，但高频使用并不会有明显收益，反而有潜在的负面影响。语音机器人的优化主要在于外呼时间和外呼频次的合理选择。我们可以基于一定的算法和模型来实现最优时间和频次的选择。人工坐席的资源限制主要来自人力成本，如果能够通过算法和模型来辅助在各个阶段及时选择需要人工介入的案件、合理预判人工介入时间和频率等工作，都将有助于提升人工坐席资源的使用效率。

无论语音机器人还是人工坐席，外呼作业的高效运转都需要对案件接通率和回收率进行预测，从而指导资源投入效率的提升。因此，智能作业模型层的建模目标主要包括两类：第一类为构建结果预测类模型，如预测客户当天是否会接听催收员拨打的电话；第二类为回收增益模型，预测对特定逾期客群在某一时刻采用何种催收策略有助于提高回收率，例如在第 N 天是否应由机器人跟进转换为人工跟进，拨打频次应该如何设定等策略。这两类模型用到的数据通常包括借贷行为、购物行为、App 登录和操作行为、设备信息、催记标签、催收对话语音和文本等，但模型标签和特征使用细节有所不同。两类模型训练完成后都需要进行离线评估和/或在线评估，当有效性满足要求后再结合策略进行落地。

这里以分配（决策）最佳拨打频次为例来说明建模、评估和应用的流程。针对早期低风险客群，可以基于接通率预测模型排序，然后根据分位数对案件进行分群并分配不同的拨打频次上限（假设每天最大呼叫次数有一定限制）。分配方案一是模型预测接通率越高的案件分配越高的频次上限，因为模型评分较高的案件可能对应较高的还款意愿；分配方案二则认为模型评分较高、还款意愿较强的案件没有必要投入太多资源，应把有限的资源投给最不容易接通的这部分案件。两种方案所建议的策略截然不同。我们需要设计相应的分群随机实验，通过线上 A/B 测试来确认两种方案的适用场景和有效性。

9.3 贷后智能化运营的工程实现

9.3.1 贷后运营调度系统简介

不管是智能分案还是智能作业，贷后智能化运营体系各个环节以及整体的决策逻辑都较为复杂。中间涉及较多的数据读写、模型计算、业务调度等工作，既要保证性能，又要追求时效，因此贷后智能化运营体系的工程架构和调度至关重要。

在以数据驱动的精细化贷后运营调度系统中，在数据源层面接入案件数据、客户信息、外部催收机构、催收人员和外呼数据等多种类型的结构化和非结构化数据，接入的形式有 API、Message Queue、MySQL、Hive、音讯档和内容概要等。系统需要支撑离线的批处理任务、实时级别的模型预测任务和来自 Message Queue 的流式数据处理。同时，系统还要兼顾接下来不断新增的机器学习模型服务需求和其他精细化运营需求，我们需要针对业务特点设计一套分层系统架构，将解决方案的组件分割到不同的层中。每一层中的组件都保持内聚性，并且大致在同一个抽象级别下。每一层都与它的下面各层保持松耦合，以此应对需求的变化，使得各个需求可以独立实现。此外，采用分层架构模式还能很好地隔离业务复杂度和技术复杂度，提高系统灵活性和标准化。

贷后运营体系涉及数据仓库、业务系统、策略系统和外呼系统等多个系统之间的业务和数据流转。其中，任务调度层起到了承上启下的作用，在功能上负责多种数据源、多种时间周期和多种计算类型任务的精细化管理，在设计上需要同时兼顾稳定性、可用性、扩展性和资源分配合理性。在设计目标上，最小化利用资源，并保证使用资源方的公平性，这需要考虑吞吐率最大化、响应时间最小化、最低延迟和最大化公平等不同评价指标。在实践中，这些目标通常是互相冲突的，因此任务调度会采用一个权衡利弊的折中方案，侧重点可能是前面提到的任何一种，这取决于具体的任务需求和目的。

总结下来，该调度系统需要具备但不限于以下特性：架构设计灵活，满足已有和新增运营需求；支持批处理任务、长时间运行服务、有状态服务和无状态服务调度；支持层次化的资源池/队列定义；支持队列间的资源公平调度；支持基于公平策略的跨队列的资源抢占；支持 GPU 资源调度，以加速文本语义和语音模型等的推理。

9.3.2 贷后运营调度系统设计

图 9-7 展示了贷后运营调度系统几个核心功能模块的调度实现。

1. 数据接入及分库分表

数据接入是整个功能模块的基础。从功能层面来说，数据接入模块决定了整个后续流程是否可继续。数据接入模块主要面临以下几方面问题。

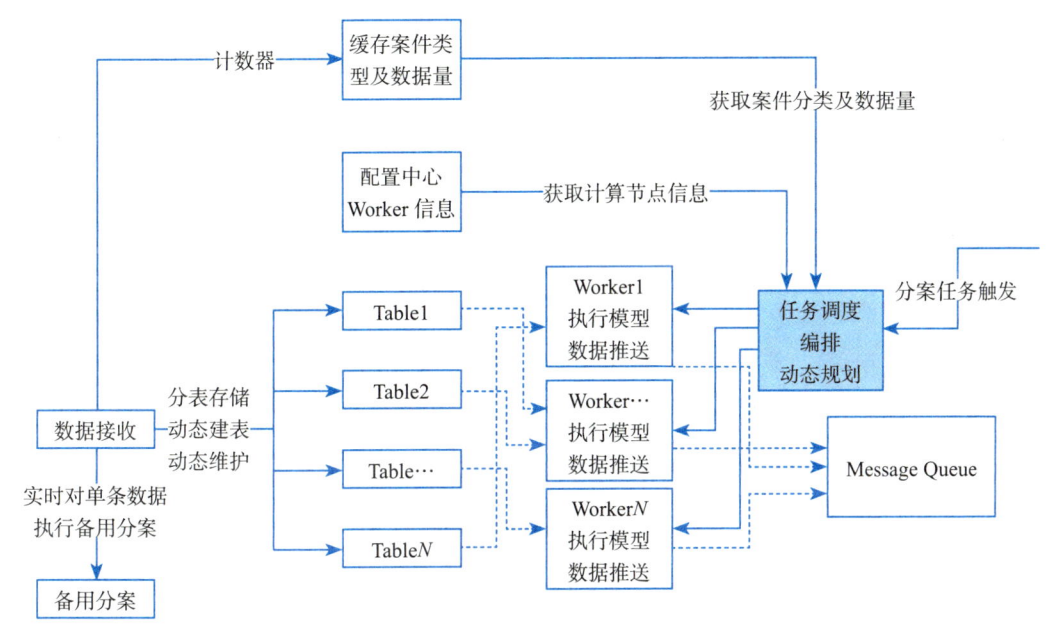

图 9-7　核心模块调度示例

1）数据质量：数据本身的质量会影响模型效果，进而影响决策效果。影响数据质量的因素主要有上游系统原始数据质量、上游系统的稳定性和数据接入模块稳定性等。对于数据接入模块，我们需要对数据质量进行严格把控，同时做好相应的监控预警，在开始做好防范，让问题提前暴露，进而采取有效措施避免后续损失。

2）数据分析时效性：数据接入的方式主要有 Message Queue、API 和 MySQL 等，不同的接入方式会带来不同的延迟和数据使用时效，Message Queue 和 API 比较适合实时分析处理，而 MySQL 比较适合离线批处理。在贷后运营场景中，根据客户的反馈进行实时分析决策能给业务带来更大的发展空间。

3）数据安全：数据安全是所有数据系统都面临的一个问题，既要保护客户的隐私，保证数据使用的安全合规，又要保证数据的可用性。为了保证数据安全，首先控制好数据边界，通常会基于公司的数据仓库构建贷后运营体系的数据集市，减少不需要的数据，针对业务场景进行定制化优化，限制只有合法客户才能访问对应的数据；其次限制客户的访问权限，包括鉴权、审批和审计等；除此之外，还需要相应的容灾管理、数据生命周期管理和敏感数据的加密脱敏来保障存储和传输过程中的安全性。

4）数据使用成本：由于系统涉及很多临时中间结果的存储，因此我们还需要维护好中间结果的生命周期，避免无效数据浪费存储资源。

2. 分布式任务调度

分布式系统主要有数据分布、计算分布和混合分布三种构成方式。智能分案场景由于需要既满足业务制定的策略标准，又要实现全局最优化，因此采用数据分布的方式。在数据接入时，根据计算主维度将数据进行分表存储，在数据接收完成后，如果验证数据量和数据质量没问题，就可以由 Master 节点控制向 Worker 节点提交具体的计算任务，Worker 节点收到任务后根据任务要求获取指定数据进行相应的计算，计算结果则直接写入 Message Queue，方便下游系统使用。

为了保证任务的成功率，贷后运营调度系统会根据历史任务运行成功、失败情况和训练的模型来预测当前提交任务的成功率，通过以预测式执行来备份任务的提交方式，提高任务整体的成功率。

第 10 章 不良资产定价

逾期 90 天以上的消费信贷常被视为不良资产。将不良资产转让出售或进行证券化发行可以实现资产出表，在缓解贷后催收压力的同时优化财务报表。本章介绍常见不良资产处置方式和不良资产估值方法。10.1 节介绍不良资产市场现状、处置方法和定价意义；10.2 节介绍两种数据驱动的不良资产定价方法——基于债项的方法和基于客户分群的方法。

10.1 不良资产发行与交易

10.1.1 不良资产市场现状

不良资产（Non-Performing Loan，NPL）通常指金融机构的不良贷款或不良债权，是贷款人未能根据合同规定的期限和利率来按时、足额归还本息的贷款。1998 年，中国人民银行出台的《贷款风险分类指导原则》提出了五级分类概念，将资产风险分为正常、关注、次级、可疑和损失 5 个类别。其中，正常、关注两类被视为"正常资产"，而次级、可疑、损失三类被视为"不良资产"。2007 年，原银监会发布《贷款风险分类指引》（以下简称《指引》），进一步明确了五级分类监管要求。2023年2月，银保监制定并公布了《商业银行金融资产风险分类办法》（以下简称《办法》），将金融资产按照风险程度分为五类，分别为正常类、关注类、次级类、可疑类、损失类，后三类合称"不良资产"。该《办法》提出了新的风险分类定义方式（见表10-1），强调以债务人履约能力为中心的分类理念，进一步明确了风险分类的客观指标与要求，同时针对商业银行加强风险分类管理提出了系统化要求，并明确了监督管理的相关措施。为了促进我国金融行业良性发展，不良资产证券化和个贷批转业务相继落地。

表10-1 《商业银行金融资产风险分类办法》分类详情

分类	金融资产状态	债务人状态	偿付标准	逾期时间标准
正常类	没有发生信用减值	能够履行合同	按时足额偿付	正常
关注类	资金用途未经银行同意发生改变	债务出现不良	有能力偿付	出现逾期
次级类	发生信用减值	外部评级大幅下调	无法足额偿付	超过90天
可疑类	发生信用减值，且预期信用损失占账面余额50%以上	逃废银行债务	无法足额偿付	超过270天
损失类	发生信用减值，且预期信用损失占账面余额90%以上	进入破产清算程序	偿付极少部分或损失全部	超过360天

不良资产的常见处置手段包括非诉讼催收、依法收贷（诉讼、仲裁）、个贷批量转让、资产证券化。其中，非诉讼催收是指采用各种非诉讼手段进行催收的方式，催促债务人/保证人和其他清偿义务人清偿债务，包括电话催收、信函催收等。依法收贷是指债权人向有管辖权的法院对贷款人提起诉讼或其他的法律仲裁，并根据法院的判决结果收回债权，或依靠法院允许的执行程序收回债权。批量转让是指发行方对不良资产组包、将债权定向转让给资产管理公司（AMC）的行为，资产管理公司享有债权转让后续还款的收益。资产证券化指对不良资产中的收益、风险和流动性等因素进行重组，使得不良资产可以转换成在市场上流通的证券。

对资产管理行业来说，令银行等金融机构头痛的不良资产是"放错位置的财富"，资管行业投资者赚取未来预期还款现金流与当前购买价的差值，即相对未来预期回款现金流，当前购买价越低，利润空间就越大。不良资产市场主要由买卖双方和中介机构组成。银行、非银金融机构、非金融企业等都可能是不良资产的卖方，而四大资产管理公司和地方资产管理公司等为不良资产的主要买方。中介机构是双方的桥梁，促成买卖双方达成交易协议，提供尽职调查和资产评估等服务，一般包括会计事务所、律师事务所和评级机构等。

10.1.2　不良资产证券化发行

自 2016 年重新启动以来，沉寂多年的不良资产证券化（ABS）发展迅速。据中债资信统计，信用卡不良资产证券化年度发行订单数量在 2016 年仅为 3 个，而到了 2019 年增长了 6.3 倍，达到了 22 个。

从银行资产质量视角看，一方面，不良资产证券化可以实现大规模不良资产的批量处置，快速降低银行资产的不良率，实现资产质量的快速提高；另一方面，扩大了银行中间业务的比重，减轻资本充足率压力，改善资产结构，提高融资能力，扩大融资来源，推动资产组合的快速增长。

资产证券化的基本流程包括需求启动、中介机构选择、基础资产池构建、尽职调查、交易结构确定、基础资产池评级、法律文件编制、监管审批、定价发行、投资管理、估值计量和会计处理、信贷服务、后续信息披露、持续后期评级、清算回购等环节。

信用贷款没有抵押品作为担保，如果借款人出现违约，债权人无法获得处置抵押物，因此常将此类具有较高回收难度的资产打包成资产包。资产包的主要风险来源于目标资产的信用风险，即目标资产借款人可能因主客观问题延迟或无法偿还本金、利息和手续费，从而回收现金流不能达到预期水平，进而影响 ABS 的偿还，给投资者造成一定的损失。为避免基础资产的信用风险影响产品发行，信用类 ABS 采用结构化设计方案，即分为优先级和次级资产支持证券，客观上降低了优先级资产支持证券的信用风险。

10.1.3　不良资产转让与收购

作为不良资产转让与收购的重要方式，批量转让是银行对不良资产进行组包，即以市场需求为出发点，按照特定标准（如地域、行业、集团等）将一定数量债权、股权和实物等资产进行组合，形成具有某一特性的资产包，并有针对性地向资产管理公司转让不良资产及所有相关权利和义务。转让方式包括但不限于招标、拍卖、置换以及协议转让等。后续资产管理公司将享有资产包后期回款收益，并且可以委托处置机构个性化定制处置管理策略（例如催收、诉讼、重组、清算等方式）。

根据财政部、原银监会联合印发的《金融企业不良资产批量转让管理办法》（财金〔2012〕6号）[1]，个人贷款不良资产不得进行批量转让，金融企业的个人贷款不良资产主要依靠自身清收、核销、资产证券化进行处置。随着我国金融业进一步创新和打开窗口，2020年6月4日，银保监会向相关机构下发《银行不良贷款转让试点实施方案》[2]，同意银行业信贷资产登记流转中心以试点方式拓宽不良贷款处置渠道和处置方式，进行单户对公不良贷款和批量个人不良贷款转让试点。征求意见稿明确提出，资产管理公司不得将批量收购的个人贷款再转让，旨在规范催收行为，将个人金融资产和相关风险限定在监管能够有效控制半径之内。参与试点的个人贷款范围包括五大项：个人消费贷款、住房按揭贷款、汽车消费贷款、信用卡透支、个人经营性贷款。未来，随着批量个人不良贷款转让政策的出台，资产管理公司（AMC）将可以参与到银行个人金融资产不良贷款的收购处置中，为个人金融资产不良贷款的化解增加新渠道和新方式。

10.1.4 不良资产定价

不良资产的定价（或估值）既有利于风险管理，也是承上启下的业务模块：对上来说，是对收包负责；对下来说，是为处置服务。估值的准确性主要包含两方面的重要意义。

一方面，估值的准确性直接影响投资者的投资决策和投资回报。估值的准确性分为估值总量准确和估值回收时间准确。从投资者的角度来看，如果总估值虚高，实际回收率低于预期，那将可能面临本金或收益损失的风险。对于优先级投资者来

---

[1] 《金融企业不良资产批量转让管理办法》（财金〔2012〕6号）：来自 http://www.gov.cn/flfg/2009-03/18/content_1261665.htm。

[2] 《银行不良贷款转让试点实施方案》：来自 http://www.gov.cn/xinwen/2021-01/24/content_5582220.htm。

说，他们更关注违约风险和期限。若估值现金流相较实际现金流过于前置，证券的兑付需要整体后延，这将影响投资人的预期流动性安排；若估值现金流相较实际现金流过于后置，优先档证券将提早完成兑付，在市场利率下行的背景下，优先档证券投资收益会降低，再投资风险将会增加。因此，对资产定价准确性极大地影响到投资者的收益和风险。

另一方面，对不良资产的估值准确性关系着发起人的声誉和发起动力。如果总估值虚高，投资者可能得到的是大幅低于该资产包估值的回报，发起人将承担催收不符合预期的声誉风险，对其后续发行其他不良资产造成阻碍。例如，发起人发行的信用卡不良 ABS 由于某些原因不能在到期日支付本息，延迟兑付会对推广者的声誉造成一定的负面影响，这样此类产品后续销售可能会遇到困难。如果总估值过低，发起人将面临低价出售资产的亏损压力，资产证券化动力不足。

10.2 数据驱动的不良资产定价方法

10.2.1 静态池与资产池的数据准备

对不良资产进行定价，首先需要准备静态池和资产池数据。资产池是要发行不良资产包中所包含的资产，静态池是用于训练的数据集，一般来说其与资产池分布较为相似。静态池包含较多的回款信息。我们一般用静态池建立模型预测回款情况，然后将该还款情况应用于资产池的预测。

资产定价模型的输入数据包括静态池数据和资产池数据两部分。静态池数据和资产池数据的划分一般以封包日期为界：在封包日期划定的一部分资产作为待转让资产为资产池数据，资产池未来风险表现未知，是需要评估的；封包日期前历史资产的回收情况为静态池数据，由于过去回款表现已知，我们可以由静态池的风险表现推断出资产池的风险表现。

资产池数据包含不良资产的借款信息、逾期信息和客户的各种画像数据。借款信息包括贷款发放时间、客户级授信额度、开卡日期、账户种类、客户开户时间等；

逾期信息包括客户首次进入不良阶段时间、进入不良时逾期期数、当前逾期期数、进入不良次数、未偿本息余额、目前是否失联等；客户画像数据包括性别、年龄、职业、年收入、婚姻状态、学历、地区等。在一般情况下，客户的逾期信息在对资产包定价过程中为必要信息，借款信息和客户画像数据为可选信息，在定价过程中起辅助增效作用。资产池一般提供资产的每条明细数据，供资产评估人员进行多维度分析。

静态池数据覆盖的时间一般为封包日期前3～5年，并按月对逾期和回收情况进行汇总。静态池数据一般包括资产信息和回收信息两部分，其中资产信息部分与资产池数据类似，包含历史资产的借款信息、逾期信息和客户画像数据，回收信息为单笔资产自观察时点起按月统计的回收金额，这里需注意回款中是否包含各项逾期息费。

在获取资产池和静态池数据后，首先需要对资产池数据进行各项统计分析，即对资产包逾期资产在各个维度的分布情况进行了解。通常所做的分析项包括：1）资产池基本统计分析，包含借款人数、借款笔数、未偿本金余额、未偿息费余额、平均未偿本息余额、平均逾期时间、前5/前10大借款人未偿余额占比等统计项；2）资产池逾期阶段待还余额、授信额度分布统计；3）资产池数据中客户年龄、收入、地区、职业分布统计。通过这些统计，我们可以初步了解资产池情况。

接下来，对静态池和资产池的分布一致性进行校验，即按照同样维度对静态池进行描述性统计，检验资产池分布和静态池分布是否一致，例如处于逾期阶段的分布是否相似。如果不能保证资产池和静态池数据具有同构型，就没有办法利用静态池得到合理的资产池定价。

在确保静态池数据有效后，我们需要对数据进行加工，以满足后续的定价需求。一般来讲，我们需要区分是否提供资产池明细，若无，则需要提供资产池的相关属性统计。对于静态池，我们需要关注数据的口径问题及观察时点类型，若切片时点为当前时刻，则需要回溯到历史各观察月份。图10-1所示为一个不良资产的标准定价流程。

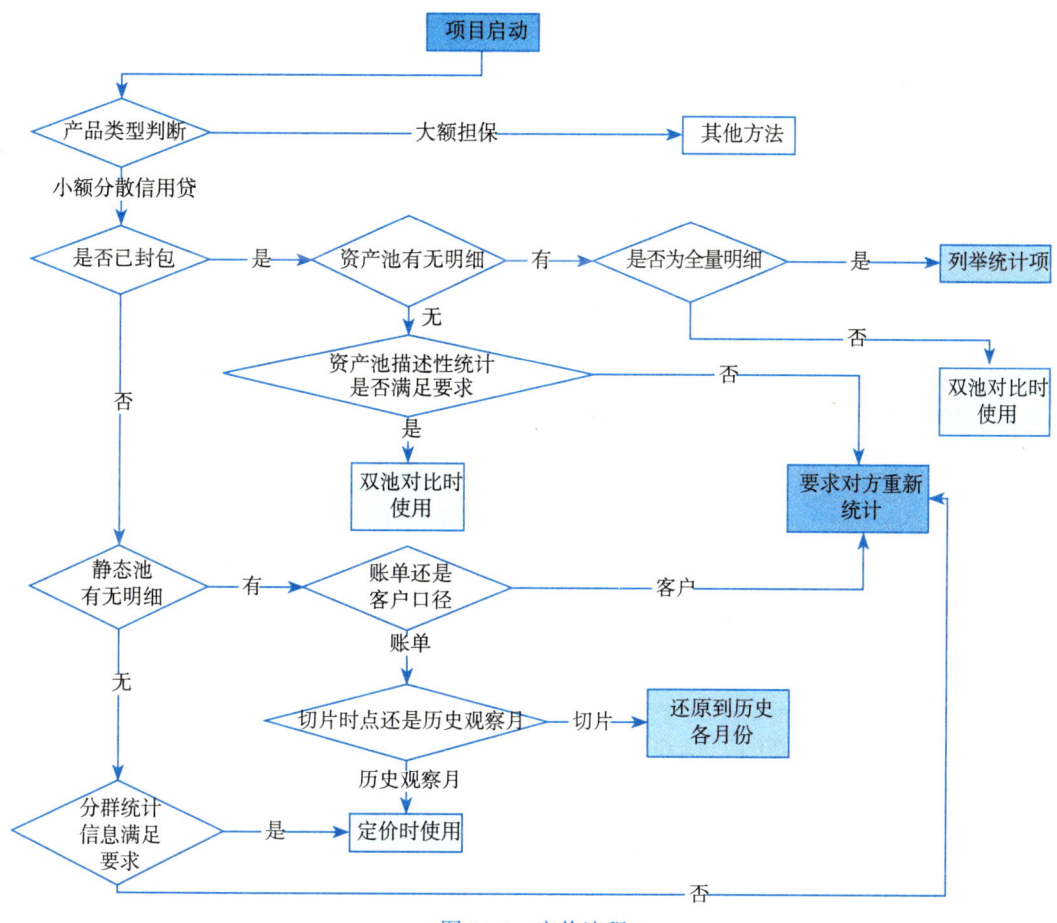

图 10-1 定价流程

10.2.2 基于客户分群的不良资产定价方法

组合回收评估分析模型是一种自顶向下、分客群进行的不良资产定价方法，其中主要包括估值模型和组合模型。估值模型主要评估资产池整体的回收金额、回收分布、回收率等，构建步骤如下。

1. 子池划分

划分子池的目标是将静态池和资产池分别划分为 N 个子池，使子池内的贷款数据具有较高的同构型。将静态池的各个子池中贷款在成为不良资产后的各期条件回收率的算术平均值作为该子池在各账龄的条件回收率。将通过静态池得到的条件回收率对应到资产池，资产池的定价即按条件回收率计算的未来回收金额的加总。

2. 静态池和资产池之间的差异消除

静态池是从历史视角预测资产池，可能存在的问题来自静态池与资产池之间的差异。静态池仅包括过去不良资产数据，与资产池在未来经济状况、贷后催收政策、资产本身的质量等方面存在差异。在长期预测任务中，如果使用的训练数据较早，对未来发展趋势的判断可能不足，因此我们需要根据发起机构已评项目和在评项目收到的真实回收数据，作为调整静态池预测与资产池之间差异的基准点进行差异消除。

3. 确定资产池毛回收率和回收分布

通过对静态池和资产池进行同质化子池划分，通过静态池子池回收率映射相应资产池同质化子池，预测得出资产池的初步未打折毛回收率。再通过估值调整折扣对上述回收率进行调整，以消除资产池与静态池的差异，并结合历史数据进行回收分布调整，得到资产池最终的毛回收率和回收分布。

4. 回收分布调整

回收估值模型得到的回收曲线是一条经过平滑处理的曲线，回收分布特征整体表现为随着期限的增加，回收率呈下行趋势。从实际的回收分布来看，两者之间存在一定的差异，造成这种差异的原因主要有以下两点：第一，回收分布存在季节性波动；第二，发起机构催收政策和催收考核存在差异。因此，我们需要结合季节性波动特点等对回收分布曲线进行调整，使其更接近于真实回收的整体表现。

组合模型主要应用蒙特卡洛模拟法和压力乘数法等。蒙特卡洛模拟法根据历史回收数据的波动情况，模拟每笔资产的回收率、回收时间的波动，并计算组合资产池回收比例与发生概率的对应关系，方可得到受评证券的目标级别所需承受的最高资产池目标回收率（Target Recovery Rate，TRR）；压力乘数法根据回收估值模型得到的回收率进行压力乘数加压，得到各级别证券的 TRR。

10.2.3 基于债项的不良资产定价方法

与自顶向下的定价方法相反，基于债项的不良资产定价方法是采用自底向上思维，通过单笔债项建模得到客户回款率分布，并利用相关性建模预测资产包的定价。

与普通的回归分析法相比，这种方法可以对底层资产的相关性进行建模分析，且最终可以得到整个资产包的定价分布。自底向上定价方法分为以下几个步骤。

1. 数据准备

与传统的定价方法类似，我们需要准备资产池与静态池数据，其中静态池数据必须包含观察日期、逾期天数、应还本息等，且按照明细维度提供。对于静态池，我们需要以案件维度准备风险相关特征（即回溯到观察时点对案件的特征）进行加工，一般需要准备50维以上的特征供建模使用。特征的数量和有效性对后续建模有重要影响。而且，我们可以按照逾期阶段等维度对静态池进行分群，分别统计每个分群的回款数据，后续对每个分群建立单独的模型进行预测。

2. 个体还款率分布预测

个体还款率分布预测可以利用分位数回归。分位数回归不仅是研究个体回款率的期望，还可以得到回款率的完整分布状况。在某些情况下，我们更希望了解回款率的某个分位数。对比传统的回归分析只能得到自变量与因变量间的中央趋势，分位数回归还可以进一步得到自变量与因变量的条件概率分布。通过输入特征 x 与标签 y，并不断调整目标函数中的分位数 t，可以利用神经网络得到不同分位数 t 下回款率的分布情况。这体现了分位数回归的优势——刻画分布的尾部特征，比传统的最小二乘法估计的线性回归更稳健。

3. 相关性建模

在定价中，核心是得到目标资产池的违约损失分布。为此，我们需要刻画每类资产的边缘违约损失分布（即利用上一步得到的个体还款率分布，通过1－个体还款率分布得到个体违约率分布），同时对它们之间的相关性进行建模。因此，我们需要引入copula函数（copula函数是将变量间的联合分布与其各自的边缘分布连接在一起的函数）来假定分布之间的联系，之后就可以通过模拟来得出资产存在相关性的违约时间。例如，可以认为每笔贷款变换到高斯空间之后是同质的，即贷款分布通过高斯变化之后只与逾期阶段相关性因子、宏观经济因子、独立同分布的高斯残差项有关。因此，在每个逾期阶段，利用回款率预测值可以计算出相关性因子，再通过蒙特卡洛模拟法得到每笔贷款回款率，并计算出整体回款率，反复进行多次模拟即可得出资产包整体回款率的分布。一般使用各观察月份的平均相对误差（MAPE）代表模型的误差。

4. 结果分析

通过模型得到的还款率分布一般是右偏的（即低估资产包回收总额），这对投资者来说比较有利。因为按照分布来看，长尾在均值右侧，未来不容易出现回款偏低的极值，资产包的风险基本可控。假设贷款分布只与逾期阶段相关性因子、宏观经济因子有关，且宏观经济因子服从正态分布，但实践中发现宏观经济因子随时间推移在逐渐下降，使得未来预测的回款率偏高。这说明静态池和资产池外部因素不同会对模型产生一定的影响。我们可以使用高频宏观经济因子代替当前的随机因子，以解决预测值系统性偏高或偏低的问题。

第六篇 Part 6

其他典型风险的防控

- 第11章　反欺诈
- 第12章　反洗钱
- 第13章　特殊名单
- 第14章　多头借贷防控

前文介绍了基于大数据进行金融产品获客、授信、贷中管理与贷后管理的流程。除了这些主干环节，我们还需要对平台内的欺诈、洗钱等行为进行管控，对多头借贷进行联防联控。本篇将对上述要点进行详细讲解，其中第 11 和 12 章分别讲解大数据、机器学习算法等先进技术在反欺诈及反洗钱场景的应用，第 13 章讲解对风险用户进行特殊名单管控的相关技术及运营经验，第 14 章介绍如何结合多数据源数据对多头借贷行为进行精准防控。通过本篇的学习，你将能够了解应对上述全流程风控需求的理论及实践经验，让你的风控系统更完善。

第 11 章 反欺诈

在营销、信贷等业务中，部分个人客户或有组织的黑产团伙会带着恶意尝试骗取营销补贴、折扣商品、无抵押贷款等来非法获利。这些行为通常被归为"欺诈"。反欺诈是指针对欺诈行为的防范和管控工作。本章介绍欺诈风险现状与在线反欺诈体系的构建。11.1 节介绍欺诈团伙运作方式和业务场景中的欺诈风险类型。11.2 节介绍基于大数据的在线反欺诈体系，阐述如何应对欺诈风险和保障业务安全。11.3 节介绍营销场景欺诈风险防控案例。

11.1 欺诈与反欺诈

本节从欺诈风险现状出发，介绍互联网黑色产业链的欺诈动机和团伙分工，解读黑产欺诈行为给互联网营销、支付、信贷等业务带来的风险。

11.1.1 互联网欺诈的特性

互联网是一片"沃土"，孕育了多样化的商业模式，也给了欺诈等"杂草"滋生的机会。由于监管滞后和惩戒不足等问题，互联网欺诈以及背后的黑色产业逐渐专业化、规模化和产业化。相关反欺诈工作面临多方面挑战。

1. 经济不对等

每当欺诈者发现互联网平台（尤其是金融机构）反欺诈体系中的潜在漏洞时，就会迅速在不同场景、不同业务、不同平台上反复尝试攻击漏洞。当某次攻击未能被识别和拦截时，它就可能攻破平台，欺诈成功。站在欺诈者视角，其作案成本低廉，一旦成功可能获得巨大的利益回报；站在金融机构视角，维持复杂业务系统和风控系统需要较大的资源投入，一旦反欺诈防火墙失效，则要承担巨额经济损失。这种攻防之间的经济效应不对等性，给进攻方带来了长期正向激励，助长了欺诈行为的持续性。只要有利可图，欺诈就会一直存在。

2. 体量不对等

从事欺诈等活动的互联网黑色产业经多年发展，已形成较成熟的"产业链"体系，上下游分工明确，消息互通，协同运作。作为对立面的反欺诈体系却相对割裂，同业之间的交流与协作较少，多是单一机构对抗整个黑色产业链，攻防之间存在着体量上的不对等。

3. 信息不对等

互联网反欺诈之战，是一场敌暗我明的斗争。随着互联网业务的不断拓展和演进，欺诈者的欺诈手段花样繁多、灵活多变，攻击隐蔽性不断升级、踪迹难寻。由于数据可得性、敏感性、有效性、时效性等信息不对称问题，防守方难以及时、完整地掌握欺诈作案流程。攻防之间存在信息上的不对等。

11.1.2 黑色产业链

互联网黑色产业链（简称"网络黑产"或"黑产"）主要指利用互联网漏洞实施违法获利行为的利益链条和人员组织。黑产经过数十年发展，已经拥有了一套隐蔽、复杂且高效的行业网络，并衍生出了完整的"商业模式"，其每年交易规模至少为千亿元甚至万亿元级别。

1. 黑产组织结构

黑产大致可分为上游、中游、下游三部分，每部分各司其职，围绕共同利益构成一条紧密衔接的产业链。黑色产业链的大致流程如图 11-1 所示。其中，上游主要为完成"基建"任务的物料提供方，根据中下游需求生产和提供相关黑产工具与资源；中游主要为代理销售方，将上游提供的各类黑灰产资源进行包装和批量转售，多以各类平台形式存在；下游主要为直接行动方，执行黑色和灰色的攻击获利行为，多以各类工作室形式存在。

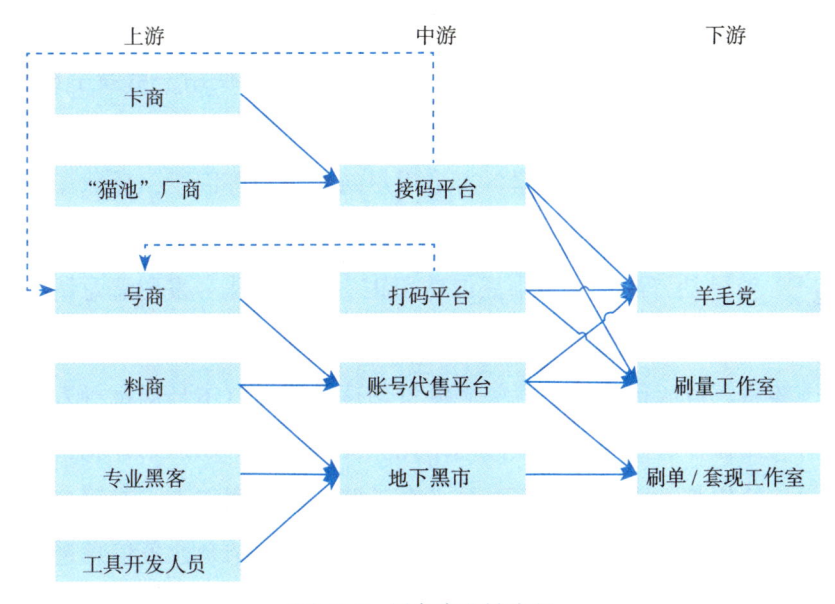

图 11-1 黑色产业链流程

"卡商"本人或他人利用"猫池"与"黑卡"（或盗用的实名手机卡）搭建"接码（接收验证码）平台"，向"号商"批量提供手机号码和短信验证码，使得"号商"可以大量注册微信、京东等网络账号；"料商"作为黑市数据中间商，从号商处购得账号，并和"专业黑客"和"工具开发人员"协作；通过出售或合作方式，帮助"羊毛党""刷量工作室""刷单/套现工作室"等进行欺诈交易。（注："黑卡"指未在三大运营商进行实名认证的手机 Sim 卡；"猫池"是一种插上手机卡就可以模拟手机完成收发短信、接打电话、上网等操作的设备。）

2. 黑产操作方式

黑产的常用操作方式包括但不限于以下几类。

1)机器模拟请求:黑产在破解了接口签名验证(即让平台误认为是正常用户)之后,可以随意篡改请求参数,并将篡改后的请求发送到平台,以达到批量操作请求的目的。这种模式被称为"机刷"。机刷的黑产并没有真实的设备操作信息,仅通过计算机批量伪造接口请求数据,然后分批向平台发起请求。这种方式成本低廉,被黑产大规模使用。

2)伪造设备:如果机刷被平台识别和拦截,对于收益较高的欺诈业务(如营销拉新等),黑产会使用真实手机进行操作,但每个账号都使用一台新手机投入太高,仿真器、多开分身、改机框架等伪造设备操作就成了黑产的选择。对伪造设备的识别需要采集手机的部分软硬件数据,出于用户隐私保护等因素,反欺诈方往往无法完整采集相关数据,只能结合当前请求环境与用户行为进行综合判定。

3)盗号/流量劫持:盗号是指黑产盗用正常用户的账号发起恶意请求,如果平台单纯基于账号历史信息判断,可能误判并放过当前请求。盗号行为还会影响正常用户的使用体验,造成正常用户流失。流量劫持是指通过木马病毒等方式,干扰用户的正常访问流程,引导用户到虚假网站完成虚假交易,以达到诈骗目的。针对盗号和流量劫持的作弊方式,平台需要具备全链路风险监测能力,对用户的高风险登录及早进行阻断,或将有效信息带到关键接口请求处,结合业务信息进行更全面的风险评估。

3. 黑产演化趋势

在与反欺诈方展开多轮对抗后,实力较弱的黑产逐步淘汰,剩余黑产则向更专业、隐蔽的方向发展。

1)人员团伙化。由单兵/小规模作案演变为团伙/大规模作案,不同团伙明确负责产业链中的一部分工作。

2)技术专业化。黑产熟悉常见风控技术手段,在被平台拦截后能快速调整作案方式,尝试绕过现有风险防护体系。黑产中不乏高学历、高技术人员,可以编写专业化脚本,甚至使用机器学习、深度学习等技术与平台对抗。

3)产业成熟化。整个产业链环环相扣、作案隐蔽,联系仅限于上下游,很难跨层联系供货方。

11.1.3 常见欺诈场景

在互联网电商平台和金融平台上，黑产涉足的主要业务场景有4类：贷款申请、贷款交易、在线支付、营销推广。欺诈与反欺诈的攻防对抗普遍存在于各场景中，但不同场景中黑产攻击手段与风险防范方式有所差异。

1）贷款申请欺诈：贷款业务是互联网金融机构的重要业务之一。部分还款意愿低、偿还能力欠缺的贷款申请者，会对个人或企业的信息进行深度包装，伪造成信用良好的形象，骗取金融机构贷款。

2）贷款交易欺诈：个人贷款中的非现金贷是一种非现金交易付款的方式，即用户在消费时无须支付现金，到账单日时再进行还款。该类贷款通常会限制用户的使用平台和用途（如限定地区或指定商家才能使用）。部分用户对流动性资金有诉求，期望将非现金贷款额度套取成现金，该类欺诈行为被称为"套现"。大部分套现用户通过中介实现资金套现需求，中介从中抽取一定比例的手续费。套现用户在获取贷款时付出了远高于正常用户的资金成本，其偿还意愿和能力都低于正常用户，逾期率远高于正常用户。

3）在线支付欺诈：黑产通过各种手段获取和盗用受害人的个人信息与支付（如手机支付等）账号，然后使用盗用账号进行支付交易，该类欺诈行为被称为"盗刷"；或通过欺骗手段诱导用户进行非本人意愿交易并将资金转移给黑产方，该类欺诈行为被称为"诈骗"。

4）营销推广欺诈：营销欺诈是指"羊毛党"等黑产在企业营销活动中骗取原本给予目标用户的优惠和补贴。

11.2 反欺诈体系

欺诈与反欺诈是一个旷日持久的动态对抗和博弈过程。在业务发展初期，反欺诈方作为防守方，主要以基础策略来识别较简单的欺诈风险。欺诈方在对抗中升级技术及手段，寻找防守漏洞，突破风控防线，从而导致防守方风险识别能力（如风险拦截量）下降，被迫升级防御能力。攻防对抗演化过程可以通过线上策略的风险拦截量与欺诈方的欺诈成本的关系来体现（见图11-2）。当欺诈方欺诈成本较低时，欺诈行为较多，线上策略的风险拦截量较高；随着线上策略逐步强化，欺诈成本逐渐提高，欺诈行为减少，风险拦截量逐渐降低；当欺诈方欺诈成本升高到一定水平后，风险拦截量会维持在一个较低水平上，此时攻防双方达到一个相对平衡的状态。

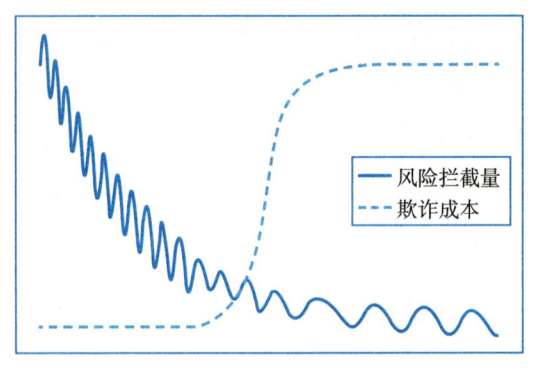

图 11-2　攻防对抗中风险拦截量与欺诈成本关系

人工反欺诈策略的制定需要依赖专家，无法保证及时发现欺诈方的攻击方向，只能在发生大规模风险后进行亡羊补牢式的针对性防控。如果能搭建一个自动化的在线反欺诈体系，防守方就能动态感知欺诈方的攻击方向与手段，及时预警和拦截可疑攻击，增加欺诈成本，减少欺诈收益。该体系需要具备两大核心功能——风险感知能力与风险识别能力。风险感知是指在发生大规模欺诈攻击行为时，在线反欺诈体系能快速发现和定位，引导风控人员快速响应，避免或减少资产的损失。该能力侧重于风险的高召回，一旦发现感知能力有所下降，就需要进行及时调整，确保感知结果具有良好的区分性和稳定性。风险识别是指对风险的拦截与处置，需要依赖策略、模型、人工审核团队的密切配合。该能力侧重于风险的实时拦截，需要保证识别结果的准确性，否则可能会造成大量误杀，影响用户体验。风险感知能力指引风控的方向，风险识别能力决定风控的结果，两者互为依赖。

11.2.1　在线反欺诈体系的构成

在线反欺诈体系的搭建，一方面需要依赖数据存储与分布式计算等基础设施，以及关键模型的智能化开发、部署与管理平台；另一方面要根据反欺诈决策特点，保障实时特征信息的提取和利用,以及高并发实时接口的部署。因此,在线反欺诈体系通常包括 4 个组件,如图 11-3 所示。

人工审核平台	风险查询	风险关联	风险标注	可视化
决策引擎	模型接入	策略制定	并行测试	效果追踪
智能模型平台	特征加工	探索性分析	模型训练	接口发布
数据存储系统	HDFS	Hive	Flink	GraphDB

图 11-3　在线反欺诈体系

1）数据存储系统:在企业平台的安全防护下,欺诈方需要不断变换、尝试突破风控的新方法,这样就会留下作案的"蛛丝马迹"。基于存储的海量数据,反欺诈方可以基于实时信息特征,对账号级的近期异常动态进行监控,也可以搭建大型关系网络,通过欺诈团伙不可避免的异常聚集性来定位关系网络中的异常行为。

2）智能模型平台:模型平台主要通过实现特征加工、模型训练、数据监控三大功能来建立智能风控模型(体系),其中针对反欺诈需求,通常还需实现实时信息处理、高性能实时接口部署、线上线下一致性比对等功能。

3）决策引擎:决策引擎基于实时数据、特征和模型结果进行策略制定。决策引擎有三大功能:一是策略制定,支持对实时数据进行特定加工,从而生成策略,可以直接从特征中心抽取特定特征进行策略制定,也可以调用模型平台结果进行策略制定或直接使用平台的策略推荐;二是并行测试,支持策略并行运行,但不触发决策指令,可以模拟策略上线效果,观察触发量是否有效及合理;三是效果追踪,支持对策略效果进行分析,可以监控策略触发量的稳定性,也可以连接人工审核结果,评估策略的准确性,以便定期进行策略更新。

4）人工审核平台:反欺诈场景下的标签收集难度较大,往往需要人工审核来帮助评估模型效果。人工审核平台连接了决策引擎,具备风险查询、风险关联、风险标注三大主要功能,支撑对高风险交易进行人工核实。用户的多数行为分散存储在多种结构差异较大、可阅读性较弱的数据表中,可能影响人工审核案件的效率。在面对风险类型时,人工审核平台基于对基础数据、网络关系和算法结果可解释性的展示,给审核人员提供了一个阅读方便、包含辅助性信息的案件分析平台。

11.2.2 风险行为的全面感知

在线反欺诈体系风险感知能力的关键目标,是尽量无遗漏地捕捉可能最终构成欺诈的异常行为点。欺诈方在实施欺诈行为时,一定存在多个行为点异于正常用户。例如,在电商平台营销场景中,欺诈方会使用大量新注册账号领取平台发放给新人的优惠券,然后集中购买某一特定商品,并填写同一或类似收货地址,其中"使用新注册账号""购买特定商品""收货地址集中"等异常点同时发生可能构成欺诈。

在线反欺诈体系需要建立多个基础模型作为风险(异常)感知器,尽量覆盖所有异常行为,全方位、多角度地监控潜在风险。其中,单个感知器用于监测特定行为(如是否异地登录),需要具有较高的异常召回(Recall)能力。仅靠单个风险感知器无法保证风险感知准确性(正常用户也可能有同样行为,如更换工作地点),需要综合多个感知器结果,发现异常行为的核心聚集点以提高"风险浓度"(如某营销活动中存在一批异地登录用户且收货地址集中),最终实现在可接受的风险准确率(Precision)下有更高风险召回率的目标。感知器的搭建主要包含以下几种方式。

1)指标监控:该方式主要通过专家设定风险监控指标,及时发现数据异常波动,以便快速定位风险点和了解风险变化趋势。例如,在套现欺诈中,套现用户群体通常较稳定,但在长期对抗过程中套现手段会发生改变,通过持续观察该部分存量风险用户可以了解目前攻击的方向和变化趋势。

2)业务全流程监控:该方式通过拆解业务流程,对各个节点进行有针对性的风险监控策略设计或模型搭建来判断流程风险。例如,在注册环节判断批量注册风险,在登录环节判断账号被盗风险,在设备环境中判断批量操控风险,在支付交易环境中判断非本人意愿和虚假交易风险。

3)算法监测:指标监控一般是单一维度的监测,而欺诈行为的异常聚集性常需要多维度观察才能发现。我们可使用异常聚集检测、模式挖掘等算法搭建感知器,在高维特征空间进行检索，实现识别异常聚集团体等监测功能。

4）舆情监控：从黑产微信群、QQ 群、网上论坛等渠道收集舆情，然后专业情报人员基于自然语言处理、深度学习等技术筛选相关信息，剖析攻击手段，最后将有关潜在风险的情报同步给风控部门进行针对性防范。

5）红蓝方对抗：内部模拟欺诈与反欺诈攻防对战。红方作为攻击方，购买黑产专业工具和模拟黑产攻击手段对当前业务进行批量攻击；蓝方作为防守方，不断迭代策略和模型抵御批量攻击。通过持续对抗和复盘，搭建、补充和完善感知器。

11.2.3 风险交易的准确识别

风险识别是指在感知到风险后，及时准确地定位风险，进而处置风险（例如拦截）。风险识别主要依靠策略和模型，策略通常调整灵活、解释性强，模型通常开发周期较长、解释性弱、精度高。实际操作中以定期迭代的、高精度的模型为基础，辅之灵活调整的策略，以同时实现准确性与实时性。

由于欺诈方也是业务经验丰富、掌握技术方法的"专家"，会根据现状不断变化欺诈手段，反欺诈方需要针对不同欺诈类型和特性，快速更新风险策略，采用合适的技术手段及时迭代风险模型，才能保障线上反欺诈体系具备足够的风险识别能力。其中，常见的策略制定和模型搭建方式有如下两种。

1）敏捷策略制定：在建立了有效风险感知模块的基础上，我们可以综合分析各个流程环节的风险信息，根据算法输出的聚集性结果，通过专家经验进行风险案件提纯和风险归因，对风险案件全流程进行复盘，定位风险发生的原因。若基于专家经验仍无法判断是否出现批量风险案件，我们可以提交给人工审核和情报团队进行二次确认。对已确定风险案件，我们可结合特征库、模型结果、业务经验进行定向策略制定，实现策略的及时更新。

2）在线学习模型：在线学习模型指根据实际情况保持更新迭代的风险模型，其要点是随着欺诈攻击模式的不断变化，保持入模特征的实时更新。构建在线学习模型时，首先需要构建较完备的特征库，覆盖各业务、各场景的所有基础数据源；其次，对于因业务不断扩展或业务形态变化而产生的新增数据源，需要建立一个自动化特征框架，对不同类型和结构的数据进行自动化特征抽取，保障抽取和加工效率，其中对行为序列数据、图网络数据等可以通过深度学习方法进行自动化特征抽取；最后，综合风险策略、人工审核、风险感知模块等反馈的标签情况，建立多个版本的增量在线学习模型，监控、跟踪模型的效果表现，对效果最优的模型逐步切量，保证模型效果维持较好的水平。

在不同的业务场景和流程环节中，我们可获取的有效数据有所不同，基于有限数据判断其中欺诈行为的难度也有所差异，导致在实际应用中策略和模型都会有不同程度的误判。我们需要根据实际情况，搭配不同强度的风险处置措施（如清退、降额、临时止付等），以实现用户体验与风险控制的平衡。

11.2.4 反欺诈体系的常用算法

反欺诈体系的风险感知和风险识别都面对着数以亿计的流量数据，较为依赖智能算法来挖掘隐蔽的欺诈风险。常用的反欺诈算法主要分为有监督和无监督两类。有监督算法需要大量有标签（真实反馈）的历史训练数据，主要用于盗卡、盗刷等类型的欺诈识别，常用的有逻辑回归、决策树等。而在套现、营销欺诈等场景中，标签定义较为模糊，真实反馈稀疏或匮乏，标签准确率和覆盖率偏低，有监督算法的效用受限，此时可以使用无监督算法，通过捕捉欺诈方的异常行为来感知和识别风险。本小节将具体介绍其中几种常用的算法。

1. 异常聚集检测类算法

异常聚集检测类算法主要用来检测异常聚集的用户团体，是异常检测算法与聚类算法的交叉。该类算法假设在以某些维度阈值所划分的用户群体内，用户之间的聚集性越高，则欺诈风险越高。用户行为聚集性的来源可能是欺诈用户对仿真器、机刷等群控欺诈手段的使用，也有可能是亲友、同事之间存在相似行为。在实际应用中，我们需要结合业务规则和条件来对算法召回的用户群体进行进一步判定。

常见的异常聚集检测类算法包括 K-means、DBSCAN、M-zoom、D-cube 等。K-means 和 DBSCAN 是两种经典的聚类算法，基于好人离散、坏人聚集的先验假设，可以使用该类算法发现特征聚集的团体，其中 K-means 需要预设聚类数量，DBSCAN 则需要预设两个用户被认定为同一团伙的最小距离。由于数据运算量较大，我们可以预先进行筛选过滤，例如删除孤立节点等，再运行 DBSCAN 或 K-means 算法输出团簇信息。一般情况下，中等规模且聚集密度较高的团伙可疑程度最高，极大规模的团伙反而更可能是因为数据采集错误而误判的。在实际使用中，我们一般需要基于连续型特征计算距离，且需要人为确定不同特征对总距离的贡献权重，因而较难控制这两种算法识别异常团伙的方向。M-zoom 算法的主要假设是欺诈团伙在特征上表现出高度一致性，同时在某些指标上显著高于正常客群。例如，在营销反欺诈场景中，欺诈团伙以少量账号骗取大量营销费用。若以单个用户消耗的营销费用作为质量指标，我们可以从中预计出欺诈团伙的平均聚集密度将远高于正常客群。M-zoom 的目标就是找出特征一致且聚集密度较大的可疑团伙，在迭代流程中，贪心地逐个移除有某个特征取值的用户，使得剩余用户群密度增大，直至达到预设值。D-cube 算法主要基于分布式运算，相对于 M-zoom 算法提高了效率。

与 K-means、DBSCAN 算法相比，M-zoom、D-cube 利用了质量和密度指标信息，相当于使用了一种弱标签，使算法能朝着找出密度最大子空间的方向运行，因此更适用于发现异常欺诈团伙。在实际使用中，M-zoom 算法倾向于输出人数较少的团伙，而且人工设定密度阈值会影响最终识别团伙的数量和范围。一个有效的解决方案是根据业务经验进行抽检，同时结合案情调查团队的情报，确定团伙密度阈值，在算法迭代流程中进行早停，以避免过拟合，同时加快运算速度。

在异常聚集检测类算法上线前，我们需要对模型输出团伙进行抽检，聚集密度等指标越大，代表群体异常程度越高。我们还需要分析用户的一致性程度，若已针对用户群构建了关系网络，则可以借鉴网络判断团伙内用户的关联关系，综合判定团伙欺诈的可能性。

2. 离群点检测类算法

在反欺诈场景中，如果使用有监督模型（如逻辑回归或 XGBoost），可能面临标签认定问题与样本失衡问题。样本失衡问题可以通过上采样或者调整样本权重等技术手段来解决；而标签认定是一个较难处理的问题，信用风险有明确的逾期指标可用，但欺诈风险没有明确的业务指标可用，标签认定缺少简单通用的方案。一种实际处理方式是从两个视角出发：从业务侧出发，建立多维度且相对完备的监控大盘来定义欺诈风险，这种方法需要对业务有较深入的理解；从技术侧出发，采用离群点检测的手段对当前业务进行风险识别。最终将这两种视角的结果作为欺诈样本的识别线索。

离群点检测算法依赖对样本相似度的刻画，其中包括降维（如 PCA 算法）、超平面划分（如孤立森林算法）、密度（如 LOF 算法）、距离（如 KNN 算法）等视角。离群点检测算法主要分为无监督学习与半监督学习两类。在反欺诈业务中，与"坏用户"相比，"好用户"更易刻画，半监督学习一般会引入正常样本的信息作为基础输入，通过衡量当前样本与正常样本集合的相似度进行异常识别，主要使用的半监督算法有单类支持向量机（One-Class Support Vector Machine）、自编码器（Auto Encoder）等；也可以使用孤立森林、K 近邻等无监督学习算法进行异常检测。在实际业务应用中，两类算法并无明显的优劣之分，但如果当前场景有关于正常用户的先验知识，使用半监督学习能够有更强的可解释性。

在使用离群点检测算法后，我们可结合业务中的关联网络信息，对识别结果进行欺诈认定。例如，在营销反欺诈场景中，用户与用户、用户与商户之间会产生各种关联，形成关联网络。在以消费数据作为特征进行异常识别后，我们可以圈定部分异常用户。这些异常用户作为灰样本，与部分正、负样本一起在该关联网络中进行标签传播算法的迭代。当迭代达到收敛后，灰样本会得到更新的标签结果，明确其是否为欺诈样本。在实践中，结合关联网络结构能够有效地发现欺诈群组，比单一的离群点检测算法的鲁棒性更高。

3. 模式挖掘类算法

模式挖掘类算法擅长挖掘用户间的相同序列模式。在欺诈场景中，往往是少数的欺诈方通过各种手段批量控制多个账号，因此其行为具有高度相似性和前后相关性。例如，中介协助一些用户进行实物转卖套现，那么这些用户的登录行为、浏览轨迹、购买品类、邮寄地址均有高度的相似性。又如，在同一套现团伙中，可以观察到短时间内有大量用户实施异地登录、通过 PC 端加购某商品并邮寄至某特定地区的行为。模式挖掘常用的算法有 Apriori、FP-Tree、PrefixSpan、SynchroTrap 等。

Apriori 算法可以用来找出数据集中频繁出现的集合,通过支持度 support 估计频繁项集发生概率,本质是通过频率估计事件发生概率;

$$\text{support} = P(XY) = \frac{\text{count}(XY)}{\text{count}(\text{AllSample})} \quad (11.1)$$

然后通过计算其置信度 confidence 估计频繁项集之间的相关关系,例如计算在购买啤酒用户中购买尿布的用户占比,从而估计"啤酒—尿布"之间的相关关系。置信度公式为:

$$\text{confidence} = P(X|Y) = \frac{\text{support}(XY)}{\text{support}(Y)} = \frac{\text{count}(XY)}{\text{count}(Y)} \quad (11.2)$$

在反欺诈的实际应用场景中,由于欺诈行为的发生概率相对较低,因此在使用过程中,不会强制要求行为序列的频繁项集的支持度满足一定的阈值,但要求挖掘的团伙规模要达到一定阈值,即频繁项集出现的次数。在反欺诈场景中,更关注频繁项集的置信度,要求达到较高水平,才能证明群体行为具有明确的欺诈指向性。使用频繁项集时,还可以通过设置对照参考组来避免挖掘出非欺诈的相关行为。例如,可以通过策略或模型筛选出高风险套现用户群体,再挖掘高风险套现用户群体内的频繁项集,将该频繁项集在低风险客群中的相关指标作为参考组,看是否仍然具有相对较高的水平。如果在低风险客群中该频繁项集的置信度较低,则我们可以确认该频繁项集与欺诈风险的相关性高。

Apriori 算法的原理简单,但实现其逻辑的计算复杂度较高。计算 K- 频繁项集需要与前面计算频繁项集的结果进行组合,构建新的频繁项候选集并计算支持度。在此过程中,我们会反复对全量事务数据集进行扫描,可能会产生庞大的候选集,数量呈指数级增长。FP-Tree 则将数据集中的数据通过树的形式存储,通过在这种数据结构上优化,避免反复对全量事务数据进行扫描,并且频繁项候选集可以通过树获取,不会产生支持度为 0 的频繁项集,大大减少了不必要的计算量。

Apriori 和 FP-Tree 均不关心频繁项集产生的先后顺序,而 PrefixSpan 提供了一种序列模式挖掘方法。同一团伙的欺诈行为具有一定的前后一致性,例如在支付安全的反欺诈场景中,不同欺诈团伙首次突破登入用户账号的方式可能存在差异(例如通过人脸接口漏洞或通过短信嗅探获取用户的短信验证信息),但同一欺诈团伙突破账号安全的路径可能有着高度相似性。序列模式挖掘通过捕捉这种一致性或不一致性，来区分不同作案类型和欺诈团伙，从而发现当前风控系统中可能被针对的潜在漏洞。

与频繁项集挖掘算法相比，SynchroTrap 不要求用户行为序列完全一致，而是通过定义用户间的序列行为相似性，来识别被欺诈团伙批量控制的用户群体。例如，在营销欺诈场景中，单用户享受的营销优惠有限，为了提高套利空间，欺诈团队需要批量控制账号实现注册、领取新人优惠、购物等操作。短时间内出现的用户注册信息高度相似、频繁领取大量新人优惠、领取顺序存在高度相似性、购物品类和收货地址高度相似等，均是不合理现象。SynchroTrap 算法通过将时间窗口进行切割，比较同一时间窗口内的用户行为序列的相似性，降低了全量空间搜索的复杂度；将用户（节点）与用户（节点）按相似度满足一定阈值则连边的方式构建成图，再通过聚类算法将不同时间、区间内行为高度相似的用户合并成团伙。

11.3 营销场景反欺诈案例

营销欺诈是指黑产团伙批量套取平台营销优惠的行为，一般是使用优惠券批量下单，再进行转卖套现的行为。近年来，黑产逐渐以真人众包取代机刷的方式实施欺诈，区分正常与异常用户的难度加大。

本节以一个营销拉新活动为例，介绍反欺诈体系中事前风险感知、事中交易止损、事后案件分析三大模块的不同作用及特点。案例背景为某电商平台对新注册用户有较大金额的优惠券补贴，用户可以使用该优惠券以低于市场价的价格购买该商品。在该活动中，黑产通过批量注册新账号来批量领取优惠券，并雇用真实用户以极低价格购买易变现商品（例如日用品）并集中寄往某一收货地址，收货后进行线下转销以获利。

11.3.1 事前风险感知

在该案例中，黑产在大规模攻击之前，会预先进行小规模试探，自认为找到规则或系统漏洞后才会发起大规模攻击动作。在小规模试探时，离线风险感知模型可能提前感知风险（例如用孤立森林、局部离群因子等算法发现离群点），进而监控离群点量级的波动。黑产在关键行为上有别于正常用户，在高维空间就表现为离群点。虽然正常用户也有小概率会被划分为离群点，但在稳定业务中占比相对固定。一旦发现离群点量级突然增加，模型就会发出报警。

在大规模攻击初始时，批量用户对某商品下单，会触发商户交易量波动、商品优惠比例过高等多种监控报警。此类监控对象包括绝对值阈值、同环比、时序趋势等指标，其中时序趋势可以使用 ARIMA、GARCH、Holt-Winter、LSTM 等模型预测。

除技术手段外，情报手段同样重要。在优惠券漏洞出现后，黑产相关群聊第一时间出现了相关信息，情报侧及时预警可以迅速填补漏洞，达到拦截攻击或快速止损的目的。

11.3.2　事中交易止损

如果大规模攻击已经落地，我们需要快速定位问题并止损，其中最有效的手段是及时更新风控策略。通常，我们会抽取异常请求的尖峰数据进行分析，初步定位问题点；结合异常报警指标，对感知模型提供的风险用户进行分析；设计规则拟合这部分欺诈用户；快速部署策略进行灰度流量测试与 A/B 测试；通过查看白用户标签和黑用户标签的命中情况来反馈保障策略的准确性；观察异常请求尖峰命中比例，进行召回估算。在本例中，参与该营销活动的用户均购买某一品类产品且寄往同一收货地址，触发了收货地址集中的异常指标报警。此时，我们可快速部署策略，终止参与该活动且收货地址为指定地址的请求交易或限制单笔优惠金额。

为了达到长期对抗的目的，部署在线上的营销欺诈风险识别模型会自动进行重新训练。风险识别模型可基于策略和风险感知器反馈的标签，根据需求进行在线自动迭代、定期迭代、手工触发迭代。常见的线上部署的有监督模型有 LR、XGBoost、LightGBM、DNN 等。

11.3.3　事后案件分析

黑产多是蓄谋已久，前期通过大量试探性请求试图发现平台的安全和策略漏洞，进而通过漏洞发起大规模攻击。事后除了必要的查缺补漏，我们更需要仔细复盘，尤其是对止损反射弧较长的案例，应针对黑产攻击手段、所利用的漏洞、止损慢的原因等进行深度剖析，逆向还原全链路，进而根据实际情况加固感知侧和识别侧，并分门别类地总结这类攻击模式的特点和手段，完善处置流程，更新后续线上处置的预案。

在风险感知侧，如发现某感知模型对已知风险感知能力变差，即标志着欺诈方作弊手段发生了变化。例如，在本例中，批量注册模型的识别能力低于预期时，意味着欺诈方采用了更隐蔽的方式来操纵账号注册。事后复盘时，我们需要对批量注册感知模型进行迭代升级，使其恢复预期的风险感知能力。

在风险识别侧，策略人员可以分析近期的风险情况，对于风险识别效果不佳、误杀率较高的策略进行及时调整或下线，总结并反馈区分能力显著的变量，加入模型特征并重新训练模型，同时基于调整好的风险模型制定新策略。

第 12 章 Chapter 12

反 洗 钱

洗钱是指将上游犯罪所得及产生的收益，通过各种手段掩饰、隐瞒其来源和性质，把非法所得合法化的过程。反洗钱既是各金融机构维护自身经营稳定性的必要手段，也是金融机构的重要法律合规义务，需在反洗钱监管法规的指引下合规经营，并对自身客户、产品、业务进行监控管理，避免自身成为洗钱风险高发地。12.1 节对反洗钱相关概念、形势和义务进行阐述，12.2 节说明如何构建一套行之有效的防控体系来保证各项监管义务的达成，12.3 节针对高风险的团伙化洗钱风险挖掘提出了解决方案。

12.1 洗钱与反洗钱

洗钱是通过各种手段将非法所得资金实现明面的合法化，非法所得的来源包括贩毒、经营非法组织、走私、逃税、贪污贿赂、扰乱金融管理秩序、金融诈骗、恐怖融资等违法犯罪行为，也包括非法集资、非法传销、电信诈骗等新型涉众违法犯罪。洗钱过程通常包含放置、离析、融合 3 个阶段。放置阶段是将违法收益投入金融系统的过程，例如将现金存入银行或支付平台账户、购买可流通票据等。离析阶段是通过复杂多层的金融交易来掩饰犯罪收益的真实来源和性质,例如多层分散转账或通过虚拟购物使非法所得在买家和商户之间实现转移。融合阶段又称整合阶段或"甩干"阶段,是指犯罪收益经过充分离析后,被重新归拢起来投到正当的商业活动中,成为合法收入,融入金融体系。

12.1.1　国内外反洗钱形势

自 20 世纪 80 年代以来,毒品犯罪、跨国有组织犯罪、跨国经济犯罪愈演愈烈,国际犯罪资金转移更加频繁,跨国洗钱成为洗钱活动的主要形式。1989 年,多国共同成立了反洗钱金融行动特别工作组(Financial Action Task Force on Money Laundering,FATF)来应对全球性洗钱风险,提出反洗钱和反恐怖融资建议,为各国在洗钱入罪、加强金融监管、建立金融情报中心、开展反洗钱国际合作、金融机构履行反洗钱义务等方面提供了参考依据。FATF 定期组织专家团对各成员开展反洗钱评估,指出薄弱领域及改进建议,根据评估结果定期更新洗钱高风险成员和不合作成员名单。2007 年 6 月 28 日,我国也成为该组织的正式成员。2018 年,FATF 完成对我国反洗钱制度及执行有效性的全面评估,公布了《中国反洗钱和反恐怖融资互评估报告》,充分认可了近年来我国在反洗钱工作方面的积极进展。

近年来,我国反洗钱管理工作经历了从无到有、义务主体范围从小到大的发展历程。2006 年,《中华人民共和国反洗钱法》(以下简称《反洗钱法》)的出台标志着我国在 FATF 建议下完成了针对银行、证券、保险等传统金融行业的反洗钱立法框架构建。2012 年,《支付机构反洗钱和反恐怖融资管理办法》将第三方支付机构纳入反洗钱义务主体范畴。2018 年,中国人民银行联合民政部、住建部等部委,将房地产交易、贵金属交易、律师、会计师、社会组织等纳入反洗钱管理。2018 年 10 月,中国人民银行联合银保监会、证监会发布了《互联网金融从业机构反洗钱和反恐怖融资管理办法(试行)》,将网络支付、网络借贷、互联网基金、互联网保险、互联网信托等互联网金融机构也纳入反洗钱义务主体范畴。

自《反洗钱法》颁布以来,反洗钱主管部门对反洗钱义务主体的监督管理日益规范和严格,尤其是近年来反洗钱监管处罚力度越来越大,处罚金额越来越高,处罚形式由之前的"单罚制"向"双罚制"转变，既对金融机构实施行政处罚，也对直接负责董监高给予行政处罚。中国人民银行发布的《中国反洗钱报告 2021》显示，人民银行各级分支行共对 638 家义务机构开展反洗钱执法检查，依法处罚反洗钱违规机构 401 家，罚款金额 3.21 亿元；处罚违规个人 759 人，罚款金额 1936 万元。在监管制度日渐成熟、监管力度逐渐加强的趋势下，金融机构纷纷加大在反洗钱领域的人力和科技资源投入，以降低潜在的监管合规风险、洗钱风险和声誉风险。

《反洗钱法》明确了金融机构必须履行的反洗钱三大核心义务：一是客户身份识别义务，也称 KYC（Know Your Customer），通过合法手段收集客户信息，合理利用技术手段和理论方法核验客户真实身份，并了解其建立业务关系的目的和意图；二是大额和可疑交易报送义务，将大额资金流动和异常资金流动上报中国人民银行，以提供发现和追查违法犯罪行为的线索；三是客户身份数据和交易记录保存义务，依规将客户身份数据和交易信息保存一定期限，确保交易过程可追溯，为可疑交易的发现、调查、判断等提供依据。

12.1.2　互联网金融反洗钱

互联网金融以互联网技术为基石，在传统金融服务基础上开展更便捷的资金融通和金融服务，在实现金融普惠的同时也为洗钱犯罪提供了肥沃土壤。洗钱涉及的领域不断增加、渠道不断拓广、手段和技术更复杂化，P2P 网络洗钱、虚拟数字货币洗钱、NFT 数字资产洗钱等新模式层出不穷。作为支付、消金、基金、保险等多个持牌主体混业经营的互联网金融机构，因多元化的金融服务场景而面临日益增加的反洗钱压力。2018 年发布的《互联网金融从业机构反洗钱和反恐怖融资管理办法（试行）》，从法律上定义了互联网金融公司所应承担的反洗钱义务和社会职责。

互联网金融反洗钱主要面临三方面的挑战：一是非面对面的业务属性导致金融从业机构无法准确有效地判断客户真实身份，开展身份尽职调查难度大；二是交易快速便捷且规模庞大，需要更大的监控规模和更快的反应能力，意味着更多的资源投入；三是交易环境复杂，在混业经营的生态体系内可能包含了信贷、理财、消费、支付等多种金融场景，涉及多种支付工具和场景的组合，交易的便捷性和复杂性相辅相成，而洗钱犯罪往往就隐藏在这些海量且盘根错节的交易网络中。

近年来，为保障反洗钱工作的效率，监管部门推动反洗钱工作由"合规为本"（Rule-based）向"风险为本"（Risk-based）转型。以往根据监管指导意见的"合规为本"容易流于形式，忽视了风险管控的初衷，且"合规为本"判断滞后，对新金融业务的不适应性导致风险频发。而在"风险为本"的指导思想下，金融机构不再是监管规则的被动执行者，可以发挥主观能动性去评估客户、产品、业务的风险等级，灵活地采取与风险程度相称的管控措施，用有限资源撬动较大的反洗钱效率。作为金融与科技结合的新业态，互联网金融机构可以积极发挥大数据资源和人工智能技术的优势，结合自身业务特性，从反洗钱机制建设、系统建设、数据管理、规则模型构建、智能工具利用等方面打造既满足监管合规要求又满足实际工作需要的反洗钱安全防护体系，遵照"风险为本"原则高质高效开展反洗钱工作，达成降低合规风险、洗钱风险和潜在声誉风险的目的。

12.2 反洗钱风险防控体系

《法人金融机构洗钱和恐怖融资风险管理指引（试行）》指出机构应"建立健全洗钱风险管理体系，按照风险为本方法，合理配置资源，对本机构洗钱风险进行持续识别、审慎评估、有效控制及全程管理，有效防范洗钱风险。"金融机构从"风险为本"原则出发建立一套行之有效的反洗钱安全防护体系，既是满足监管合规要求的需要，也是自身构建全面风险管理体系的必要环节。12.2.1 节介绍了为支撑反洗钱义务履职而需建立的风险防控体系，给出从底层数据建设至上层目标达成的整体方案。12.2.2 小节详述了客户洗钱风险评级与尽职调查、特殊名单监控、可疑交易监测等的具体实现方法。

12.2.1 反洗钱风险防控体系简介

一个完整的反洗钱风险防控体系需要包括反洗钱架构治理、制度与文化建设、客户身份识别与尽职调查、客户风险评估与等级划分、机构及产品风险评估、大额和可疑交易监测与报送、反洗钱特殊名单监测、新业务评审、法律法规解读、公安案件协查等多个板块。负责搭建和运营反洗钱风控体系的反洗钱管理部门，在横向上需要与各业务条线、合规、审计、数据、文化建设职能部门协调交叉，在纵向上自身具有金融、风控、法律、合规、模型监控等专业特征，是一个涉及面广而深的综合性部门。图12-1展示了一套以数据集市和风险指标为基础、以策略规则和调查审理为上层、以多种系统工具为辅助的反洗钱安全防控体系框架。

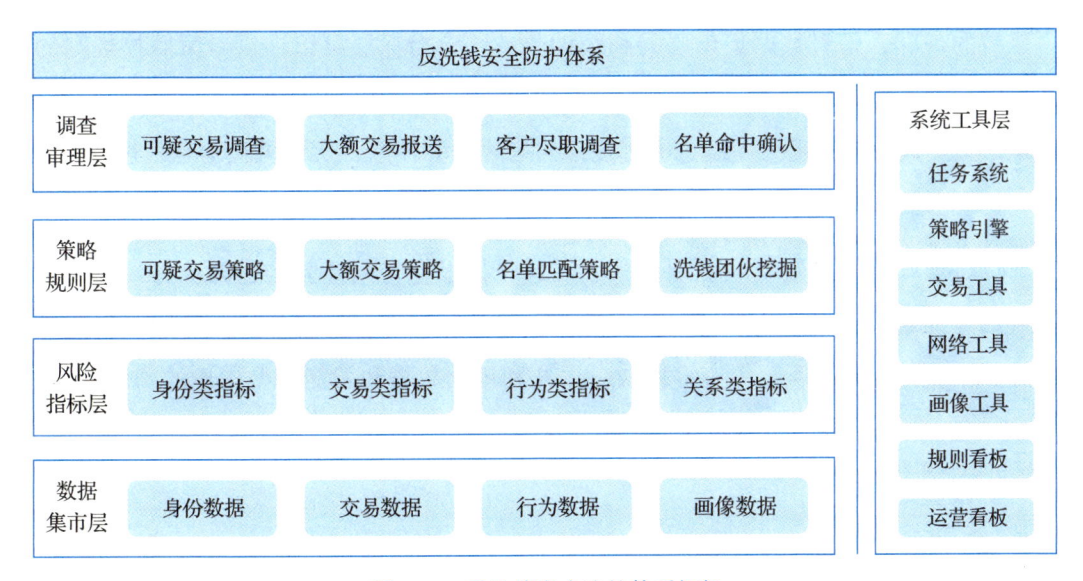

图 12-1 反洗钱安全防护体系框架

1. 数据集市层

良好的数据质量是监管对金融机构的明确要求，也是金融机构实现自身风险管控的必要条件。反洗钱作为一项集团层面的工作，需要汇集各业务条线全生命周期数据，整合形成兼顾洗钱风险监控标准、监管上报接口规范以及监管现场检查规范的有效数据集市，并建立数据质量管控和评审标准，进行持续性数据校验。

集市中的核心数据包括 ID 类、身份类和交易类。ID 类数据整合机构内不同业务对客户赋予的各类账号，支持实现对客户名下所有账户的统一监控。身份类数据整合不同渠道下采集的客户基本要素信息，以保证与客户发生金融关系符合监管 KYC 要求，支持判断交易行为中的不合理之处。交易类数据是反洗钱数据治理的核心与难点。金融机构需要根据业务背景对原来割裂的、不完整的、统一结算的交易类数据进行关联、整合、穿透、拆分，加工出可以体现各参与方真实交易意图的反洗钱交易类数据。这是洗钱风险发现与合规报送的基础。

2. 风险指标层

反洗钱风险指标层是客户、业务、产品等多个主体在不同维度上的统计指标集合，通过对数据近度、频度、增长、占比、波动的量化，从尽可能多的角度展现某一领域的现状，是对数据集市层的高级抽象。风险指标层可以提供专家监控规则的基础指标、风险等级评定的因子、客户画像的构建子项、有监督模型的特征库等，其中的关键指标或关键指标组合也直接参与构建预警体系，实现风险动态管理。

3. 策略规则层

策略规则层是洗钱风险识别的核心层，包括根据专家经验构建的业务或兜底策略规则、针对《反洗钱法》规定的 6 类上游犯罪的识别、对客户及业务层面的洗钱风险评级、特殊名单匹配筛查等模块，以及利用大数据和智能模型构建的团伙挖掘、风险聚类、行为异常发现等模型。

4. 调查审理层

调查审理层负责实现各规则模型所命中客户的风险确认和报送，依据案件类型、风险程度、紧急程度和审理人员的专长对案件进行自动分配，以实现当前资源的最优配置。对风险较确定的场景，我们可采用案件自动审理和报文自动生成的方式提升审理效率、减少操作风险。在调查审理后，对高风险客户采取询问、账户冻结或销户等处理措施，并将案例以特定报文形式报送至监管部门。2021 年，中国反洗钱监测分析中心颁发了《支付机构大额交易报告数据报送接口规范》和《支付机构可疑交易报告数据报送接口规范》，规定机构在确认客户发生大额交易或可疑交易后，应该在 5 个工作日内撰写分析报告，并按照接口规范要求连同其他要求数据提交至监测分析中心。

5. 系统工具层

反洗钱工作的日常开展离不开各种工具的支持。大数据平台是数据处理和模型运算的载体；反洗钱业务系统可以统筹实现各类型风险案件的审理分发、名单全生命周期管理、可疑及大额交易的上报补录等工作；客户查询系统、交易分析系统、关系分析系统、客户画像、指标监控系统、可视化平台等辅助工具从不同角度定位风险，提升案件审理的效率和质量。

12.2.2 洗钱风险监控方法

在反洗钱风险防控体系的支撑下，金融机构通过对国内外监管文件的解读梳理和对已有风险案例的归纳推理，不断制订和完善风险运营方法论，并在实际操作中通过风险评级、策略规则、智能模型、名单筛查匹配等策略层方法开展洗钱风险监控和定位。

1. 客户洗钱风险评级与尽职调查

客户洗钱风险评级和尽职调查是 KYC 工作的重要组成部分。2013 年，中国人民银行发布《金融机构洗钱和恐怖融资风险评估及客户分类管理指引》（以下简称《指引》），要求金融机构建立客户洗钱风险评估制度，目的是运用评估结果合理配置反洗钱资源，对不同风险等级的客户采取有针对性的风险控制措施。对高风险客户加强审核频率和强度，以了解其资金来源、资金用途和经营状况等信息，并加强对其交易活动的监测分析；对低风险客户采取简化的尽职调查，并实施的合理控制措施。该《指引》规定的客户洗钱风险评估指标体系包含客户特性风险、地域风险、业务（含金融产品、金融服务）风险、行业（含职业）风险 4 个基本模块，下面又细分为多个风险子项（见表 12-1），金融机构也可结合自身情况增加其他参考项目和指标。

表 12-1 洗钱风险评级参考子项

风险模块	风险子项
客户特性风险	客户信息的公开程度
	金融机构与客户建立或维持业务关系的渠道
	客户所持身份证件或身份证明文件的种类
	反洗钱交易监测记录
	非自然人客户的股权或控制权结构
	涉及客户的风险提示信息或权威媒体报道信息
	自然人客户年龄
	非自然人客户的存续时间

(续)

风险模块	风险子项
地域风险	某国（地区）受反洗钱监控或制裁的情况
	对某国（地区）进行反洗钱风险提示的情况
	国家（地区）的上游犯罪状况
	特殊的金融监管风险
业务（含金融产品、金融服务）风险	与现金的关联程度
	非面对面交易
	跨境交易
	代理交易
	特殊业务类型的交易频率
行业（含职业）风险	公认具有较高风险的行业（职业）
	与特定洗钱风险的关联度
	行业现金密集程度

在确定风险指标体系后，对客户每个指标进行打分，通常分值为 0 到 5 之间的整数，数值越大代表风险越高。对于类别型指标，我们可以根据经验赋值，例如当客户证件类型为非身份证时可直接赋值 5；对于金额、笔数等数值型指标，我们可先对全量客户排序，以合适分位点作为分段阈值，然后赋值。在完成指标打分（赋值）后，考虑各指标对应的风险大小和指标间的相关性，将各项得分进行线性加权汇总，得到呈右偏长尾分布的风险总分。最终，基于对各分数段客户的风险调查和客户占比情况，来确定风险等级的三级划分或五级划分。

对于划分为高风险等级的客户，金融机构可以采取提高身份调查频次、提高交易监测频率和强度、合理限制非面对面方式办理业务的金额和次数等措施。此外，当客户信息变更、资金高度异常、涉及刑事查询/权威媒体案件报道等显示洗钱风险状况可能变化的事件发生时，金融机构应重启客户风险等级评定程序。

2. 特殊名单监控规则

对反洗钱与反恐怖融资名单进行监控也是金融机构防范金融服务被不法分子利用、规避监管或声誉风险的重要手段。尤其对跨境业务较多的机构来说，名单监控合规是自身面临的首要合规风险之一。通过建立实时和回溯监控名单筛查机制，避免向受限（如被通缉、受制裁等）个人或实体提供服务，是最直接有效的洗钱风险防范手段之一。

金融机构应根据当地法律法规要求，结合自身业务特性合理选择监控名单范围。

常用名单来源包括联合国、OFAC（美国财政部海外资产控制办公室）、FATF、中国政府和相关部门等发布的制裁、涉恐、涉黑、经济犯罪、刑事犯罪、政治敏感人物、严重违法失信企业、风险提示信息、处罚名单等。2019年实施的《法人金融机构洗钱和恐怖融资风险管理指引（试行）》给出了监控名单建议，包括但不限于：

1）公安部等我国有关部门发布的恐怖活动组织及恐怖活动人员名单。
2）联合国发布的且得到我国承认的制裁决议名单。
3）其他国际组织和国家发布的且得到我国承认的反洗钱和反恐怖融资监控名单。
4）中国人民银行要求关注的其他反洗钱和反恐怖融资监控名单。
5）洗钱风险管理工作中发现的其他需要监测关注的组织或人员名单。

名单所提供的身份信息通常包含姓名、别名、性别、年龄、国别、出生地、证件号、护照号等，但除姓名外的其他信息可能存在缺失。由于语言不同等因素，单词在缩写、拼接、同音、特殊字符等方面存在多种变换和组合的可能，使身份信息的准确匹配面临挑战。在匹配过程中，为避免出现遗漏，名单筛查普遍采用模糊匹配算法，但数据不确定性和重名情况放大了匹配量，可能导致误报率高、后续人工甄别工作量大等问题。一种提升效率的管理思路是从"风险为本"原则出发，依据匹配置信度和名单类型严重度对结果进行分级，如姓名、国别等多要素精准命中者优先级高于普通模糊匹配结果，又如政府发布的制裁涉恐命中者优先级高于"百名红色通缉令"等命中者。机构要把控名单主要风险，构建体系白名单，并不断提升名单策略的命中精度，做到及时发现、及时拦截。

3. 可疑交易监测规则

可疑交易监控与报告是法定的反洗钱义务之一。义务主体（如金融机构）应该遵循《金融机构大额交易和可疑交易报告管理办法》《义务机构反洗钱交易监测标准建设工作指引》等规定，根据行业指引、风险提示和境内外反洗钱经验，结合自身业务特点，通过指标构建、规则归纳迭代和机器学习模型部署行之有效的监控体系；然后，通过风险案例的初审、复审、审定、报告生成、数据补正报送来履行可疑交易报告义务，最终实现洗钱线索在监管层的汇集和统一分析。为了提高各机构风险监测的有效性，监管部门提炼了"案例特征化、特征指标化、指标模型化"的监测指导思路。

1）案例特征化：案例特征化是指义务机构通过收集存在行业普遍性和本机构个性化特点的案例，对其进行风险分析、归纳、抽取可识别特征的过程。案例的分析要与当前洗钱风险及其发展变化相吻合，并具有一定的前瞻性。

2）特征指标化：特征指标化是将案例中可以识别的特征进行抽取和量化的过程。指标的设计和组合使用可以指向客户的某些异常特征或异常交易特征。例如个人客户的姓名、证件号码、性别、国籍等要素，可以组合指向涉恐名单；又如企业客户的证件种类、经营范围注册资金等要素，可以组合指向客户身份背景和财富。

3）指标模型化：指标模型化是将能反映特定洗钱及相关犯罪类型的不同指标构建成专家经验模型或机器学习模型。对于可疑交易的识别模型构建，金融机构可参考中国人民银行发布的洗钱犯罪类型和可疑交易识别点等指引文档，并结合自身实际风险类型进行调整。

可疑交易监控规则大致可分为业务规则、涉罪规则、兜底规则3类。业务规则聚焦于业务场景中洗钱风险监控，如信贷场景中的频繁借贷、还款，理财场景中的频繁申购赎回所造成的资金来源混淆，支付场景中的资金集中转入、分散转出和分散转入、集中转出，电商场景中对高价值易变现品类的大额购买和跨境的大额支付等。涉罪规则用于监控《反洗钱法》规定的7类上游犯罪在机构内的发生，并防止其赃款在体系内的流动。常见的洗钱上游犯罪包括赌博、诈骗、传销、走私、贪腐、地下钱庄等。兜底规则不区分交易发生的业务场景，以客户维度进行全业务账户异常交易监控，如客户单笔大额或累积大额的交易、长期闲置账户突然启用等。

金融机构常用的可疑交易监测指标主要有预警率、报告率、成案率，用于评估监控规则、参数阈值和模型结构的有效性。

1）预警率=监测预警的交易量/全部交易量。该指标反映规则设置的敏感度。该指标过高，表示监测标准设置得较宽泛，缺乏针对性，在预警交易中正常交易占比较大。该指标过低，反映标准设置得较严苛，可能存在监测漏洞，会错失对某些异常交易的监测和预警。

2）报告率=可疑交易报告数/监测预警报告数。该指标主要反映监测规则的有效性和可疑交易报告风险偏好度。该指标较高，表示规则较有效，或防御性低风险报告过多。该指标过低，表示规则的有效性可能存在较大问题。

3）成案率 = 被移交或立案的可疑交易报告数 / 可疑交易报告数。该指标主要反映规则的有效性和可疑交易报告质量。该指标越高，表示义务机构的监测标准越有效，可疑交易报告质量及情报价值越高。

金融机构可参考这三个指标不断完善监控规则和参数阈值，尤其注重对长期无命中的低质规则的优化，也可以通过同业数据对比来提升监测效果。

4. 机器学习预警与协查

互联网金融机构可以发挥其在大数据资源和机器学习技术上的优势，利用刻画丰富的特征指标库，采用有监督模型或无监督模型进行洗钱风险的识别或辅助判断。

1）对于风险固化且长期存在的洗钱场景，金融机构可以基于前期由规则模型积累的风险标签，采用有监督模型来提高识别量和识别率。金融机构可使用逻辑回归、决策树、随机森林、GBDT（梯度提升决策树）等具有一定模型解释性的算法。良好的解释性一方面有助于业务专家理解和判断风险是否存在，另一方面可以辅助智能生成报文，提高上报给对应监管部门的效率。

2）无监督模型在反洗钱中的主要作用有基于聚类模型的风险归类和基于异常检测模型的风险发现。风险归类一般基于涵盖不同类型客群和业务风险的兜底规则，通过后置一个聚类模型，从交易类型、支付方式、支付金额等业务含义明显的维度进行聚类，相当于对特征空间进行了切分。由不同的业务类型和支付方式组合出来的类别存在着不同的洗钱风险，不同的交易额代表了不同的风险大小。基于模型聚类的结果，再根据专家经验，筛除低金额、低风险类别，并对高风险类别按场景做进一步拆解或合并后，可以得到最终具备强解释性的风险归类结果。该风险归类结果可为实际业务中的同场景并案审理提供便利，同时也因为目标客群的风险浓度变高而提高了报案率。风险发现是通过孤立森林等异常检测算法，从特定场景中找出高维特征空间中分布异常的客户或行为。它的优势在于可以挖掘场景中未知的洗钱风险，拓宽专家的认知边界。例如以时间、金额、产品等为检测维度，可以发现在夜间频繁发生特定交易的异常客户，但此类异常发现通常需要经过先验规则的提纯，再由专家介入判断其真实风险的大小。

12.3 基于交易网络的洗钱风险识别

洗钱手法变化多端，但最终都要落脚于交易。如果把交易对象看作节点，把交互行为看作连边，则交易对象以及交易关系会构成一个复杂网络。相比于传统反洗钱方法只识别单个账户的洗钱风险，从交易网络的视角出发可以更有效地识别出破坏性更高的团伙作案风险。

从图论视角看，根据节点属性的不同，我们可以把复杂网络分为同构图和异构图。同构图是由同一种节点组成的关系网络，如银行账户间的资金转账关系网络。异构图是由不同属性的节点组成的关系网络，如银行账户和支付平台账户间的充值与提现网络、由客户和线上店铺构成的交易网络等。异构图相比于同构图增加了额外的节点信息，对复杂场景具有更强的适配性。但如果节点属性在异构图中不具有重要意义时，我们也可去掉节点属性退化为同构图处理。本节从网络结构和挖掘目标两个交叉维度出发，分别给出了同构图下的洗钱关键节点发现、同构图下的洗钱风险社群发现和异构图下的洗钱风险社群发现的解决方案。

12.3.1 同构图下的洗钱关键节点发现

在同构图分析中，我们可基于节点重要性指标来挖掘图中的重要信息（如关键性账户、关键性个人、关键性交易）。在交易网络中，重要性越高的节点的潜在洗钱风险越大。中心性是判定节点重要性的指标。常用的中心性度量指标有度中心性、中介中心性、特征向量中心性等。此外，PageRank算法也可以给出节点的重要性排序。

度中心性是指一个节点与其他节点的连边数总和。度中心性大，意味着与该节点发生交易的客户多，呈现出高重要度和潜在高风险。中介中心性是指一个节点担任其他任意两个节点之间最短路桥梁的次数，反映了节点在整个交易网络中的影响力，因为一旦该节点消失，其他点之间的交流会变得更困难，甚至可能会断开连接。特征向量中心性在衡量节点重要性时考虑了其邻居的重要性。有 100 个高度邻居的节点比有 100 个低度邻居的节点具有更高的特征向量中心性。PageRank 是一种用来对网络中节点进行重要性排序的算法，基于两个假设：数量假设，具体为被其他节点指向越多，该节点越重要；品质假设，具体为被高重要度节点指向，说明被指向节点重要度也高。

在同构图中，发现和评价节点重要性的另一种视角是信息聚合，即对节点邻居的特征信息的加总、平均或取最值。一阶聚合是节点一阶邻居信息的汇总，二阶聚合是二阶邻居信息汇总到一阶后，再聚合到本节点。根据小世界模型，不建议聚合二阶以上的邻居信息，因为三阶及更远的邻居节点数量放大严重，且与原节点的关系紧密程度呈指数级下降。聚合的信息可以是上述提到的各类网络中心性指标，也可以是与业务相关的其他指标，如客户（节点）的洗钱风险评分。如果一个节点在聚合邻居信息后呈现高风险评分，该节点就拥有比自身单点评分更高的风险，且极有可能处于洗钱网络团伙中。

12.3.2　同构图下的洗钱风险社群发现

社群发现算法用来发现网络中的社群结构，类似网络关系版的聚类算法。聚类算法通常依据节点在特征空间中的距离，社群发现算法则依据网络拓扑结构（如节点之间连接紧密度）。社群发现用于反洗钱场景的假设是"在交易网络中，聚集性越高的群体，洗钱的潜在风险越大"。在同构交易网络中，客户群体聚集原因是多样的，包括亲朋、代购、洗钱等，需要结合专家经验判断团伙洗钱风险的可能性大小。

常用社群发现算法包括基于模块度的 Louvain 和基于信息熵的 Infomap 等。这些算法都是基于一个合理的全局衡量指标对社群不断进行启发式划分，最终迭代构造出一个内部紧密聚集、外部稀疏连接的社群结构。其中，Louvain 算法通过模块度来刻画社群的紧密程度，在迭代中尝试将各个节点加入能使模块度提升最大的社群中。Infomap 算法通过图上随机游走产生的最短编码来描述随机游走路径，不断将节点加入能使平均比特下降最大的社群。Louvain 算法在目标函数的贪心优化过程中满足了局部合理性，倾向于将已分离的小群合并为大群，并将过多的离群点纳入其中，可能造成全局有偏，导致无法分离出有效洗钱社群或者让风险被稀释和淹没。一个改进方案是先根据业务经验对网络做预剪枝去噪，减少无风险节点和边的干扰；然后为边设置风险权重，以确保低风险连接的合理断开；并设定优化函数的增益阈值，防止过度合并。这些操作不仅可以提升网络的分割精度，也节省了大量运算资源。

在判断社群洗钱风险时,首先选择模块度较高的社群进行分析,因为模块度越高代表群体内聚性越高,也代表着更高的团伙作案可能性。然后分析客户的群体特征(如群内节点总数、边总数、年龄/性别分布、交易金额/笔数分布、风险评分分布等),结合专家经验对交易背景和关键节点进行调查,判断团伙洗钱的可能性。

12.3.3　异构图下的洗钱风险社群发现

异构图是由不同类型节点组成的关系网络。二分图是异构网络的一种,由两类节点组成,且同类节点间通常没有连接(见图12-2左)。很多洗钱团队都采用异构图式的交易模式,例如线上店铺与客户勾结形成的交易网络,不同客户的储蓄卡向同批信用卡打款形成的资金网络等。洗钱行为会使两类节点间出现异常的连接分布,从整体来看呈现出一张致密子图,且该子图内的节点与图外节点联系相对较少,使得本不应出现聚集行为的二分图关系网络中出现了双边聚集性行为(见图12-2右)。

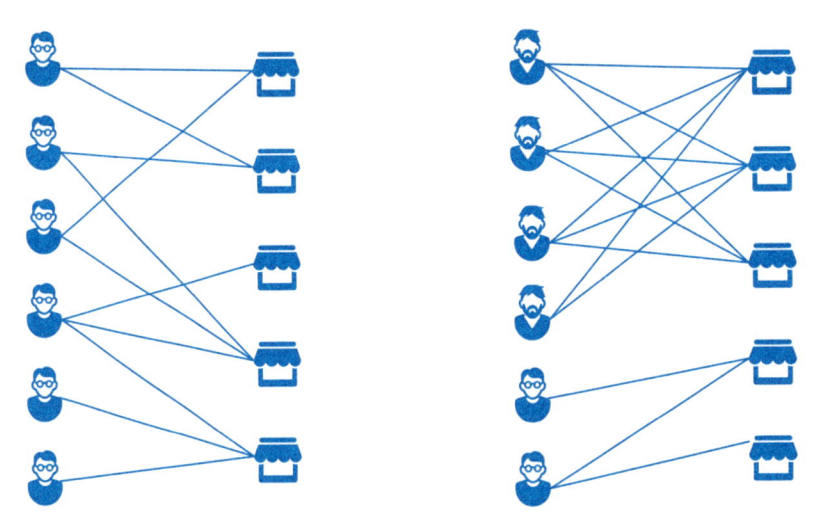

图12-2　二分图下的正常连接模式(左)和异常连接模式(右)

如果将异常行为总结成一种模式,我们就可以将其从海量数据中分离出来。然而,洗钱者为了绕过监控系统,往往会做出某种伪装以使自己看起来有向好的一面,例如增加对正常热销商品的购买、增加普通的转账行为等。在二分图中,这些行为体现为增加了正常连边,可能掩盖或稀释部分风险行为,使其看起来更像一个正常节点。

　　Fraudar算法可以对抗这类伪装，抽丝剥茧地提取出异常致密子图。Fraudar算法定义了一个可以表达节点平均可疑度的全局度量，即当前网络中所有节点可疑度之和与当前节点数的比值；在贪心移除可疑度最小节点的迭代过程中，使全局度量达到最大时的留存节点将组成可疑度最高的异常社群。

　　图12-3展示了一个对线上店铺与个人客户交易网络剪除白名单节点、高可信度节点、低活节点、低风险边后提取出的异常二分社群。该社群的15个个人节点与26个店铺节点间存在密集交叉交易，又都与社群外的节点联系稀疏，这显然不符合公共电商平台上的常见关联关系。可以认为，该群体有很大的洗钱风险概率。

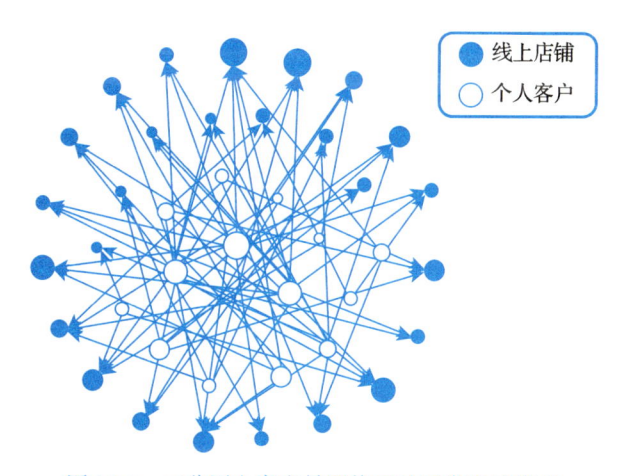

图12-3　二分图电商交易网络下的异常连接模式

　　从模型有效性看，Fraudar算法也存在和其他无监督算法类似的不足，即模型输出结果的可解释性和稳定性都偏差，需要结合统计指标和专家经验做二次判断。从二分图交易网络中提取出的致密子图可能其中包含的不只是洗钱团伙，还有刷单团伙、羊毛党、黄牛团伙等其他团伙。此时，我们可以将刻画单点行为的有监督模型和刻画网络结构特性的无监督模型结合起来，通过协同训练发挥更大的效用（见图12-4）。一方面，有监督模型可以指导无监督模型：有监督模型打分结果指引无监督节点可疑度做权重调整，使节点可疑从拓扑信息和单点行为属性上综合表达其洗钱风险程度；把可疑社群的有监督模型平均分和在特征空间的聚集度作为社群挖掘质量的有效性评价。另一方面，有监督模型也从无监督模型收到正向反馈：通过对有效社群的分析获得更多风险标签和特征构建上的指导。二者综合利用各方数据，互相协同，形成模型闭环，通过多轮迭代不断提升洗钱社群挖掘效率。

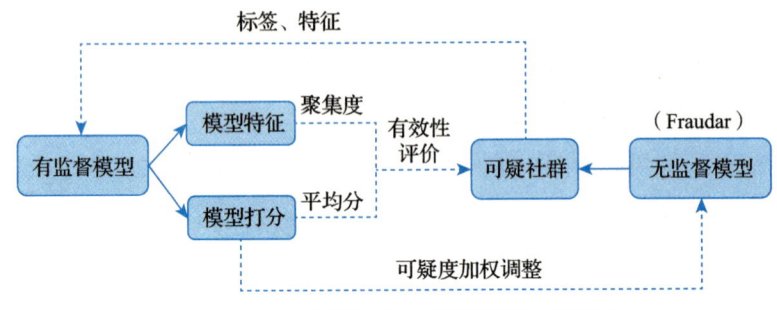

图 12-4　有监督模型与无监督模型协同训练

第 13 章

特殊名单

特殊名单又名"黑灰白名单",是金融风险管理的一种特殊工具。黑名单通常包含存在不良历史记录的人群,包括但不限于不良信用记录、违法犯罪记录等人群。对于黑名单人群的借贷申请,金融机构可能会直接拒绝或者严格限制其信贷额度与用途。灰名单通常包含需要特别关注的、存在潜在风险的人群。白名单通常包含金融机构较为信任的优质客群,其授信优先级较高,在有新产品时也可能优先获得推广和准入。特殊名单具有可解释性强、有效性好、精准性高等特点。使用特殊名单是金融机构进行预防性风险管理的有效手段之一。本章介绍智能风控体系中特殊名单的设定和使用。13.1 节介绍特殊名单的定义,以及特殊名单在账户安全、信贷申请、客户管理、营销交易等场景的应用;13.2 节介绍特殊名单管理体系,包括入黑、出黑、加白等操作及其原则;13.3 节介绍基于特殊名单和关系网络的标签扩散。

13.1 特殊名单简介

负面特殊名单在多个行业领域乃至整个社会层面都有出现。例如,2017 年 1 月,铁路部门出台了铁路旅客信用记录管理办法,将出现七类失信行为的旅客列入黑名单，并依规对黑名单旅客采取惩戒和限制措施。2013年开始，相关部门制定了有关失信被执行人（俗称"老赖"）的若干惩戒规定。截至2022年初，中国执行信息公开网站公布的失信被执行人已达约720万。

正面特殊名单也普遍存在于多个领域。例如，2018年6月，国家发展和改革委员会启动"守信激励创新行动"，提出让信用好的市场主体和个人获得便利，对信用状况良好以上的企业提供一对一服务；在缴纳税款时，被纳入税收白名单的企业的法定代表人可免于办理实名认证，只需要办税人员实名绑定企业即可办理各类涉税业务；在申请银行贷款时，信用良好的申请人可以获得更快审批、更高额度和更优利率。

金融机构通常会将自身信贷产品的违约客户列入风控黑名单，未来不再为其提供金融服务。随着大数据技术的发展，风控特殊名单的数据来源和规则定义更加多元化，除了包括基于机构内部历史数据开展案件调查和风险建模识别出的高风险客户外，还包括通过第三方机构获取和构建的基于全网不良信息的更大规模的特殊名单，覆盖征信、失信、刑事犯罪、网贷不良记录、恶意套现、盗卡等多个维度。金融机构会依据风险类别、数据来源等逻辑来划分得到不同类型的特殊名单，如图13-1所示。

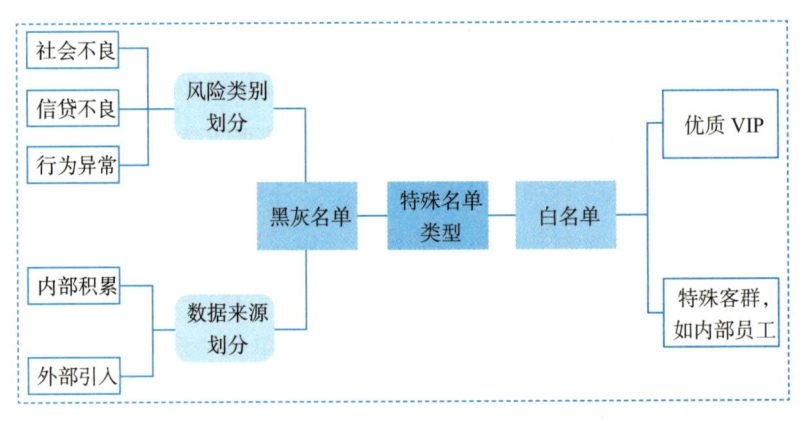

图 13-1 特殊名单的类型

风控黑名单一般包含存在不良信用记录或社会不良行为（如贷款严重逾期、恶意骗贷等）的人群。风控白名单通常指具有良好信用历史和较好资产状况的信用优质客户，除了包括原有积淀或外部获取的白名单外，还包括从成熟业务中进一步积累的优质客户。风控灰名单包含存在潜在风险、但程度相对黑名单较低的人群，通常包括曾存在账号异常或行为异常、存在一定风险、但没有明确不良记录的客户，例如，频繁在多个机构借贷的多头客户（存在违约风险），同一时间段同一设备集中注册的多个新账号（存在欺诈风险）。

黑名单可用于账户安全、信贷申请、客户管理、营销交易等多个业务场景（见图13-2）。在账户安全场景中，如果账户被识别为"已被盗用"或"有设备行为异常"等黑名单状态，我们可以让客户进行二次加验，确认是本人并解除风险后继续使用。在信贷申请场景中，客户每次申请一笔贷款，金融机构都会实时更新客户的黑名单，若识别到客户出现过欺诈或有严重多头属性等，则拒绝该客户的申请。在客户管理场景中，对黑名单账户需要做好关联账号挖掘，防止一人多号等情况导致风险漏洞或风险扩散。在营销交易场景中，对发生过刷单或薅羊毛等恶意行为进入黑名单的账户进行拦截，防止二次损失。当黑名单客户线上发生实时申请或交易时，风控系统可迅速对风险账户预警并拦截，同时记录并反馈给相关业务部门。在信贷申请场景中，灰名单客户的审核程序比普通客户更严格，且被拒绝或低额度通过的概率较大。金融机构在开展业务初期常通过白名单进行快速拓展，在业务稳定发展期则给予白名单客户特殊审批流程，提供快速审批、较高额度、优惠利率等优先服务，提升客户体验。

图13-2 黑名单的应用

13.2 特殊名单管理

一个完备的特殊名单管理体系需要包含入黑、退出、加白等可执行操作及其准则。各个名单要有生命周期，名单库中的每个客户应有不同的风险等级。

对于存在潜在风险的客群，金融机构可以逐个根据风险程度评定黑度等级，然后划分到黑名单或灰名单。通常，我们将具有以下行为之一的风险客户纳入黑名单，明确拒绝其申请借贷。

1）严重信贷逾期行为。对于内外部信贷产品有严重逾期的客户，不予借贷。

2）存在欺诈行为。对于有欺诈行为（如伪造信息、盗号申请等）的客户，严格拒绝其任何信贷行为。

3）严重社会不良行为。对于有黄赌毒、公安在逃等严重社会不良客户，拒不借贷。

4）存在行为异常，如薅羊毛。对于存在严重行为异常的客户，不予借贷。

5）存在账号异常，如账号被盗用、银行卡被盗刷，可限制客户的借贷行为。

对于正向优质客群，制定"加白"准则判断是否可以加入白名单。加入风控白名单的客户一般是从内部积累的优质客户中筛选得到的，例如在内部产品中多次借贷且始终正常还款的客户，征信报告显示近一年还款行为全部正常的客户，具有一定资质的内部员工，同一机构内大额存款客户等。

黑名单并非一成不变，需要定期审核和评估。金融机构可以根据入黑客户的风险水平和可靠程度等因素设置有效期（再审期），按相关清退出库规则复核和执行。一些常见规则包括：对于信贷逾期客户，如果客户已正常还款，那么可以在满足特定入黑年限后清退，入黑年限可以根据产品接受的风险程度设置；对于行为或账号异常客户，可以在满足特定入黑年限后再次观测客户的行为，如果正常，那么考虑清退；对于存在严重欺诈行为的客户，因其造成风险可能极大，可以设置为"永久不清退"；对于存在严重社会不良行为的客户，其存在极大的风险隐患，为非目标客群，可以设置为"永久不清退"。

13.3 基于特殊名单的标签扩散建模

传统特殊名单的更新依赖对单个账户/客户的历史行为的评估和判断。随着欺诈、洗钱等各类风险呈现方式的不断演变，仅依赖个体历史数据来预测未来风险的方法逐渐失效，此时需要充分利用账户关系网络、交易关系网络等关联性数据来构建和更新特殊名单。例如，在反欺诈场景中，相比个体实施的信息造假、薅羊毛、刷单等行为，团伙欺诈的破坏性更大，隐蔽性也更强。团伙欺诈组织为使作案成本最小化，在申请贷款时常过分共享部分信息，如相似地址、相似设备等。此时，金融机构可以通过共享实体找出强连通图，及时有效地发现隐藏的共同特征，运用概率统计、数据挖掘等方法从图中找出小区，并结合业务规则、特殊名单等判断是否为欺诈团伙，进而更新特殊名单。

这里以经典标签传播算法（Label Propagation Algorithm，LPA）为例，简述基于特殊名单风险扩散过程。LPA 是根据已标注节点的标签信息预测未标注节点的标签，每个节点的标签都会按相似度传播给相邻节点，与该节点相似度越大的邻居节点受其标签的影响权值就越大，因此越相似的节点，其传播后的标签就越趋于一致。

LPA 假设存在已标注标签的 l 个样本 $(x_1, y_1)\cdots(x_l, y_l)$，其标签 $\{y_1\cdots y_l\}$ 已知，存在未标注标签的 u 个样本 $(x_{l+1}, y_{l+1})\cdots(x_{l+u}, y_{l+u})$，其标签 $\{y_{l+1}\cdots y_{l+u}\}$ 未知，$l \ll u$（即有标签样本数远小于无标签样本数）。以所有样本点（有标签和无标签）为节点，可以构造一个完全图，即所有两两节点之间都存在一条边。

节点间连边权重的定义方式较多（例如可以按边的数量平均权重来定义，或者根据样本间距离来定义），在 LPA 中边权重的定义如下：

$$w_{ij} = \exp\left(-\frac{d_{ij}^2}{\sigma^2}\right) = \exp\left(-\frac{\sum_{d=1}^{D}(x_i^d - x_j^d)^2}{\sigma^2}\right) \tag{13.1}$$

可以看出，样本距离越近，权重越大。极端地，当距离为 0 时，权重趋向于 1；当距离为无穷大时，权重趋向于 0。这种连边权重定义方式衡量的是两样本之间的相似度。

节点间的概率传播矩阵通常记为 T，其中每个元素 $T_{ij} = P(j \to i) = \dfrac{w_{ij}}{\sum_{k=1}^{l+u} w_{kj}}$ 归一化处理后为 $\bar{T}_{ij} = T_{ij} / \Sigma_k T_{ik}$。结合各个节点的标签矩阵 Y 就可以执行传播，具体传播方式为 $Y \leftarrow \bar{T}Y$。每执行一次传播后需要修复已标注节点的标签（重新赋值为真实标签）。

反复传播和修复，直至标签矩阵收敛。

当把 LPA 运用在特殊名单风险扩散问题时，可将手机号、银行卡、设备 ID、收货地址等作为扩散介质构建图，其中黑名单客户为已标注样本，通过介质关联到的客户作为未标注样本；执行标签传播，其中样本（节点）间权重可以依据共享手机号、银行卡数量等计算，也可结合基于样本（节点）特征计算出相似度作为权重。注意，对不同场景不同类型的坏事件可设计不同的特征，例如在刷单场景中可根据客户的下单行为设计特征，在信贷场景中可根据客户的还款能力和消费能力设计特征。

第 14 章

多头借贷防控

市场经济的周期性发展常伴随着交替出现的信贷扩张和信贷收缩。经济周期中可能出现经济泡沫阶段，其重要表现之一是：越来越多的借款被用来偿还旧债，导致借款人债务负担持续加重。在信贷市场中，在多个平台轮番借款且新借款不断被用于实际用途时，就形成了多头借贷。对于平台和市场来说，多头借贷会导致两类损失的发生：一是因借款人违约产生的本息损失，二是贷款未用于支出（消费、生产或投资）而带来的对经济活力的影响。可以说，多头借贷风险防控是信贷风控的重中之重。近年来，受益于监管体系和征信系统的发展与完善，多头借贷防控获得了更大的操作空间。14.1 节介绍多头借贷的基本情况；14.2 节介绍防控多头借贷风险的关键点——数据共享；14.3 节介绍大数据环境下的多头借贷防控实践方法。

14.1 多头借贷风险

一般来说，同一借贷人在两家或两家以上的金融机构提出借贷需求的行为，被称为"多头借贷"。对于提供贷款的金融机构来说，信息不对称导致其无法及时评估申请人的真实债务情况，加上受自身利益驱动而可能采用激进放贷策略（例如头部机构推动普惠金融、尾部机构掠夺性放贷），形成了借款人同时负债于多个机构和平台的可能性。这种潜在"机遇"一方面可能误导正常贷款人的消费观和借贷观，削弱其财务管理能力，加重其债务负担；另一方面也给了不怀好意之人铤而走险、伪造身份、欺诈套现的可能性。市场数据表明，小额现金贷人群中有多头借贷行为的客户占比过半。多头借贷情况与信贷逾期风险之间存在很强的相关性甚至是因果性，多头借贷客群的违约率是普通客群的数倍，因而识别多头借贷成为风控工作的重中之重。

除恶意欺诈的情况外，多头借贷常涉及"以贷养贷"行为，即借贷人陷入一个欠款—借款还款—再欠款的恶性循环。雪球越滚越大，还款利息持续增加，一旦资金源断裂，就可能导致多笔贷款逾期，严重影响自身信用。这种火中取栗的行为，最终伤害的还是借贷人。

除借贷人自身原因外，部分金融机构的激进甚至违规违法操作也助长了多头借贷，例如"高炮"平台、P2P 平台等的高额"砍头息"和"逾期费用"导致实际年化利率高达百分之几百，远高于法律规定的 24% 利率红线。此外，这些平台还可能涉及暴力催收、泄露借款人隐私信息等行为，严重扰乱了金融行业正常经营秩序。即使是合规放贷机构，也在日益竞争激烈的信贷市场中选择了客群下沉，对没有信用记录、信用记录不良（如有违约或拖欠记录）、低收入人群等次级贷款客户发放贷款。为对冲相对较高的信用风险，这部分客户需要承担显著高于正常客群的利率，又反过来造成了客户的偿债困难。

面对普遍存在的多头借贷现象，风控工作人员不仅要识别客户是否多头借贷，还需要区分客户的多头借贷程度。多头借贷程度没有统一的定义方法，并非贷款余额高就是负债高，也不是申请的机构数多就一定多头借贷严重，而是需要综合多元信贷信息来认定。图 14-1 展示了一个实践中的多头借贷程度划分案例，其中包含不同多头借贷程度的 Vintage 曲线。可以看出，多头借贷越严重，风险越高且劣变速度更快。

金融机构需要结合不同客群的不同多头借贷程度，理性地看待多头借贷，既不能任由多头借贷野蛮生长，造成严重风险甚至信贷危机，也不能简单地一棍子打死，破坏合理且轻度的多头借贷需求。随着监管趋严，征信体系建设日趋完善，基于多

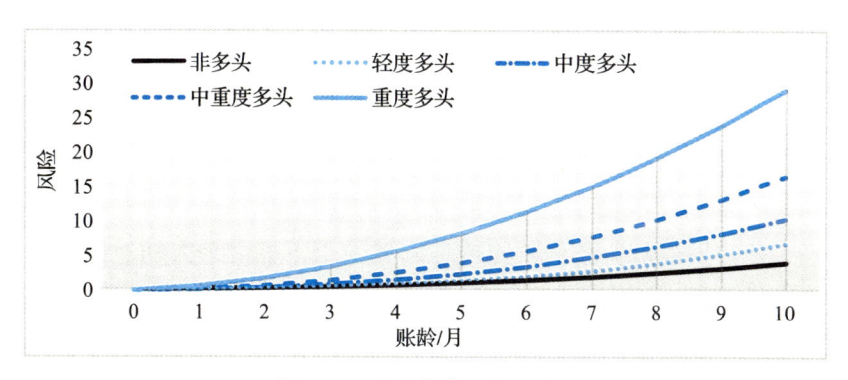

头借贷现实的信贷市场也会逐步趋于理性和良性。

图 14-1　多头借贷风险示意图

14.2　多头借贷防控基础

14.2.1　联防联控与数据共享

多头借贷超越了单个机构控制范围，需要联合多个金融机构，协同推动防控。风险防控的基础是数据，要推动联防联控就需要推动合规的跨机构数据共享。

在移动互联网时代，数据是金融机构和征信机构的核心资源。单个金融机构或平台对贷款申请人的风险评估往往依赖内部数据和少量外部数据，要推动有助于联防联控的关键数据（例如借款人在各个渠道的借款情况）共享不是一件易事。事实上，除了多头借贷风险，信用风险和欺诈风险的有效防控也需要多方数据的整合。打破信息孤岛，推动多个机构在合规、真实、有效的共享关键数据的基础上实现跨机构的联防联控机制，是构建良好行业生态的必由之路。

需要注意的是，数据共享不代表金融机构可以过度采集或滥用客户信息。允许客户信息不受监管地在平台方、支付机构、出资方等渠道任意流转，是一种严重危害信息安全和隐私安全的行为。因此，风控数据共享和信用信息共享需要建立在成熟法治和有效监管的基础上，通过诸如征信系统、联邦学习等合规方式来开展。其中，联邦学习是一种基于联合建模和隐私安全的分布式机器学习范式，各参与方即使不直接交换数据也能进行协作建模。

14.2.2 个人征信系统

2020年，中国人民银行征信中心面向社会公众和金融机构开放了第二代格式化个人信用报告查询服务。相关金融机构在开展日常业务时，需要向征信中心上报客户信贷交易行为等信息，包括但不限于办理信用卡、贷款、担保等业务。其中，业务基本信息和历次账户交易情况等会通过数据报送形式进入征信系统，进而累积形成征信报告。征信报告具备较强的权威性，其记录不能由个人随意改变，其中不良记录会保持五年时间，如需清除不良记录，需要还清所有逾期贷款，并在五年内不再出现新的不良记录。征信报告涵盖客户在不同机构的信贷行为数据，为风险联防联控提供了关键信息。

随着信贷行业的发展，信贷客群持续下沉，多头借贷愈发严重，这对征信报告的及时性、有效性、丰富性提出了更高的要求。相比第一代征信报告，第二代征信报告进一步提升了信息含量，同时提高了及时性，使得一些曾经可行的套现套利行为变得无所遁形。例如，引入共同借款信息使得离婚式购房不再可行，信息更新时间缩短使得利用时间差多头贷款逐渐失效。第二代征信系统是我国信用系统持续完善的体现，但它并不是终点。在央行征信系统之外，市场化的个人征信服务也逐步产生和完善。2018年第一家市场化个人征信机构百行征信获批成立，2020年朴道征信拿到第二张个人征信业务牌照，这些市场化个人征信机构的数据支持方包括多家客户基数巨大的互联网企业，这也标志着大数据征信时代的到来。

征信报告是个人和企业的"信用身份证"。随着我国征信系统的不断完善，金融机构之间的数据共享和联防联控将变得更加有效，多头借贷风险防控的难题也将不断迎来更加有效的解决方案。

14.2.3 其他数据渠道

除了持牌经营的个人征信机构（和系统），乘移动互联网发展东风的部分数据富集机构或平台在隐私保护和合规经营的前提下，也推出了有助于金融机构风险防控的各类数据产品，形成了补充持牌征信系统的多头借贷数据来源渠道。这些渠道可能提供包含信贷数据和非信贷数据在内的多类数据。其中，信贷数据记录了历史借款、还款、逾期等直接信贷行为，有助于多头借贷防控、欺诈防控、风控评估等工作。虽然非信贷数据与信贷行为不直接相关，但借助大数据风控模型，我们也可能挖掘出关于还款能力等维度的有效信息，其中包括交易、理财、保险等金融属性数据，以及线上行为习惯等非金融属性数据。通常情况下，金融机构从信贷数据中挖掘多头借贷信息。但随着互联网金融业务的持续下沉和"信贷白户"客群的占比提升，对多头借贷信息的挖掘，金融机构也开始考虑注册、申请等非信贷数据。如果能跟踪完整客户信贷生命周期，覆盖从注册、申请、发放、到期还款、逾期等各个环节，多头借贷将无处遁形。

14.3　基于大数据的多头借贷全流程防控

多头借贷风险防控的实际开展需要整合在贷前、贷中、贷后的客户全生命周期管理体系中，通过有效利用多头借贷相关信息的规则和模型来具体实现。

14.3.1　防控措施

多头借贷和逾期风险之间的关系错综复杂，多头借贷的严重程度和多头借贷程度的变化均与信贷逾期强相关，因此在信贷各个环节做好多头借贷防控并不容易。贷前审批要考虑客户申请时的多头借贷程度，如果当前多头借贷严重，就可以采取拒绝策略，防患于未然；贷中则需要关注客户多头借贷程度的变化，多头借贷程度变严重暗示着客户存在"借新还旧"的风险；贷后的催收回款也可以根据多头借贷程度去合理分配催收资源。多头借贷防控从客户贷前准入阶段的策略和模型，到贷中客户交易、客户额度管理，再到贷后催收策略等场景，几乎贯穿整个信贷生命周期，需要有机融入客户全生命周期管理体系。

1. 贷前管理

获客是信贷产品的起点，也是客户信贷生命周期的起点。获客的目标客群通常是风险较低的客群，多头借贷程度正是度量目标客群风险的重要维度之一。需要注意的是，并不是只要有借款人涉及多头借贷就一定拒绝，一款发展成熟的信贷产品的自然流量很大一部分可能是行业内的多头借贷客群。如果产品定位只做非多头借贷客户，金融机构就需要投入更多精力发掘能带来优质客群的渠道；如果目标客群覆盖各种多头借贷程度的客户，金融机构就需要增强多头借贷防控能力。

多头借贷程度没有统一的判断标准，但在实践中一般分两步来判断。

1）获取多头借贷数据。客户在进行注册、申请、借款、还款等行为时，平台需要查询第三方征信机构的信息来做决策。这些查询会在第三方征信机构留下记录。如果第三方征信机构收到了同一客户在多个平台的查询申请，就可形成多头借贷数据库。第三方征信机构的信息被查询得越多，其多头借贷数据在金融机构中的覆盖度就越全面，形成良性循环。对多头借贷数据的加工可以借鉴 RFM 模型（最近一次消费时间 R、一定时间内消费频率 F、一定时间内累计消费金额 M），如表 14-1 所示。此外，从非信贷数据中也可以获取与多头借贷有关的信息，例如通过技术手段模拟客户手机号在不同金融机构/平台进行注册，通过返回信息判断该手机号是否已注册。如果能覆盖足够多平台，这些注册数据就是较好的多头借贷识别依据。

表 14-1 多头特征加工表

统计类别	特征
近因	最近一次申请距今天数
次数	最近 N 天/历史+银行类/消金/互联网金融类/非银类/总+机构数/次数
金额	最近 N 天/历史+申请金额+总金额/平均金额/最大金额/最小金额
通过情况	最近 N 天/历史+非银行类/消金类/互联网金融类/总+拒绝次数
	最近 N 天/历史+银行类/消金/互联网金融类/非银类/总+通过率
趋势	（最近 X 天+银行/消金/互联网金融/非银/总机构数）/（最近 Y 天+银行/消金/互联网金融/非银/总机构数）
占比	最近 X 天+银行/消金/互联网金融/非银/总机构数
集中性	最近 30 天/90 天/总+多头申请间隔天数+平均/最小/最大/标准偏差
稳定性	最近 30 天/90 天/总+多头申请间隔天数+标准偏差÷平均

2）确定多头借贷程度。多头借贷程度可分为非多头、轻度多头、严重多头等不同级别。非多头借贷就是当前无其他贷款；正常使用各类"先享后付"服务的客户（例如分期、信用卡等）通常属于轻度多头借贷；严重多头（或恶性多头）借贷则代表共债很多，债务负担很重，甚至出现"借新还旧"情况。确定客户多头借贷程度的方法包括单变量挖掘、多变量组合、综合建模等，具体做法详见 14.3.2 节。在确定

客户多头借贷程度后,即可结合历史业务数据分析不同分群的多头借贷客户的风险表现,归纳出不同多头借贷等级的客户短期风险水平、长期风险水平、多头和额度交叉下的风险水平等统计结果。通常,如果一个客户多头借贷程度高于一定阈值会被直接拒绝贷款,而获得授信的客户也会根据多头借贷程度确定授信额度。

2. 贷中管理

贷中阶段的工作重点包括精细化风险管理和动态额度管理。多头借贷程度是风险管理和额度管理的重要参考维度。在贷中环节,金融机构需要持续观测不断变化的多头借贷程度,对于每次支用交易都可根据实时多头借贷程度信息判断是否拦截,同时跟踪多头借贷程度变动情况来对额度进行动态管理(提升或降低)。贷前和贷中管理都会使用多头借贷程度信息,但贷前管理更多考虑的是时点数据,贷中管理则是围绕动支月进行周期性观测。多头借贷程度在授信后可能随时间变化而持续变化。金融机构可以通过状态转移矩阵来分析多头借贷程度变化所透露出的逾期风险情况。图14-2 展示了根据客户半年前多头借贷程度和当前多头借贷程度来分组计算的未来逾期风险概率。可以看出,多头借贷程度稳定客户的风险程度相对稳定,而多头借贷波动剧烈客户的风险程度波动较大,其中从半年前严重多头借贷变成当前轻度多头借贷的客户的逾期风险比保持严重多头借贷的客户的更高,而多头借贷程度变轻的可能原因是各金融机构加强了针对该类客户的管控,其负债敞口的缩减是被动发生的。

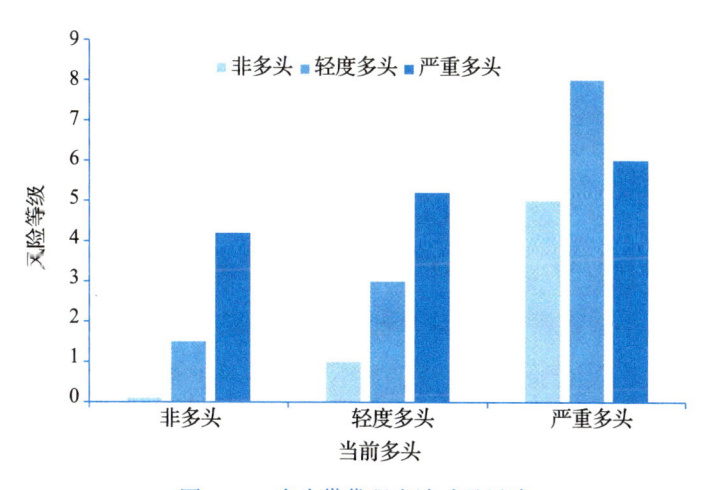

图 14-2 多头借贷程度波动及风险

3. 贷后管理

贷后催收通常依据逾期程度来分层制定催收策略，而多头借贷程度是一个重要的参考维度。对于多头借贷严重客户，如果不及时催收，催回概率会显著降低。因此，多头借贷程度与客户贷后行为、催收行为等因素会交叉影响催收成功率。在开发催收评分卡和制定催收策略时，多头借贷程度通常作为一个重要变量加入模型开发和策略制定，与客户贷后行为特征、催收行为特征等共同发挥作用。

14.3.2 多头借贷防控的规则和模型

在多头借贷防控中，多头借贷数据常通过多头借贷规则和多头借贷模型来发挥作用。一方面，金融机构通过策略规则来利用多头借贷数据，其中包括单变量规则和多变量规则。具体而言，可以通过分析来自不同数据源的多头借贷变量得到单个变量的风险区分力排序，挑选风险区分力强的变量按阈值切分来制定单变量多头借贷规则，并应用于策略拦截；也可以组合多个多头借贷变量，采用决策树查找最优组合策略，进而得到多变量组合的多头借贷规则。另一方面，金融机构也可以建立机器学习模型以获得基于多头借贷数据的风险评分，当有多条业务线并存或需要精细化运营时，依据多头借贷评分划分的评级结果进行防控。总的来说，多头借贷防控通过应用简单或复杂的规则和模型从多个视角对客户的多头借贷程度进行排序来发挥作用，其中涉及多头策略规则、多头借贷风险预测模型、多头借贷预测模型等。

1. 多头策略规则

多头借贷数据常被风控策略团队直接应用于风控规则中，一是因为效果好，二是因为业务含义明确，对于决策逻辑具备很好的可解释性。多头借贷数据首先适用于策略而非模型的另一个重要原因是，数据通常来自外部征信机构和数据平台，存在覆盖率不高且不够稳定的状况。策略规则只需根据变量取值拒绝线进行截断，而无需像模型那样对变量进行深度挖掘（如使用交叉特征等），对噪声容忍度更大。在不同机构、不同信贷产品、不同场景中，基于区分力较强的多头借贷变量的拒绝线划分方式都不一样，根据实际情况确定合适的拒绝线是风控策略制定的重要任务。

表 14-2 展示了根据一个多头借贷变量"近一年申请机构数"不同取值来分组统

计的好坏客户分布情况。其中，"缺失"表示对应客群的该变量取值未知，而其余分组分别对应了该组客户多头借贷变量的取值为 0、1、大于或等于 2。如果将大于或等于 2 作为拒绝线，则该规则拒绝率为 3%，其中被拒绝客户坏账率为 27.6%。如果将大于 0 作为拒绝线，则该规则拒绝率为 10%，其中被拒绝客户坏账率大于 13.1%，仍然远高于剩下两组客群的坏账率。以上两种规则都是有效的，在实际业务中采用哪种有效规则取决于金融机构当下在特定产品线上的风险偏好和风控意图，获客为主可适当放宽，存量经营则宜从严。需要注意的是，如果多头借贷数据覆盖率较低（缺失占比较高），可以考虑直接取大于 0 作为拒绝线（即将大于 0 且非缺失作为多头借贷维度排黑规则）。

表 14-2 多头借贷变量"近一年申请机构数"的规则示例

分组	人数	好人数	坏人数	人数占比	累计占比	坏账率
缺失	41606	40962	644	46%	46%	1.5%
0	40195	38521	1674	44%	90%	4.2%
1	6260	5440	820	7%	97%	13.1%
≥ 2	2950	2135	815	3%	100%	27.6%

在使用区分力强的变量制定单变量拒绝规则后，金融机构可以使用决策树来制定基于剩余区分力较弱变量的组合规则。图 14-3 展示了一个多头借贷变量组合规则案例。此外，多头借贷变量除了直接用于制定拒绝规则外，也可与其他变量一起作为客群划分的重要参考维度。

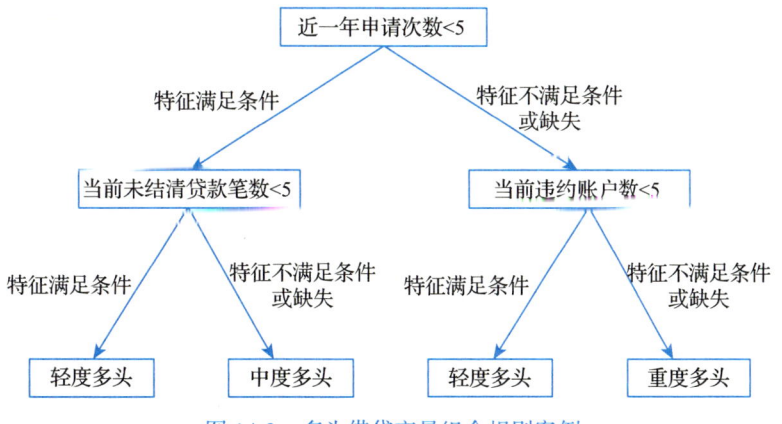

图 14-3 多头借贷变量组合规则案例

2. 多头借贷风险预测模型

多头借贷风险预测模型是只采用多头借贷相关的特征变量来建模预测违约风险标签，得到基于多头借贷维度的客户风险水平，然后结合其他维度做交叉矩阵，以进一步对不同客群开展更细粒度的风险识别。

多头借贷风险预测模型和普通信用评分模型相比，主要区别在于特征选择。普通信用评分模型，无论基于逻辑回归、XGBoost，还是深度学习，都利用较多（或更多）变量建立；而多头借贷风险模型是对多头借贷信息与违约风险的关系进行建模，主要采用多头借贷变量。多头借贷风险预测模型所使用的数据很大程度上依赖第三方征信机构或数据服务商，数据存在较大接入成本，且数据源之间可能存在一定的共性，因此多头借贷风险预测模型建立过程中将做精细化特征选择并依托专家经验细致开展特征工程。

多头借贷风险预测模型的建模样本一般无需与申请评分或行为评分模型的建模样本刻意区分。如果 A 卡和 B 卡构建均采用 6 个月表现期数据，多头借贷风险预测模型也可采用 6 个月表现期数据，此时多头评分就是一个基于多头借贷维度的风险评分。然而，由于部分金融机构建模常以第三方数据为主，而第三方数据又以多头借贷数据为主要信息源，因此多头评分和基于第三方数据开发的申请评分模型的相关性较高。为解决这个问题，金融机构可以引入差异化标签。从劣变角度考虑，多头借贷客户因为以贷还贷短期内行为正常，但可能存在长期风险，因此多头借贷风险预测模型的标签可用更长表现期（如 12 个月）。这样一来，多头评分和其他评分模型的相关性更低，风险评估效果会更好，策略应用空间也可以更大。

由于信贷产品多样性和市场多变性，策略规则和模型都需要快速迭代、不断调整。多头借贷变量不够稳定，数据源一旦失效或出现较大波动，会给策略规则和多头借贷模型造成较大影响。因此，在策略规则开发和模型开发时需要提前评估数据源波动带来的影响，包括每个数据源缺失后分数的分布变化和分数区分性（如 KS）的衰减情况，以便如果后续出现部分数据源下线，可以迅速判断应该调整策略（如规则阈值）还是迭代模型。需要注意的是，如果模型和策略规则都重度依赖某个多头借贷变量，那么策略规则的调整会对模型的客群造成一定的干扰。因此，金融机构在调整策略和/或迭代模型时应做好相应的监控和分析。

3. 多头借贷预测模型

多头借贷预测模型的目标是评估和预测客户是否多头借贷（或其多头程度），而非直接预测其违约风险。这个建模问题的难点在于如何定义合理的标签，不同于衡量违约风险，很难找到一个简单指标来衡量多头借贷。一种解决方案是找到可信且区分度强的变量作为预测标签，例如征信报告中的多头数据。

不同于违约风险预测模型只能用最终放贷且满足好坏定义的样本建模，多头借贷预测模型可以利用所有合适的申请样本建模。违约风险预测模型需要将样本最终的违约风险表现作为标签，需要一定表现期才能获得标签信息；而多头借贷预测模型是用样本在预测时点的表现情况作为标签，不需要滞后的表现期。

在建立多头借贷预测模型后，需要对模型做出解释，并在有风险标签的样本上进行交叉评估。使用逻辑回归模型或 XGBoost 模型都可获得相应的可解释性，其中后者可以借助变量重要性、SHAP 等方法，也可以在建模时采取设置单调性约束等技术控制方法，还可以对 XGBoost 叶子节点进行逻辑回归模型训练。在有风险标签的样本上进行交叉评估的目的，则是验证预测出的多头与否（或多头程度）和违约风险之间是否具备较好的正相关性，从侧面说明多头借贷预测模型的有效性。

第七篇 Part 7

风控新技术

- 第15章 联邦学习
- 第16章 关系网络

在信贷风控体系逐步智能化、精准化和全面化的进程中，许多崭新而富有前景的风控新技术逐渐涌现。第 15 章介绍了用于跨数据源联合建模的隐私保护技术——联邦学习；第 16 章介绍了能进一步拓展模型能力的关系网络技术及其在风控领域的典型应用。

第 15 章 *Chapter 15*

联邦学习

  如何在保护客户隐私前提下利用多方数据进行协同建模以保障风险评估、广告外投等场景的模型能力是金融机构面临的重要问题。联邦学习正是解决这类"数据孤岛"问题的主要方案之一。本章主要介绍应用于信贷领域的联邦学习技术。15.1节阐述数据困境问题和联邦学习基本概念，介绍了按照应用场景划分，联邦学习可以划分为纵向联邦学习、横向联邦学习、联邦迁移学习三类。15.2 节、15.3 节、15.4节分别介绍这三类联邦学习的基本形式、建模步骤和应用案例。

15.1 联邦学习简介

15.1.1 联合建模的数据困境

  为了合理、有效地评估个人或机构的风险承受能力，金融机构需要对贷款申请人或申请机构进行风险评估建模。这不仅依赖金融机构自身掌握的数据，也需要借助包含其他重要信息的外部数据。风险评估建模常用数据包括资质类数据、信贷类数据、消费类数据、行为类数据，具体涉及个人身份资质数据、信贷历史数据、征信数据、电商消费记录数据、信用卡账单数据、埋点行为记录数据、活动轨迹数据等，通常被金融机构、电商平台、公共管理机构、各类互联网服务提供商等不同主体掌握和维护。因此，跨机构主体甚至跨部门之间的联合建模面临着"数据孤岛"的困境。这种困境包括数据管理制度、贡献分配和互信合作3个方面。

1）首先，最重要的是数据管理制度方面。由于这些数据往往包含了大量有关具体个人和法人的详细信息，出于隐私保护和信息安全目的，掌握数据的主体在使用数据、交换数据等方面受到严格的监管和约束。2018年欧盟通过了《通用数据保护条例》(General Data Protection Regulation, GDPR)，以期实现客户隐私管控和数据安全保护。同年，美国加利福尼亚州通过了美国第一部隐私保护法律《加利福尼亚消费者隐私法案》(CCPA)来向加州消费者提供隐私权利保护，受到法律监管的企业需要履行多项信息保护义务。近年来，《中华人民共和国网络安全法》《中华人民共和国个人信息保护法》《中华人民共和国数据安全法》《信息安全技术 个人信息安全规范》等法规的出台也为我国的隐私保护和数据安全工作提供了依据。

2）除了制度法律以外，"数据孤岛"困境的第二个方面是贡献分配。贡献分配指的是在正式合作开始之前，需要合理评估不同参与方提供的数据在联合建模中贡献的价值。这种价值评估的方案往往是多种多样的。常见的方案有决策树模型中特征使用的次数、特征在所有决策树中对预测结果的累计增益、特征在所有决策树中对样本的平均覆盖度等。在涉及真实的利益分配问题上，合作的各参与方都倾向使用对自己最有益的方案，因此联合建模中数据贡献分配方案往往难以达成共识。

3）"数据孤岛"困境的第三个方面是互信合作。这是指合作的参与方往往可以拿到其他参与方的数据相关信息，而且数据具有可复制性，在多个参与方合作的模式中，单个主体往往无法完全信任其他参与方。假设有A公司和B公司，B公司出于业务1的需求，向A公司购买相关数据，并签署了合约规定，明确指定该数据只能用于业务1的需求；但是当A公司把相关数据给B公司之后，B公司到底如何使用数据，A公司就不得而知了。

因此，各金融机构开展风险评估建模工作时，必须考虑如何在合法合规的前提下，打破不同主体之间的"数据孤岛"困境，将分散在不同存储单元的多元数据进行整合建模。

15.1.2 破局之钥:联邦学习

风险评估建模的主要目标是从大量数据中挖掘多元客户特征和信用风险之间关联关系等重要信息,而并不关注特定个例的具体数据。联邦学习提供了一种在不同主体之间不直接交换可见数据但可以共享建模重要信息的解决方案,从而在保护隐私的基础上实现了跨越多方数据的协作建模。针对不同的实际应用场景,联邦学习又分为纵向联邦学习、横向联邦学习和联邦迁移学习。

纵向联邦学习是针对建模参与方之间的数据集在特征空间上差异较大、在样本空间上重合度较高的场景,在实际建模中通常会先将样本空间对齐,并在逻辑上将各参与方的特征合并汇总(见图 15-1)。纵向联邦学习是根据各方不同的特征信息和共同标签完成建模,在建模过程中会基于同态加密等技术对交互的中间结果进行加密保护,同时保证联邦建模下的结果与非联邦下的结果保持一致,详细介绍见 15.2 节。

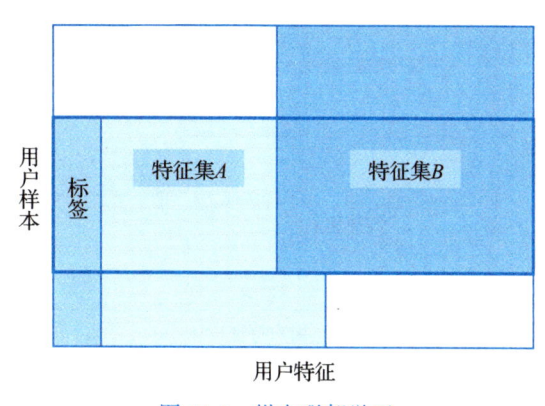

图 15-1 纵向联邦学习

横向联邦学习是针对建模参与方提供的数据集在样本空间有较大区分度、但在特征空间上重合度较高的场景,在实际建模中会优先筛选相同的特征空间,并在逻辑上将不同参与方提供的样本进行合并形成联邦模型使用的样本空间。因此,横向联邦学习被认为是一种基于客户样本的联邦建模方案,各参与方之间的样本空间不同,但拥有共同的特征空间(见图 15-2),根据各方不同客户样本下的共同特征和标签进行建模,详细介绍见 15.3 节。

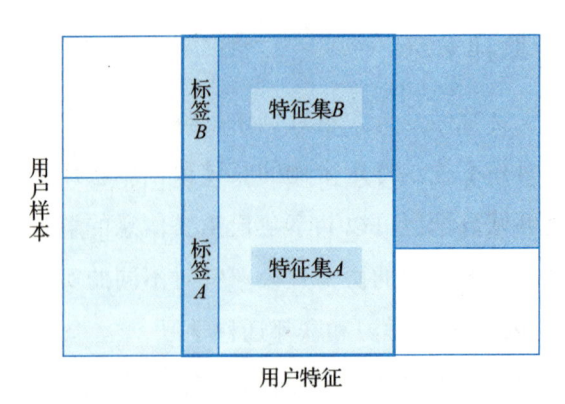

图 15-2　横向联邦学习

联邦迁移学习是针对建模参与方的数据集在特征空间和样本空间上差异都较高的场景。联邦迁移学习不对数据进行切分（见图 15-3），使用参与方所持的特征数据进行模型迁移，是一种依赖知识迁移的联邦建模方案，详细介绍见 15.4 节。

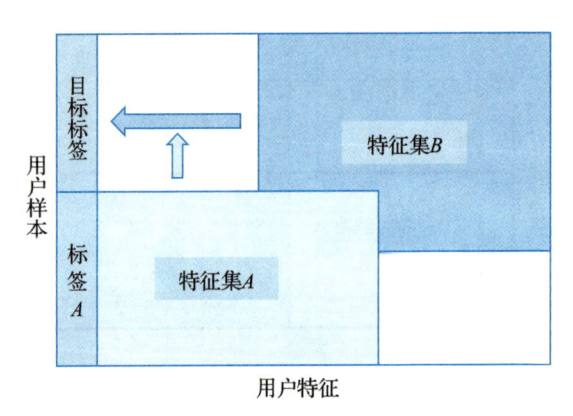

图 15-3　联邦迁移学习

近年来，以腾讯、蚂蚁、京东为代表的企业分别打造了联邦学习平台，通过多方隐私安全计算技术升级本地模型，赋能信贷风控业务。以杨强教授为代表的微众银行团队在国内首次开源了联邦学习框架 FATE（Federated AI Technology Enabler）；百度大脑基于多方安全计算和联邦学习等技术构建了面向企业客户的大数据服务开放平台"点石"，推动了联邦服务生态的发展；京东科技也提出了自研的安全多方联合建模工具"联邦模盒"，并在金融领域率先实现了联邦建模的落地。

15.1.3 多方安全计算、分布式机器学习与联邦学习的比较

多方安全计算、分布式机器学习与联邦学习这三者在技术背景和计算框架上有许多相似之处，但在数据分布、技术侧重点上各不相同。

多方安全计算是指多个参与方之间可以直接进行数据协同计算，在没有第三方参与的同时保证各参与方的数据安全和最终计算结果的准确性。该理论是姚期智院士在1982年提出百万富翁问题（在无第三方参与下，两个富翁如何比较谁更富有，同时不知道对方的财富）时引入的。之后，Goldreich 和 Micali 等提出了 GMW 协议，证明即便存在恶意敌手，任意函数都可以进行安全计算。姚院士的方案核心是混淆电路和不经意传输，而 GMW 协议利用秘密共享将两方计算拓展到多方计算。不同于密码学的直接隐藏内容，GMW 协议模拟了在无可信第三方的情境下利用秘密共享，实现多方协同的远程游戏等计算任务。这种协议通过将数据切分成多份后在多个参与方间分别存储和协同计算来隐藏数据完整信息，并基于同态的特性保证计算结果正确输出。多方安全计算协议中要求多方计算需采用一定的隐私保护技术，如秘密共享、不经意传输协议、混淆电路等。这些技术在联邦学习中也得到了应用。

分布式机器学习是指基于多个具有计算功能的节点进行机器学习（包括深度学习）模型构建的系统架构，优势是可以提高计算和存储性能，有较强的可扩展性。分布式机器学习与联邦学习在数据集分布方式、模型结构方面具有较高的相似性。首先，联邦学习在某种意义上可以看作分布式机器学习的一种特例，在实际使用时也是将分布在不同机构或者媒介设备上的数据进行合并处理，从而提高最终模型效果。分布式机器学习中并不存在数据权限和节点隐私的问题，这是由于不同节点之间的数据是从相同的中心节点随机分发的，各节点持有的数据在数据量和数据分布上一般都比较接近。在联邦学习中，不同节点间的数据规模和数据质量有较大的差异，各节点之间的数据不满足独立同分布条件。并且，联邦学习更关注在联合建模的安全性和通信成本上，而分布式机器学习更侧重于计算资源利用率，这两者还是有较大的区别的。

相对于传统的分布式机器学习，联邦学习针对的业务场景往往具有更高的复杂

度。除了提高训练效率和模型准确性目标外，联邦学习更重视建模参与方之间的隐私保护。因此，联邦学习往往结合多种加密技术设计精巧的建模框架，在不泄露参与方数据隐私的前提下完成协同模型训练，同时建立完备的激励方案来增强各参与方贡献更高质量数据的意愿并提升最终联邦模型的效果。联邦学习在金融场景中应用非常广泛，包括但不限于本书已介绍的信贷评分卡构建、获客广告外投建模等。

15.1.4 隐私安全技术

在多方数据信息交互过程中，联邦学习通常采用多种隐私安全技术来保证各参与方数据的安全性。常见的隐私安全技术包括同态加密、差分隐私、秘密共享、不经意传输等。

差分隐私是一种扰动技术，即在模型构建中的某阶段添加一定的随机噪声。如果一个随机化算法 D 满足 $Pr[D(X) \in S] \leq e^{\varepsilon} \cdot Pr[D(X') \in S]$，其中 S 属于随机算法 D 产生的值域集合，那么可以认为该算法是满足 ε-差分隐私的。该性质表明算法 D 在两个相邻数据集 X 和 X' 上输出结果的概率相差不大，其中"相差不大"通过 ε 参数来控制，ε 越小代表对两个数据集输出结果的差异在较小范围的概率越高，保护隐私的程度就越强。因此，隐私保护程度可通过参数 ε 进行调节。满足差分隐私条件的算法在输出结果时对数据集中任何特定记录都不敏感，导致攻击者无法通过输出分布的差异推断一条数据的敏感度，因此可用于抵抗攻击者多次预测输入的推理攻击。

差分隐私的计算复杂度低，实现简单，因此在横向联邦学习场景中得到了广泛应用。但是在深度学习等复杂模型上，差分隐私的扰动会带来模型效果的下降，难以在模型表现和隐私保护之间进行平衡。当噪声较小时，训练数据依然可能暴露给其他参与方；当噪声较大时，又会严重影响模型的收敛性，故在纵向联邦学习场景中使用更多的是同态加密技术。算法的同态性是指该算法在密文状态下的计算结果解密后与明文直接进行运算而结果一致。常见的同态运算有加法同态和乘法同态两种；当某种算法仅支持加法和乘法同态中的一种时，该算法为半同态算法；但当某种算法同时支持加法和乘法运算的同态性时，该算法为全同态算法。

$$m_1 + m_2 = \text{Dec}(\text{Enc}_A(m_1) \oplus \text{Enc}_A(m_2)) \quad \text{（加法同态）} \quad (15.1)$$

$$m_1 \cdot m_2 = \text{Dec}(\text{Enc}_A(m_1) \otimes \text{Enc}_A(m_2)) \quad （乘法同态） \tag{15.2}$$

秘密共享是指把某个秘密以特定的方式切分成 n 份，划分后的每个密码子集分别被不同的参与者持有，且每个持有密码子集的参与者不能仅使用自己所持有的密码子集恢复完整的秘密，当且仅当要恢复完整秘密的持有者的数量满足指定数量时，这些持有者才能恢复秘密。此外，即使其中某位持有者所持有的密码子集出问题，完整的秘密也能够通过其他持有者进行恢复。首次被提出的秘密共享方案即 (t,n) 门限秘密共享方案。它是由 Shamir(1979) 和 Blakley(1979) 分别独立提出的，他们的方案原理分别依赖于拉格朗日插值法和线性几何投影性质。秘密共享技术在非常多的场景中都有广泛应用，如在电子投票、电子支付协议等领域使用秘密共享可以实现分散风险和容忍入侵。秘密共享这类协议在进行加法、矩阵乘法等线性代数运算时十分高效，但是在进行比较运算时开销较大，因此有 BDOZ 利用加法秘密共享、Beaver 三元组技术等改进技术的出现。

不经意传输协议可以理解为，企业 A 输入一个具有两个信息的集合 $\{m_0, m_1\}$，企业 B 可以随机选择自己需要的某个信息，从而生成代表自己所需数据位置的标签 $b \in \{0,1\}$。一个不经意传输协议满足以下条件：企业 B 作为协议的一方，一定可以获得 m_b，但无法获得 m_{1-b}；同时，协议的另一方企业 A 无法得知 b 的具体值。

上述联邦学习常用的隐私保护技术由于自身特点的不同，分别适用于不同的场景。15.2 节将介绍纵向联邦学习中同态加密技术的应用，15.3 节将介绍横向联邦学习中差分隐私、同态加密两种技术的应用。

15.2 纵向联邦学习

在部分应用场景中，联邦学习的各参与方分别持有同一客群在不同维度上的数据，例如企业 A 拥有客户的年龄、工资收入等个人基本信息，而企业 B 拥有这些客户的浏览商品、购买商品等消费信息。尽管两家企业的客户数据在特征空间差异较大，但这些特征相互之间有较强的联系。企业 A 和企业 B 的数据在样本空间和特征空间的相互关系见图 15-4。需要指出的是，尽管企业 A 和企业 B 拥有相似的样本空间，但两家企业可能存在不同的客户，在联邦学习建模时仅使用两家企业共有的客户（图 15-4 中左图样本空间中重叠部分的客户）进行建模。

图 15-4 纵向联邦学习数据关系示意

当多个参与方持有的数据集在样本空间重叠度较高，但在特征空间重叠度较低时，在这种场景中进行的联邦学习即纵向联邦学习，其中"纵向"指的是在逻辑上将多个参与方提供的数据按照客户维度进行"纵向"拼接。本节将介绍大数据风控场景中纵向联邦学习的基本内容，包括场景的概念术语、技术框架和基本假设，并基于风控场景中两种常用的纵向联邦学习模型讲述具体的应用步骤，最后通过一个实际案例讲述纵向联邦学习的应用价值。

15.2.1 纵向联邦学习基本内容

在纵向联邦学习框架下，我们通常将提供数据标签的一方称为"业务发起方"，将没有数据标签的一方称为"数据提供方"。假定企业 A 想要构建信贷评分卡，但因自身数据量不足，考虑引入企业 B 的数据进行联邦学习建模。企业 A 拥有客户的年龄、月收入、是否逾期等数据，企业 B 拥有客户的某 App 月登录次数、消费次数、月消费金额等数据（见图 15-5），其中是否逾期为模型标签。在该场景中，企业 A 为业务发起方，企业 B 为数据提供方。

企业 A

姓名	年龄	月收入/元	是否逾期
小明	21	6000	1
小强	34	25000	0
小花	25	13000	1
小丽	32	17000	0

企业 B

姓名	登录次数	消费次数	月消费金额/元
小明	22	17	7550
小强	15	5	3432
小花	29	12	6672
小丽	25	24	15758

图 15-5 应用示例数据示意图

企业 A 为了提高自身的风险管理能力，希望在安全合规前提下引入外部数据，以提高其风控模型性能。纵向联邦学习框架为实现这一需求提供了切实可行的解决方案。为了更好地推进项目的进行，在多方协同建模中通常需要引入一个各参与方都可以充分信任的第三方参与其中，负责协调各方进程，同时为各方数据安全提供保障。这样的第三方被称为"可信第三方"或"协调方"。此时，多方参与的纵向联邦学习框架如图 15-6 所示。在有协调方参与的纵向联邦学习框架下，各参与方不直接进行数据或计算中间值的交互，而是各参与方分别将计算过程的中间值传递给协调方，由协调方进行综合计算，并将相关结果返回给各参与方。

然而，在实际业务中通常难以找到一个能使各参与方都充分信任的协调方，因此研究者进一步改进了纵向联邦学习的基本框架，使其在没有协调方参与的场景中依然适用。没有协调方参与的纵向联邦学习框架如图 15-7 所示。在无协调方参与的纵向联邦学习框架中，数据提供方将计算过程的中间值（如梯度聚合值等信息）通过加密等手段保护后传递给业务发起方，由业务发起方进行综合计算，并得到最终的联邦学习模型。

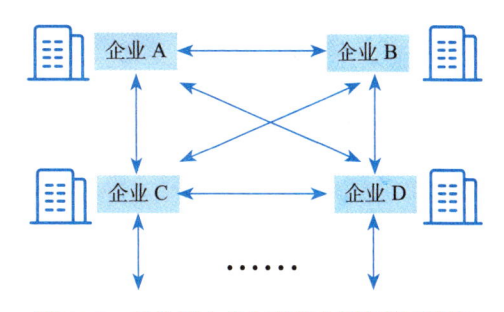

图 15-6　有协调方参与的纵向联邦学习框架　　图 15-7　无协调方参与的纵向联邦学习框架

通常，我们假设纵向联邦学习安全的前提是各参与方（包括全部的数据提供方和业务发起方）均是半诚实的。所谓"半诚实"，是指各参与方不会公然违背相关的安全协议，但会通过各种技术手段，尽可能多地从其他方传递的信息中推理出更多信息，同时由于各参与方都想要获取更多的信息、更精确的模型，因此各参与方不会共谋。基于这样的假设，已有文献给出了纵向联邦学习框架的安全性证明，从方法原理和工程实践等角度讲述了纵向联邦学习框架对数据的保护措施和安全性保障。即使在恶意攻击下，纵向联邦学习也可以基于区块链技术进行存证，寻求权力机构进行裁判，以保障数据的安全性。

15.2.2 纵向联邦学习模型

纵向联邦学习框架下已有较多成熟模型，其中纵向联邦逻辑回归模型、联邦 XGBoost 模型在风控场景中有着大量实践案例和较好应用效果。本节首先给出纵向联邦学习建模和推理的一般性步骤，然后介绍纵向联邦逻辑回归模型和联邦 XGBoost 模型的实践方法。考虑到在实际应用中，无协调方参与的纵向联邦学习框架具有更广泛的应用场景，因此本节将以两个参与方（包括一个业务发起方和一个数据提供方）的纵向联邦学习建模过程为例进行讲述。以 15.2.1 小节中的两个企业协同建模为例，在这个案例中，企业 A 为业务发起方，企业 B 为数据提供方。

1. 纵向联邦学习建模和推理的一般性步骤

纵向联邦学习的建模过程一般可以分为两个阶段：在第一个阶段中，企业 A 与企业 B 进行样本对齐，即确定企业 A 和企业 B 共有的客户集合，在这个阶段企业 A 和企业 B 都只能看到双方客户集的交集，并不能看到对方数据中自己没有的客户集；在第二个阶段中，双方共同建模，企业 B 将建模过程中相关的中间值以密文状态传递给企业 A，企业 A 在获取中间值后更新模型参数，如此反复，直到获得最终的纵向联邦学习模型。纵向联邦学习建模一般性步骤参见图 15-8。

联邦学习模型在构建完成后即可分别部署在建模参与方的平台上进行推理调用。推理是指使用训练好的模型快速高效地在未知数据集上进行预测评分。不同于传统建模过程中的推理任务，在联邦学习模型推理时企业 A 首先将需要推理的客户主键同步至企业 B，企业 B 在本方的特征空间内计算部分模型结果，并将该结果同步给企业 A；企业 A 计算本方模型结果，并结合企业 B 的部分模型结果，得到最终的推理结果。

2. 纵向联邦逻辑回归模型

纵向联邦逻辑回归模型是逻辑回归模型在纵向联邦场景中的改进模型。因此，纵向联邦逻辑回归模型与传统逻辑回归模型在算法原理上保持一致，但因纵向联邦学习框架在多方协同、数据安全等方面的特殊要求，纵向联邦逻辑回归模型在实际构建中体现出自身特点。

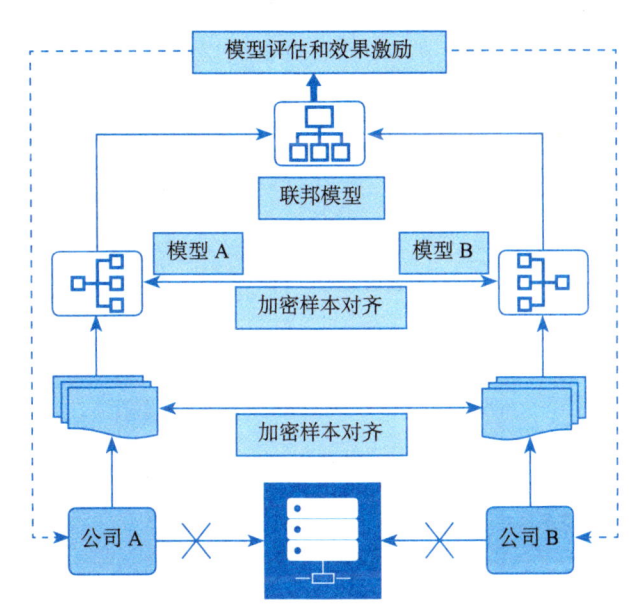

图 15-8　纵向联邦学习建模一般性步骤

纵向联邦逻辑回归模型构建也分为两个阶段：第一个阶段是企业 A 和企业 B 双方进行样本对齐，即在双方客户集合中求交集以生成建模所使用的数据集；第二个阶段是企业 A 和企业 B 双方协同构建获得模型。

第一个阶段：加密样本对齐。由于企业 A 和企业 B 各自的客户群体并不完全一致，因此，首先需要基于加密的样本对齐技术在企业 A 和企业 B 均不公开各自数据的前提下，相互同步确认两个企业之间的客户交集，同时保证不泄露两方各自私有的客户。在图 15-9 展示的例子中，企业 A 的私有客户是小明，企业 B 的私有客户是小刚、小亮。

第二个阶段：加密模型协同训练。在加密样本对齐确定企业 A 和企业 B 的交集客户后，双方基于这些交集的样本进行安全协同建模。企业 A 和企业 B 在安全合规前提下进行协同建模的步骤如图 15-10 所示。

企业 A				企业 B			
姓名	年龄	月收入/元	是否逾期	姓名	登录次数	消费次数	消费金额/元
小明	21	9000	1	小刚	18	9	5231
小强	28	27000	0	小强	16	5	3432
小花	35	18000	1	小花	8	14	6872
小丽	22	15000	0	小丽	24	27	17758
				小亮	24	8	8733

图 15-9　加密样本对齐示意图

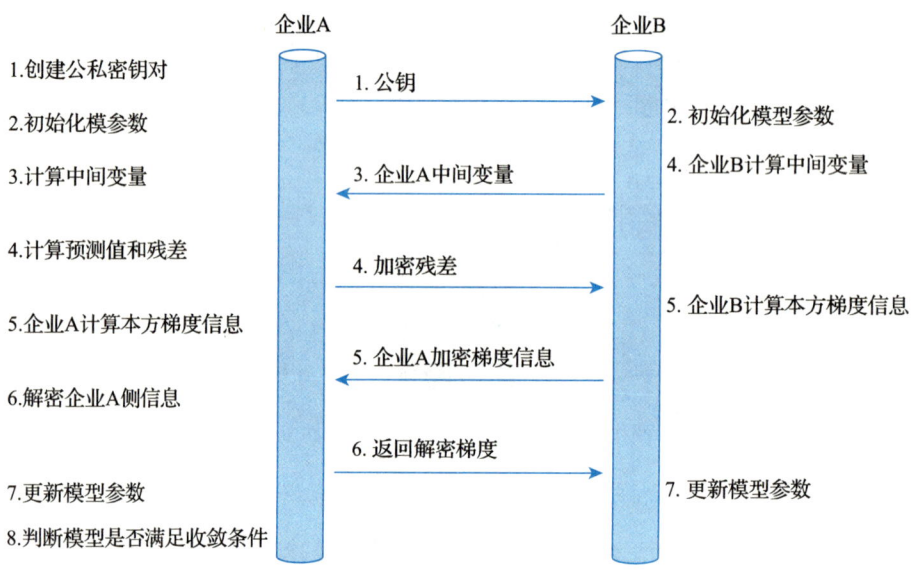

图 15-10　加密模型协同建模过程示意

1）企业 A 创建公私密钥对用于加密双方数据，将公钥同步给企业 B。

2）企业 A、企业 B 分别在各自数据的特征空间内初始化模型参数。

3）企业 A、企业 B 分别计算中间变量，企业 B 将中间变量同步给企业 A。

4）企业 A 基于双方中间变量计算本轮预测值和残差，将加密残差同步给企业 B。

5）企业 A 计算本方梯度信息，企业 B 基于加密残差计算本方梯度信息，加入随机掩码后发送给企业 A。

6）企业 A 对企业 B 发送的信息解密，并返回给企业 B。

7）企业 A、企业 B 根据各自的梯度信息更新模型参数。

8）企业 A 判断模型是否满足收敛条件（如迭代次数、残差阈值等），如果满足，那么输出最终模型，否则重复第 3～8 步，直至满足收敛条件。

在推理时，企业 A 首先将要预测的客户信息同步给企业 B，企业 B 基于本方的特征计算部分模型结果，并将结果发送给企业 A，企业 A 结合自己的部分模型结果，最终得到该客户的预测模型分。

3. 安全联邦提升树模型

Cheng K 提出安全联邦提升树模型（SecureBoost 模型）并在纵向联邦学习场景展开了相关研究，且研究结果证明联邦学习场景下的 SecureBoost 模型与非联邦学习场景下的传统梯度提升树算法具有相同的精度，即 SecureBoost 在模型效果上没有任何损失。

与纵向联邦逻辑回归模型一样，安全联邦提升树模型的构建也分为两个阶段。

第一个阶段：加密样本对齐。这一部分与纵向联邦逻辑回归模型一致，这里不再赘述。

第二个阶段：加密模型协同训练。在加密样本对齐确定企业 A 和企业 B 的重合客户后，企业 A 和企业 B 基于这些重合的样本协同建模。SecureBoost 模型中单棵决策树的训练过程如图 15-11 所示，完整模型即多棵决策树的结合。

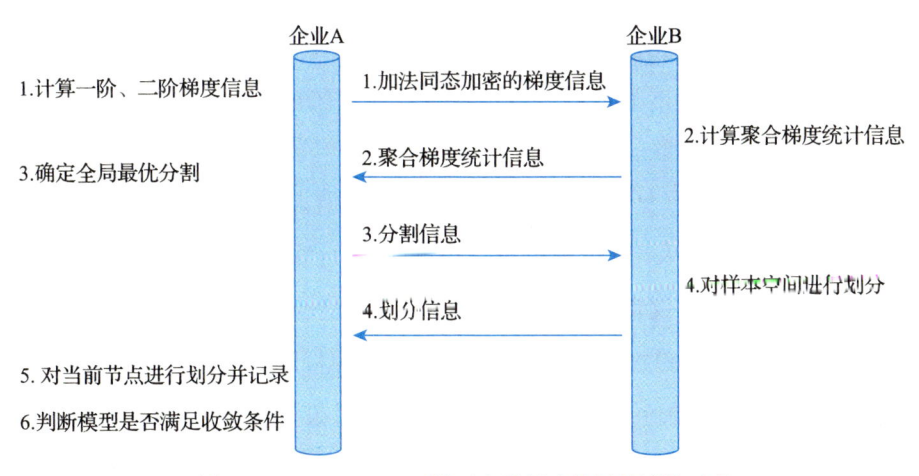

图 15-11　SecureBoost 模型中单棵决策树的训练过程

1）企业 A 首先计算模型的一阶和二阶梯度信息，使用加法同态加密算法对其进行加密，并将加密后的梯度信息发送给企业 B。

2）企业 B 在当前节点样本空间内，基于每个特征的取值对样本进行分箱，并以此为基础在每个分箱内分别聚合加密的梯度信息，并将聚合后的结果发送给企业 A。

3）企业 A 对加密的聚合梯度信息进行解密，确定全局最优分割点对应的特征和阈值，并将分割点信息发送给企业 B。

4）企业 B 根据分割点信息确定特征的阈值，并对当前的样本空间进行划分，形成划分记录，并将记录发送给企业 A。

5）企业 A 对当前节点进行划分，并进行记录。

6）判断是否满足训练停止条件（如树深、子节点样本数量等），如果满足，那么进入下一棵树的训练，否则重复步骤 2～5，直至满足训练停止条件。

在推理时，根据当前节点情况进行搜索，如果当前节点使用分割特征为企业 A 的特征，则企业 A 确定下一步的搜索方向；如果当前节点使用分割特征为企业 B 的特征，则企业 A 将节点信息发送给企业 B，由企业 B 确定下一步的决策树搜索方向，并返回结果给企业 A，直至到达相应的叶子节点，即可得到推理模型结果。

15.2.3 案例：个人小额贷款风险建模

在个人小额贷款风险建模场景中，金融机构可以采用纵向联邦学习框架，在自身所掌握的央行个人征信数据基础上，引入电商平台持有的电商维度特征，在不相互暴露本方数据的前提下完成联合建模。假设金融机构有申请人的标签 Y 和 5 维征信维度特征 $x1$、$x2$、$x3$、$x4$、$x5$（见表 15-1），电商平台有申请人的 5 维电商维度特征 $f1$、$f2$、$f3$、$f4$、$f5$（见表 15-2）。采用安全联邦提升树模型进行联合建模，在建模过程中传递的是加密中间值，且各自仅负责学习、更新本方模型。当需要推理时，双方共同参与推理过程，各自通过本方的数据进行协同推理。全过程保证数据、模型的安全性。

采用纵向联邦框架的 SecureBoost 模型和仅使用银行方私有特征的 XGBoost 模型性能对比如图 15-12 所示。可以看出，与仅使用银行方 5 维特征的 XGBoost 模型性能相比，采用 SecureBoost 方案的模型性能在测试数据集上，AUC 增加了 8.42%，

KS 增加了 47.75%，证明了本方案的有效性。

表 15-1 金融机构的客户征信维度特征

ID	Y	x1	x2	x3	x4	x5
1	1	1	33	3	4	3
2	1	1	29	2	2	3
3	0	1	25	4	4	3
4	1	1	27	3	3	3
5	1	1	32	1	4	2
6	1	1	23	4	4	2
7	1	2	34	4	4	2
8	0	1	33	4	4	2
9	1	1	39	2	4	3

表 15-2 电商平台的客户电商维度特征

ID	f1	f2	f3	f4	f5
1	5500	20	5500	0	0
2	10	5	10	1	1
3	0	300	0	0	0
4	0	700	0	0	0
5	200	/	200	3	3
6	0	300	0	0	0
7	0	300	18200	0	0
8	33500	1000	33500	1	3
9	4600	6400	4600	0	0

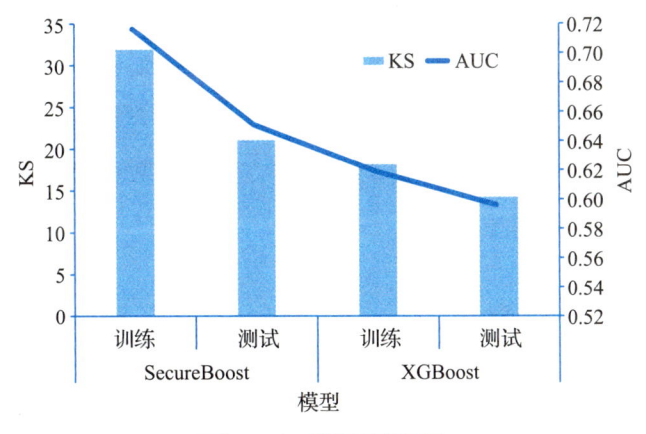

图 15-12 模型性能对比

15.3 横向联邦学习

纵向联邦学习适用于各参与方之间"特征重合少、客户重合多"的场景，横向联邦学习则适用于各参与方之间"特征重合多、客户重合少"的场景。

15.3.1 横向联邦学习基本内容

当多个协同建模参与方的数据集在客户样本上重复度较低，但在特征空间重复度较高的场景中，能够实现在综合运用各方数据的同时保证各方数据隐私的算法通常被称为"横向联邦学习"。在横向联邦学习中,每个参与方根据在模型框架中扮演的角色不同,被分为"参与方"与"服务器"两类。其中,参与方的主要作用是为建模提供数据支持,服务器则主要用于协调多个参与方之间中间结果、模型参数等的交互传输。此外,横向联邦学习一般可以被划分为中心化和去中心化两种架构,其主要区别在于是否有中心服务器参与。

1. 中心化架构

中心化横向联邦学习架构是指在网络架构中,不但有参与方,还有负责协调多个参与方之间交互传输、资源管理的服务器,服务器和参与方表现为主从关系。在建模开始之前,每个参与方需要先对齐特征空间,然后在服务器的协调下共同训练一个模型。参与方在每一轮都需要将模型重要参数(如权重等)向服务器传输同步。为了保护自己的数据安全,各参与方可以选择使用同态加密、差分隐私等加密技术对模型参数进行加密保护,并将加密后的结果发送给聚合服务器,服务器完成本地聚合后再将结果同步至各参与方,协助各参与方完成参数更新。在完成建模后,每个建模的参与方都将共享模型参数。

2. 去中心化架构

去中心化横向联邦学习架构是指在网络架构中,有且仅有提供数据支持的参与方,并不存在负责协调多个参与方的服务器。各个参与方对齐特征空间后,都优先使用自己的私有数据训练各自的模型,在每次训练完成后基于某种安全通道(可以基于公钥加密等措施实现)向其他参与方传输同步模型参数(如权重等),最终聚合成一个统一模型。中心化横向联邦学习与去中心化横向联邦学习架构如图 15-13 所示。

中心化和去中心化横向联邦学习

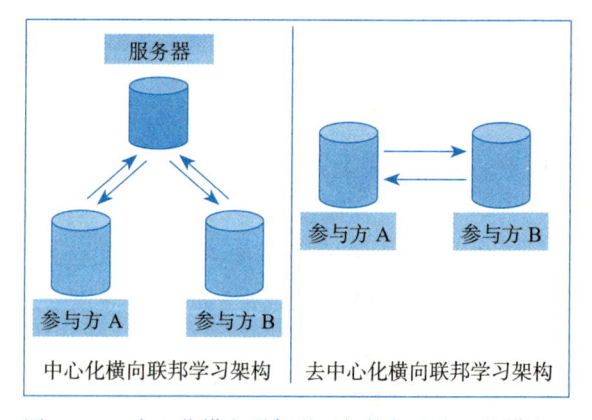

图 15-13 中心化横向联邦学习架构与去中心化横向联邦学习架构

两种架构都有其适用场景。前者有服务器协调各个参与方进行并行计算，提高了训练效率，但服务器聚集了各参与方本地模型的重要信息，如果遭受攻击有隐私泄露的风险。去中心化架构仅有参与方，规避了服务器受攻击风险，但由于仅有参与方彼此协调完成建模，需要注意参与方之间通信和计算的效率。

15.3.2 横向联邦学习算法

本节介绍一种横向联邦学习算法——联邦平均（FedAvg）算法。它是由 Brendan McMahan 等人于 2017 年提出的一种基于中心化架构的横向联邦学习算法。假设在横向联邦学习系统中有 K 个参与方，这 K 个参与方对齐后的特征空间数据满足独立同分布条件（即 IID 假设），且假设第 k 个参与方持有的样本量为 n_k，目标函数可以记为：

$$f(w) = \sum_{k=1}^{K} \frac{n_k}{n} F_k(w) \qquad (15.3)$$

式中，$F_k(w)$ 为参与方 k 的加权损失函数，权重为样本量 n_k 的倒数，定义为：

$$F_k(w) = \frac{1}{n_k} \sum_{i \in P_k} f_i(w) \qquad (15.4)$$

该算法有以下基本假设：

1) 有 K 个参与方。

2) ρ 为每轮计算所选中的参与方占总参与方的比例，它是一个 (0,1] 之间的常数。

3) M 为各个参与方本地更新模型使用的小批量数据的条数。

4) S 为各个参与方本地训练的轮次。

5) η 为学习率。

在上述基本假设下，服务器与参与方交替执行以下步骤。首先，随机挑选一部分参与方，并令它们利用本地数据训练若干轮，在得到本地模型后将模型参数传输同步给服务器。然后，服务器端对收集的客户端模型参数进行求均值计算，并将该均值当作自身训练模型的参数。初始化参数 w_0 后，具体算法流程如下。

1. 服务器端重复执行步骤如下：

1) 随机选取 $k = \rho \times K$ 个参与方。

2)被选中的参与方完成本地参数更新,得到 $w_{t+1}^k = \text{Update}(k, w_t)$。

3)更新全局参数 $w_{t+1} \leftarrow \sum_{k=1}^{K} w_{t+1}^k$,将其同步至各参与方。

2. 各参与方重复执行以下步骤。

1)在得到全局参数 w_t 后,各参与方计算基于自身本地数据的平均梯度 g_k。

2)在给定训练轮次 S 和数据量 M 的情况下,通过梯度下降的思想完成本地参数更新,同步至服务器端。

联邦平均算法在保护各参与方数据安全的基础上,通过对各参与方梯度的聚合完成联合建模。在建模过程中,各参与方向服务器公开传送了模型参数的明文内容,极易遭受安全攻击并暴露数据隐私。进一步改进得到的安全联邦平均算法使用了诸如加法同态加密、差分隐私等方法来增强联邦平均算法的安全性,但这些方法的加密、解密运算也引入了额外的计算复杂度,造成了附加的通信开销。

15.3.3 案例:反欺诈建模

在信用卡反欺诈场景中,传统反欺诈模型主要分为两类:一类是基于异常点检测方式来识别潜在风险,另一类是基于分类算法来识别具有较高欺诈可能性的客户或行为。由于欺诈行为的稀疏性,任意单一发卡机构都较难掌握充分的数据,以支撑反欺诈模型的有效建立,需要连接不同信用卡机构的数据。横向联邦学习技术为解决这一问题提供了可行方案。

假设有 K 家银行或发卡机构联合参与横向联邦学习建模,每个参与方均拥有各自的客户特征和标签,记作 (x_i, y_i)。在每一轮训练时,中心服务器随机抽取 N 家银行或发卡机构参与本轮的模型更新,图 15-14 中浅灰色圆柱代表被选中本轮参数更新的参与方,被选中参与本轮建模的参与方需要先从中心服务器下载反欺诈模型(即全局分享模型),然后利用本地的数据和初始化的全局参数完成对模型的参数更新。例如使用联邦平均算法,各家银行或发卡机构可以基于本地数据先计算平均梯度,并在事先给定训练轮次 S 和数据量 M 的情况下,通过梯度下降完成本地参数更新。各家银行或发卡机构将本地更新好的参数,使用加密的方式同步至中心服务器。在收到各家银行或发卡机构同步的加密参数后,中心服务器完成参数解密的步骤,并且聚合各参与方的参数更新全局参数,将这一全局参数又同步至各参与方,重复以上步骤直至模型收敛,完成建模。此处横向联邦反欺诈模型对所使用的具体算法并没有特殊要求,常见的图模型、XGBoost、逻辑回归等算法均适用。由于在横向联邦建模过程中,各家银行或发卡机构共同训练的模型及参数是完全公开的,各参与方可以在本地独立完成样本推理,共享模型收益。

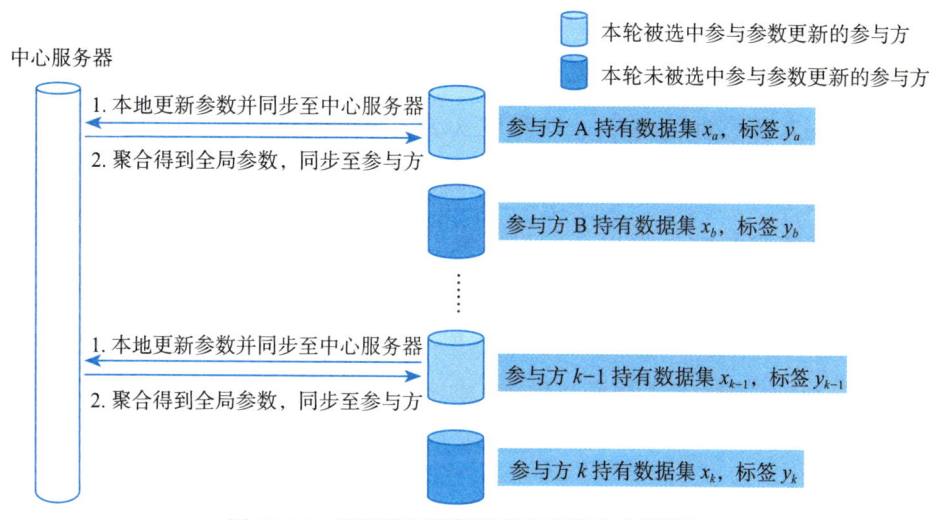

图 15-14　基于横向联邦学习的反欺诈建模框架

15.4　联邦迁移学习

虽然纵向和横向两类联邦建模分别解决了实际场景中参与方之间客户和特征重合度有差异的问题,但当不同参与方持有的数据集之间的样本空间和特征空间均存在较大差异时,纵向联邦学习和横向联邦学习可能因为可用样本过少和/或可用特征过少等问题而难以获得较好的效果。不同于横向联邦学习"特征重合多,客户重合少"与纵向联邦学习"特征重合少,客户重合多"的适用场景,联邦迁移学习针对多个参与方的数据集在样本空间和特征空间都没有较高重合度的场景,通过在联邦学习框架中融合迁移学习来解决问题。

联邦迁移学习将面临数据孤岛问题的源域和目标域数据在加密手段下进行共享,并基于此完成模型训练。联邦迁移学习的核心是计算源域和目标域样本集合之间的关联程度并将其作为迁移媒介，在构建目标域模型时最大化地使用源域数据提供的经验规则。例如，Liu et al.（2018）将源域样本特征和目标域样本特征分别经过若干层的转化后计算内积，并将代表"关联程度"的内积作为样本标签的权重，通过对源域样本标签的加权来对目标域样本标签赋值。在联邦迁移学习中，源域和目标域两者的交集或非交集空间的样本都可以通过计算相似度的方式，把二者联系起来共同训练。

图 15-15 给出了一个联邦迁移学习框架示例。假设联邦迁移学习的两个参与方分别是源域 A 方和目标域 B 方。设源域 A 方有数据集 $\mathcal{D}_A = \{(x_i^A, y_i^A)\}_{i=1}^{N_A}, y_i^A \in \{1, -1\}$ 和一个神经网络 Net^A，其中 x_i^A 表示 A 方的特征，y_i^A 表示 A 方的标签，A 方的神经网络 Net^A 将样本 x_i^A 转化为潜在的特征表示 $u_i^A = \text{Net}^A(x_i^A)$。目标域 B 方有数据集 $\mathcal{D}_B = \{(x_j^B)\}_{j=1}^{N_B}$ 和神经网络 Net^B，B 方样本也可以通过其神经网络转化为潜在的特征表示 $u_i^B = \text{Net}^B(x_i^B), i \in \{1, 2, \cdots, N_B\}$。这里 u_i^A 和 u_i^B 具有相同的维数 d。最终通过 A 方的标签和特征 u_i^A，B 方的特征 u_i^B 得到目标域的标签预测值 $\Phi(u_j^B)$。

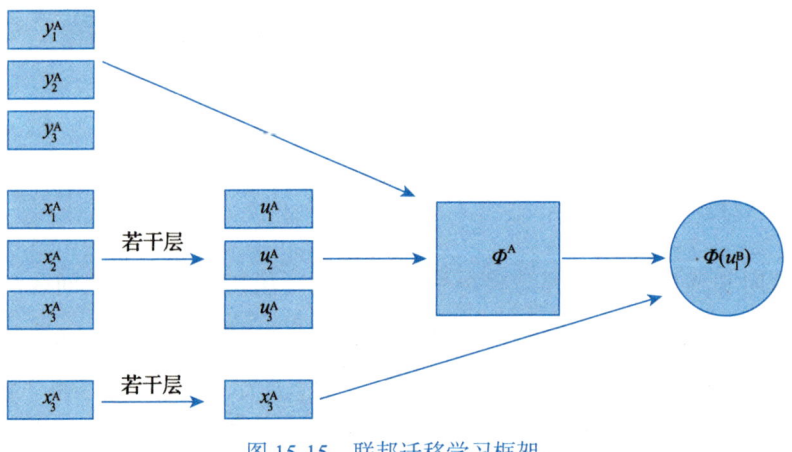

图 15-15 联邦迁移学习框架

第 16 章　Chapter 16

关 系 网 络

　　用户数据既包含用户个体信息，也包含用户与用户之间的关系信息。我们可以使用相关数据构建用户间的关系网络，而基于网络视角的数据挖掘，可进一步提升模型效果。本章介绍了关系网络在风控领域的建模实践，其中 16.1 节简述关系网络的基本概念，16.2 节讲解关系网络存储与计算的常见框架，16.3 节介绍常见关系网络算法及其特点，16.4 节基于关系网络的信用风险评分与反欺诈具体建模案例。

16.1　关系网络简介

　　用户活跃度分布通常符合"二八定律"，即 20% 的用户贡献了大部分活跃度，剩下的 80% 用户不活跃。相比活跃用户，不活跃用户的数据较为稀疏，因此此类用户又被称为"薄信息用户"。对于这部分用户，仅利用用户自身信息建模的效果可能会不尽如人意，而利用关联用户信息建模是一种利用薄信息用户的信息建模的方案。例如，某用户的朋友大多是学生，那该用户是学生的概率比是公务员的概率要高很多。关系网络中的节点不局限于用户，也可以是地址、设备、商品、商铺等，使得网络具有异质性；关系网络也不是静止不变的，往往随时间推移不断演化。

按照节点类型是否相同，关系网络可分为同构关系网络和异构关系网络。我们可以通过用户之间的直接联系构建同构关系网络，例如在社交软件中，将有聊天记录的用户相互连边，类似的直接联系还有转账关系、通话关系、关注关系等。通过用户间直接联系的关系网络通常规模较小，但用户间联系相对真实、可靠。除了这种显性的用户关系，我们也可以通过上网设备、IP地址、物理地址、手机号等媒介将用户和其他用户建立关联。由于媒介可能属于广泛公用设备，因此隐性用户联系不一定真实可靠，需要进行数据清洗，减少公用媒介导致的不认识用户误关联。公用媒介与大量用户节点有关联，其节点度远大于正常节点度，可以作为判断公用媒介的依据。同时，我们可以结合媒介自身数据（例如对于设备类媒介，可考虑设备型号、设备类型、设备生产时间、开机时长等数据）来判断是否公用，因为一般公用设备的相关属性与个人设备的相关属性有较大差别。

关系网络的节点和边都存储了有价值的信息，直接运用网络特征和/或使用图挖掘算法（图结构挖掘或图神经网络）进一步挖掘网络特征，都有助于提高建模效果。关系网络所隐含的特征信息包括网络拓扑结构性质、网络节点表示等。网络拓扑结构性质涉及衡量节点重要性的中心性指标、衡量节点与周围节点联系情况的度信息指标、搜索推荐中经常使用的PageRank值等。这些指标衡量了节点或者社区（团伙）的拓扑性质，是网络结构的量化体现。网络节点表示主要是借鉴特征嵌入算法思想（Word2Vec、Node2Vec等），利用随机游走等方式将网络转变成序列数据，然后进行节点向量化表示，为后续任务中创建包含节点拓扑性质的结构化特征。近年来，利用节点网络性质端到端训练下游任务的技术（例如图神经网络技术）也逐步成熟。

在关系网络中，对节点的预测、对关系的预测、对社区（团伙）的挖掘是3种常见任务。对节点的预测主要是通过节点自身数据和节点所在网络的拓扑结构来完成对节点标签的预测。对关系的预测主要是通过待预测关系所连两个节点的信息和周边网络结构特征来判断待预测关系的标签，例如两个用户是否认识、两个用户的亲密度等。对社区（团伙）的挖掘主要是发现具有较紧密相关性的节点群体（及其关系）。社区（团伙）内部的用户往往具备某种相似性，例如共用设备、共用IP地址、相似浏览网页行为序列、使用优惠券金额高、优惠券抵扣后实付金额少等。

在风控领域，利用关系网络建模主要体现在信用风险评分、反欺诈、反洗钱等业务中。在贷前审批中，通常利用用户自身数据、特征工程和机器学习从上千维、甚至上万维用户特征中建立用户风险评分模型，但当模型遇到薄信息用户甚至新用户时，模型效果较差甚至会退化成随机猜测。关系网络可有效补充有用信息，使风险评分模型覆盖更广人群，同时获得精度提升。在反欺诈场景中，很多欺诈事件具有群体性，例如营销活动为吸引用户采用发放优惠券、返现等方式，不法分子会注册大量账号来非法获利，仅通过账号自身信息较难拦截，但基于社区发现算法等方式可以从关系网络中挖掘出异常用户。在反洗钱场景中，为达到隐蔽犯罪目的，不法分子常将大额交易拆分成若干小额交易来躲避交易策略的监控，但利用每笔交易关联的交易对手构建关系网络可以有效挖掘可疑交易。

16.2 图存储和图计算

16.2.1 图的存储方式

常见的数据存储结构大体上可以分为数组、链表、树形三种。在数组存储结构中，数据元素的真实存储位置距离代表了某种业务含义上的相近程度，适合存储序列数据。相对来说，数组存储结构的存储利用效率和存取效率最高，但需要提前声明存储空间，在一些场景中并不适用。在链表结构中，序列数据中元素和元素之间在物理位置上并不相邻，而是通过前后指针跳转次数刻画序列距离，存储空间可以动态规划。树形结构可以看作复杂版的链表，不再要求数据一定是一个序列，可以是分层的多个序列。

对于关系网络（以下简称"图"）来说，每两个节点之间都可能存在相关关系，并不是序列结构或者分层结构就能简单刻画的，必须有一套自己的方案。下面将介绍邻接矩阵和邻接表这两种图的常用存储结构形式。

1. 邻接矩阵

邻接矩阵通过矩阵来描述图的节点与节点间的关联关系，矩阵元素的取值代表节点与节点之间关系的紧密程度。

设图 $G=\{V,E\}$，其中 V 是图 G 中顶点的集合，E 是图 G 中边的集合，通常有向边记为 $<v_i,v_j>$，无向边记为 (v_i,v_j)。如果 V 中有 n 个顶点，那么邻接矩阵则是 $n \times n$ 的矩阵，定义如下：

$$\mathrm{arc}[i][j]=\begin{cases}1,(v_i,v_j)\in E\text{ 或 }<v_i,v_j>\in E\\0,(v_i,v_j)\notin E\text{ 且 }<v_i,v_j>\notin E\end{cases} \quad (16.1)$$

有向图的邻接矩阵存储表示如图 16-1 所示，无向图的邻接矩阵存储表示如图 16-2 所示。观察邻接矩阵中每个元素取值是否为 0，可以判断矩阵中横纵坐标代表的两个顶点之间是否有边，从而找出以每一顶点为起点或终点的边的数量（即该顶点的度）。

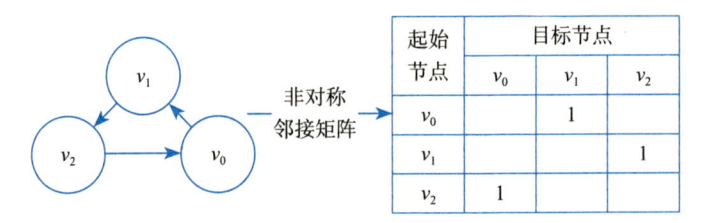

邻接矩阵的缺点主要包括空间复杂度较大和时间复杂度大，不适用于顶点多而边少的稀疏图的存储表示。

图 16-1　有向图的邻接矩阵存储表示

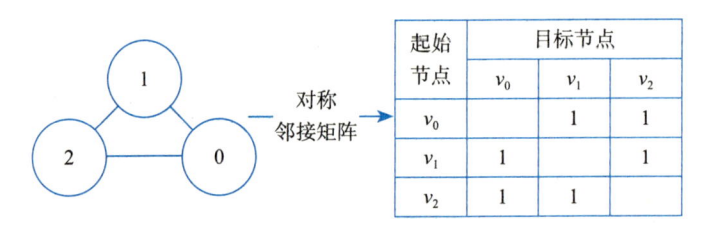

图 16-2　无向图的邻接矩阵存储表示

2. 邻接表

邻接表是以数组和链表为基础来构建图的存储结构。它为图中每个顶点构建一个数组来存储该顶点信息，再以数组中每个元素作为初始节点，分别建立链表。链表中的各个后续元素分别代表该顶点邻接的所有顶点。

图 16-3 展示了有向图的邻接表存储表示，在顶点数组存储图中有 3 个节点 v_0、v_1、v_2。由于 v_0 与 v_1 相邻，所以创建一个 v_0 指向 v_1 的链表作为存储边信息的表，节

点 v_1、v_2 同理。图 16-4 展示了无向图的邻接表存储表示,在顶点数组存储图中有 3 个节点 v_0、v_1、v_2。由于 v_0 与 v_1 相邻且 v_0 与 v_2 相邻,所以创建一个 v_0 指向 v_1 再指向 v_2 的链表作为存储边信息的表,节点 v_1、v_2 同理。

对于有 n 个顶点和 e 条边的无向图,邻接表需要 $n+2e$ 量级的存储空间,邻接矩阵则需要 n^2 量级存储空间。在图较稀疏时,边的数量 e 较小,$n+2e$ 远小于 n^2,此时邻接表更有存储优势。邻接表也有自己的短板,对于有向图,仅刻画了从节点出发指向其他节点的关系,因此有向图的邻接表仅能计算节点出度(从节点出发指向其他节点的边数量),无法计算入度(从其他节点出发指向本节点的边数量)。

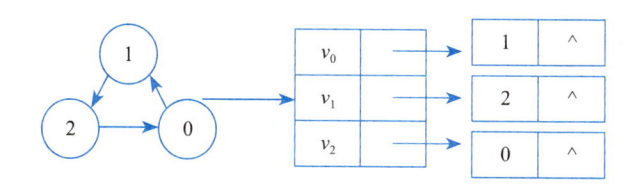

图 16-3 有向图的邻接表存储表示

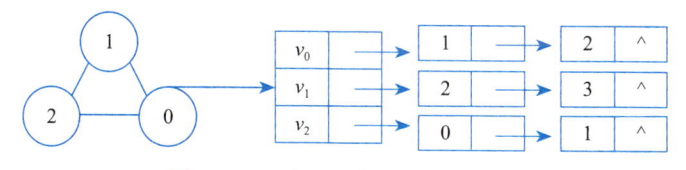

图 16-4 无向图的邻接表存储表示

16.2.2 图的切分方式

对于较大的图,我们在实际业务中一般采用分布式存储,需要将完整的图切分到各个存储节点。在图计算中数据倾斜的情况较为常见,如果一个点与图中大多数点有联系,应该如何将这些点分开存储在不同的节点上?这里以一个案例介绍边切分与点切分的图的切分方式。假设计划用 3 台计算机存储一个有 4 个顶点的图结构,将 3 台计算机分别编为 1 号、2 号和 3 号。

边切分存储结构要求将图中的某些边一分为二,然后将切分后的边、与边相连的顶点,分别存储在集群中的计算机上。如图 16-5 所示,AB、BC、CD 三条边被一分为二,再分别存储在 3 台计算机上。在边切分之后,顶点只保存一次,而切断的边则需要分别保存在两台计算机上,因此被切断的边的存储空间增大一倍。对于边少点多的稀疏子图,它们适合采用边切分存储方案。

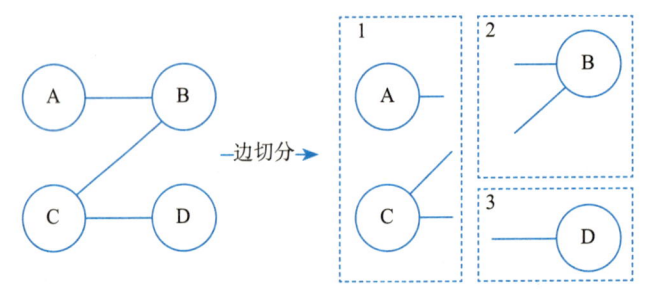

图 16-5 边切分

点切分存储结构要求将图中的某些顶点一分为二,然后将切分后的顶点、与顶点相连的边,分别存储在集群中的计算机上。如图 16-6 所示,B、C 两个顶点被一分为二,再分别存储在 1 号和 2 号两台计算机上。在点切分之后,边只保存一次,而被切分的顶点则需要分别保存在两台计算机上,因此被切分的顶点的存储空间增大一倍。对于边多点少密集子图,它们适合采用点切分存储方案。

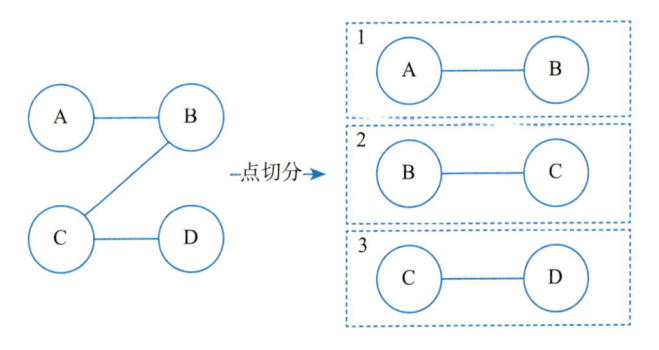

图 16-6 点切分

16.2.3 图计算系统

图计算系统本质上要解决高性能并行计算的问题,需要综合考虑算法设计、运行框架、搭载计算框架的硬件等多方因素。常见的图计算系统有以下几类。

1)单机内存图处理系统:此类图计算系统单机运行,将图加载到单机内存中进行处理,适用于较小规模的图计算场景。此类图计算系统包括 Ligra 和 GraphMat。

2）单机核外图处理系统：此类图计算系统单机运行，但是将数据加载到硬盘而非内存进行处理。此类系统能处理的图规模相对于单机内存图处理系统能处理的有所扩大，适用于中等规模的图计算场景。此类图计算系统包括 GraphChi、X-Stream、VENUS、GridGraph 等。

3）分布式内存图处理系统：此类图计算系统在分布式集群上运行，将图数据加载到集群中的内存中计算。理论上，随着集群规模的增大，此类系统的计算性能和内存容量都线性增大，能处理的图数据量呈线性扩大。但同样地，此类系统需要面临图分割、图同步等新的问题。此类图计算系统包括 Pregel、GraphLab 等。

4）分布式核外图处理系统：此类图计算系统在分布式集群上运行，将图数据加载到集群中的硬盘上计算，能够处理的图规模最大，但由分布式存储及计算带来的通信挑战也最大。目前，此类图计算系统仅有 Chaos。

16.3 图算法

图算法能对图进行深度挖掘，展现出网络结构所蕴含的信息。从目标任务和待解决问题看，我们可以将图算法分为图结构挖掘、社群划分、节点分类、链路预测、图分类等。风控场景中面临的问题大多可以转化为节点分类问题，例如薄信息用户的信用风险评估。按照算法原理划分，节点分类算法可分为图传播算法、图嵌入算法、图神经网络算法等。图传播算法利用网络结构实现分数的感染扩散，图嵌入算法是对节点非结构化网络拓扑的向量化表达，图神经网络算法利用近邻特征对自身信息进行丰富。本节将对这三种节点分类算法进行阐述，并选取几种具有代表性的算法进行深入介绍。

16.3.1 图传播算法

给定图 $G=\{V,E\}$，V 表示节点集合，E 表示边集合，设 $N(V_i)$ 表示节点 V_i 的邻居节点集合；以 SV_i 表示 V_i 节点的预测分值，以 $SN(V_i)$ 表示 V_i 邻居节点的打分集合，f 表示节点分值更新函数。图传播算法步骤为（参考图 16-7）：初始化 SV_i；While（未达到收敛条件）：$SV_i=f(SV_i,SN(v_i))$。

根据场景的具体需求和数据状况，初始值可以基于节点人工标注，也可以基于某个模型预测结果，甚至可以基于随机值。在每一轮循环中，根据节点现有分数和邻居节点集合中每个节点的分数，以更新函数 f 对 V_i 节点的分数进行迭代，直到达到全图收敛条件为止。f 一般选择无参函数，例如平均值函数。虽然看起来 f 是作用在节点一阶邻域上的，每一次节点分值更新过程中，只有邻居节点参与运算，但随着更新次数的增加，N 阶邻居节点处的信息也会通过层层传播，影响当前节点的分值。

图传播算法的计算逻辑简单且没有需要学习的参数，所以非常适合分布式框架实现。图传播算法简单、高效、分类效果较好，但也存在迭代结果不稳定，可能无法收敛的问题。遵循图传播算法的计算范式，业界发展出 PageRank、LPA 等许多广为人知的经典算法。尤其是 PageRank 算法，它在发明之初被用于衡量特定网页相对于搜索引擎索引中的其他网页的重要程度，在 Google 公司发展过程中起到了至关重要的作用。

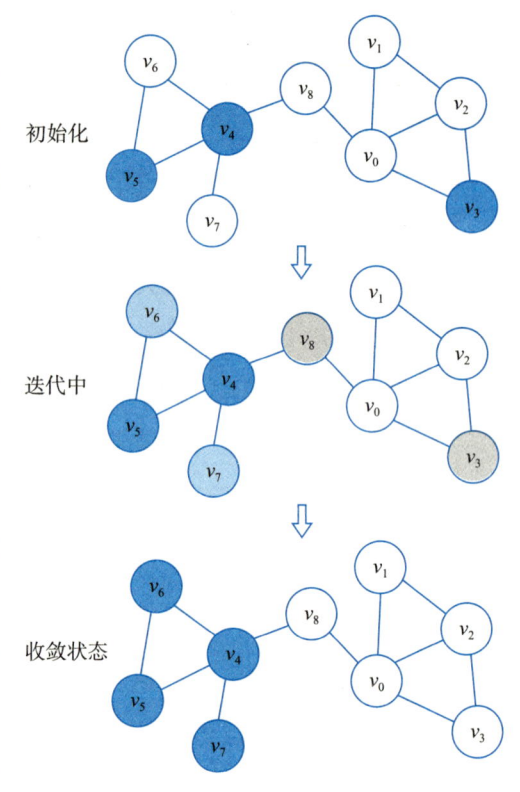

图 16-7　基于图的标签传播算法

16.3.2　图嵌入算法

图嵌入算法的思想是将高维的图节点或边映射为低维的空间向量表示，再使用向量进行节点、边或者图级别的聚类、分类。图嵌入算法将图数据转换为向量以压缩数据，而且向量计算也更简单快捷。图嵌入算法能捕获图的拓扑结构，顶点到顶点的关系，关于图、子图和顶点的其他相关信息，更多的属性嵌入编码可以在以后的任务中获得更好的结果。

图嵌入算法计算过程存在以下困难：首先是属性选择，图结构中的节点关系、节点属性复杂，如何在属性选择时高效保留图信息是一个挑战；其次是向量维度选择，高维度的向量能更精准地保留图信息，但也会带来更高的时空开销，选择一个最佳向量维度是困难的。

图嵌入算法在学术界和工业界都有着大量的研究和应用，主要分为以下 3 类。

1）基于因子分解的图嵌入算法。该类算法使用因子分解来获得向量表示，常见的有拉普拉斯特征映算法、局部线性嵌入算法、图因式分解算法等。基于因子分解的图嵌入算法可以有效地学习到图的局部结构信息，但因视野限制而只能利用网络的一阶邻居信息，忽略了网络中包含的更多信息。

2）基于随机游走的图嵌入算法。该类算法通过随机游走获得图的节点序列，然后将节点序列视为句子进行学习，从而获得向量表示。在此类算法中，如果两个节点的邻近节点越多，那么节点的向量表示距离越近。常见的基于随机游走的图嵌入算法有 DeepWalk、Node2Vec、Walklets 等。DeepWalk 算法是随机游走类图嵌入算法的一个典型代表。该算法主要分为随机游走和生成表示向量两个部分。首先利用随机游走算法，在网络上随机选择起点和游走路径，最终从图中提取一些顶点序列；然后借助自然语言处理的思路，将生成的定点序列看作由单词组成的句子，采用 Word2Vec、Glove、Bert 等文本预训练模型，得到节点的嵌入表示。基于随机游走的图嵌入算法在图数据比较稀疏的时候依然能够有较好的表现，并且算法的学习过程能够实现并行，在大部分场景中能取得不错的表现。

3）基于深度学习的图嵌入算法。该类算法采用深度自动编码器来学习向量表示，输入是图邻接矩阵，输出是重构后的邻接矩阵。当图中两节点相邻或两节点的邻居节点模式接近时，我们称这二者相近，并可以计算出邻近度。模型由无监督和自监督两部分组成。无监督部分通过深度自动编码器优化邻近度来学习节点向量表示；有监督部分基于拉普拉斯特征映射来实现惩罚，当邻近度高的顶点经过映射后的特征向量距离很远时受到惩罚。常见的基于深度学习的图嵌入算法包括 SDNE、DNGR。

16.3.3 图神经网络算法

图神经网络是一种直接在图结构上运行的神经网络。图神经网络基于邻接节点的嵌入表示编码图中每个节点的结构信息，通过多次迭代融合多阶邻接节点信息。这里介绍 3 种常见的基于消息传递机制的图神经网络算法，并分析它们之间的异同点。

1. GCN 算法

GCN（Graph Convolutional Network，图卷积网络）算法是一种基于图数据的神经网络算法。该算法在神经网络每一层中通过一个聚合器对邻居信息进行聚合和非线性变化，再将邻居信息与自身表示进行特征合并。神经网络中的一层对应节点的一度邻居，随着网络层的堆积，可以扩大节点邻居范围。最后通过 Softmax 或者其他函数进行分类输出。

GCN 算法在信息构建阶段不仅收集了邻居节点的嵌入表征，还包含了节点 v 自身的嵌入表征；在信息聚合阶段，对邻居节点进行了加权求和，不仅考虑了节点 v 自身的邻居个数，还考虑了每个邻居节点 u 自身的邻居个数；在信息更新阶段，和普通的 DNN 算法类似，是聚合的嵌入表征向量与参数矩阵相乘后再接一个非线性变换，如图 16-8 所示。

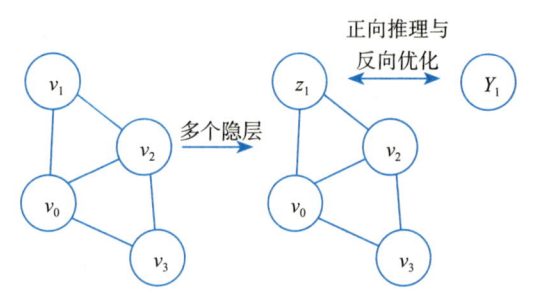

图 16-8　GCN 算法

2. GraphSAGE 算法

GCN 算法在实际应用中有非常大的缺点，由于在每次信息聚合中都利用了节点的全部邻居节点信息，这在一些包含较多邻居节点的计算过程中非常消耗内存和显存。GraphSAGE 算法利用邻居采样的方式很好地解决了这个问题。与 GCN 算法相比，GraphSAGE 算法主要在以下几个地方做了改进：在信息构建阶段，通过采样的方式为每个节点收集固定数量的邻居样本；在信息聚合阶段，不仅对邻居节点进行平均聚合，还采用 LSTM Aggregator、Pooling Aggregator 等聚合器进行信息聚合；在信息更新阶段，将节点嵌入表征与聚合后的邻居嵌入表征进行拼接，再进行非线性变换。GraphSAGE 算法的采样机制克服了 GCN 算法在训练时内存和显存的限制，能够处理更大的图。GraphSAGE 也有一些缺点，例如均匀采样和聚合采样没有考虑到不同邻居节点的重要性不同，可能遗漏一些信息。

3. GAT 算法

为了解决不同邻居节点的重要性不同的问题，研究人员提出了 GAT 算法。GAT 算法借鉴 Self-attention 机制，在计算图中的每个节点的嵌入表示时，会根据邻居节点特征的不同来为其分配不同的权值。

16.4 基于关系网络的风险建模

16.4.1 基于关系网络的用户信用风险评估模型构建

基于关系网络（如人脉关系）的用户信用风险评估模型通常与只使用用户个人信息的传统评分模型共同使用：一方面，对传统模型已覆盖的用户，补充社交属性信息提升模型效果；另一方面，对传统模型未覆盖的用户，利用邻居信息有效识别用户信用风险。

在电商平台，用户间直接关联关系通常包括用户转账关系、家庭账户关系、代付关系、购买/收货关系等，用户非直接关联关系包括用户间相互下单、用户连接同一 WiFi、用户使用同一设备等。对直接关系赋予高权重，对非直接关系赋予低权重，对错误关联和异常节点清洗删除，就得到了基本的用户关系网络，如图 16-9 所示。

一种常见建模方式是从关系网络中提取有价值的特征，然后用逻辑回归、XGBoost 等机器学习算法训练模型。提取网络特征的方式包括但不限于利用节点一度邻居、二度邻居或其他特定关联邻居提取特征，通过 min、max、sum、avg 等聚合运算汇总到节点上获得统计特征，通过图嵌入等算法获得向量化特征等。

另一种常见建模方式是通过图神经网络算法直接基于图结构进行端到端的模型训练。图神经网络不再需要提前进行特征提取，而是直

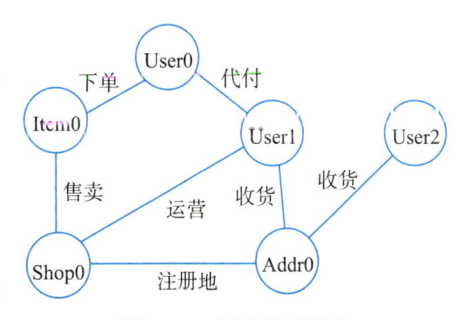

图 16-9 用户关系网络

接利用网络结构和节点特征学习出最佳的邻居信息聚合方式。图神经网络算法的优点主要有：可以利用更远距离邻居的信息，通过简单的堆栈图神经网络层，可以轻松地获取节点更远邻居的信息；有更强的表征能力，每层图神经网络层都包含一个非线性变换，使得模型可以学习到更多特征间的交互信息。相比使用树结构模型，图神经网络的特征解释性较弱，且训练需要整图信息迭代，对硬件配置有更高要求。该问题可在训练过程中采用图采样方法进行缓解。

16.4.2 基于关系网络的反欺诈模型构建

基于关系网络的反欺诈模型构建主要采用半监督学习和无监督学习方法，适用于普遍存在的标签缺失问题的场景。

在电商平台，反欺诈关系网络的节点主要包括用户、设备、店铺等，关联关系则包括用户与设备的交互、用户在店铺下单等。

半监督学习用于解决已有部分标签但标签不全的情形，需要从有限标签中挖掘信息获得欺诈节点的特征。常见的数据处理和标签传播过程包括：对已确认的欺诈用户、欺诈设备、欺诈店铺标记欺诈标签；基于标签传播算法以一定的跳转概率，对未标注的邻居进行"染色"；结合专家经验对"染色"结果进行标注；重复上述标记、染色、标注的过程完成标签的逐步扩散。

无监督学习一般适用于完全没有标签的场景。欺诈团伙的节点间常有频繁交互，基于关系网络挖掘异常聚集有助于找出欺诈团伙，常见的挖掘算法包括 Louvain[一]、Fraudar[二]等，其中 Louvain 算法可用于同构图的挖掘，Fraudar 算法可用于异构图的挖掘。

[一] Blondel V D, Guillaume J L, Lambiotte R, et al. Fast unfolding of communities in large networks[J]. Journal of Statistical Mechanics Theory & Experiment, 2008.DOI:10.1088/1742-5468/2008/10/p10008.

[二] Hooi B, Song H A, Beutel A, et al. FRAUDAR: Bounding Graph Fraud in the Face of Camouflage[C]//the 22nd ACM SIGKDD International Conference.ACM, 2016.DOI:10.1145/2939672.2939747.